Susanne & Marcus Mockler

Da geht noch was!

SUSANNE & MARCUS MOCKLER

Da geht noch was!

7 Liebes-Booster für Langzeitpaare

adeo

MIX
Papier | Fördert gute Waldnutzung
FSC® C018236
www.fsc.org

1. Auflage 2024
Bestell-Nr. 835394
ISBN 978-3-86334-394-1

Umschlaggestaltung: Kathrin Steigerwald – Büro für Gestaltung
Umschlagmotiv: virinaflora/Adobe Stock
Autorenfoto: Leonie Wild
Satz: satz-bau Leingärtner, Nabburg
Druck und Verarbeitung: Dimograf
Printed in Poland

www.adeo-verlag.de

Gewidmet denen,
die sich für starke Ehen einsetzen.

„Soviel die Erde Himmel sein kann,
so viel ist sie es in einer glücklichen Ehe.“
MARIE VON EBNER-ESCHENBACH

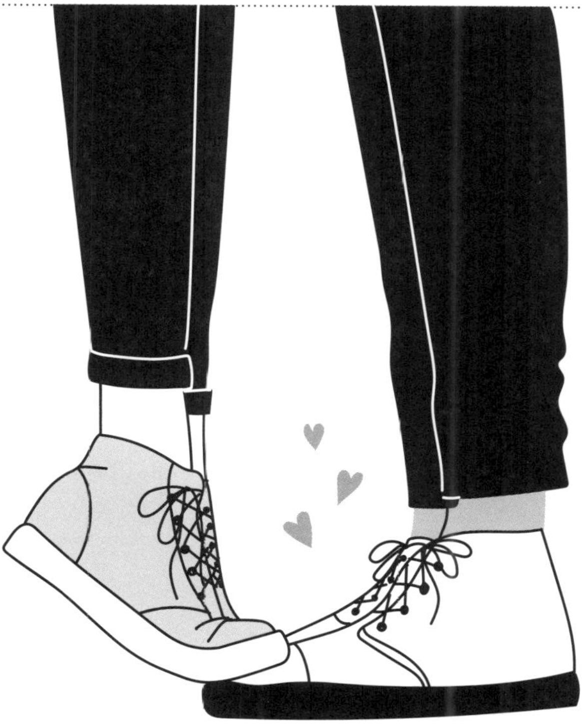

Inhalt

Die Geschichten, die wir in diesem Buch erzählen, haben wir so verfremdet, dass die echten Personen, die dahinterstehen, nicht mehr erkennbar sind. Doch sind sie aus dem Leben gegriffen und geben das wieder, was uns einzelne der vielen Paare erzählten, denen wir in unserer Arbeit begegnet sind. Die Namen haben wir frei erfunden.

Geht noch was?

Der Hochzeitstag ist wichtiger als der Geburtstag. Um den Geburtstag zu feiern, musst du eigentlich nur eine Leistung erbringen: überleben. Um den Hochzeitstag zu feiern, müsst ihr deutlich mehr gemeistert haben. Denn ihr seid zusammengeblieben. Allen Widrigkeiten zum Trotz. Ja, ihr habt im zurückliegenden Jahr wohl auch gestritten, seid einander aus dem Weg gegangen, es war nicht nur eitel Sonnenschein. Aber: Ihr habt an eurer Entscheidung festgehalten, in guten wie in bösen Tagen zusammenzubleiben. Das ist ein Grund zu feiern!

Bevor die Unverheirateten hier aussteigen, zollen wir auch ihnen Tribut. Es ist natürlich nicht minder eine Leistung, ohne Trauschein beieinanderzubleiben. Man könnte sogar argumentieren, die Leistung ist noch größer – denn ihr habt einander ja keine vergleichbar verbindliche Zusage gemacht, wie das bei Ehepaaren der Fall ist. Und dennoch haltet ihr aneinander fest.

Interessanterweise würdigt unsere Kultur solche Jahrestage kaum. Die Paarbeziehung ist etwas nur zwischen diesen beiden Menschen, andere bleiben außen vor. Oder wie viele Anrufe und Glückwünsche habt ihr zum 5. Hochzeitstag bekommen? Oder zum 13.? Erst zur Silbernen Hochzeit, also nach 25 Jahren, strömen die Gratulationen herein – und das auch nur, wenn man anständig im größeren Kreis feiert.

So mancher könnte einwenden: Ist es wirklich ein so großes Ding, wenn Paare lange beieinanderbleiben? Absolut. Die Scheidungsrate und noch mehr die Trennungsrate unter Unverheirateten sprechen eine klare Sprache. Zwar gibt es weiterhin deutlich mehr gelingende Ehen als scheiternde. Doch der Abstand ist in den vergangenen Jahrzehnten erschreckend geschrumpft. Paarbeziehungen waren in der Geschichte nie ein Selbstläufer. Die vielen Trennungen in unserer Zeit bilden nun einen neuen Höhepunkt.

Dieses Buch ist für die geschrieben, die zusammenbleiben wollen. Für die Glücklichen, die sich fragen, wie sich dieses Glück konservieren und sogar noch vergrößern lässt. Für die leidlich Zufriedenen, die (noch) nicht aus ihrer Beziehung ausbrechen, aber viele unerfüllte Träume von einem begeisternden Zusammenleben haben. Und für die Frustrierten, die ihre Ehe oder Partnerschaft mit dem Gefühl leben, ständig an eine Mauer zu stoßen und sich dabei jede Woche neue Beulen zu holen.

Nicht im Fokus dieses Buchs stehen die Frischverliebten und Jungvermählten. Unsere Erfahrung hat gezeigt: Die lesen ohnehin selten Paarratgeber. Der Himmel ist zu rosa und die Leidenschaft zu heiß, als dass Zweifel an der Zukunftsfähigkeit der Beziehung aufsteigen könnten.

Wir hatten beim Schreiben die Paare im Blick, die schon einige Jahre zusammen sind. Das Miteinander ist routiniert, die Claims sind abgesteckt, die ersten Krisen haben sie erfolgreich unter die Füße bekommen. Vielleicht sind Kinder da, möglicherweise Teenager, oder junge Erwachsene, die schon aus dem Haus sind. Ist der Ruhestand schon in Reichweite oder bereits erreicht? Man sollte meinen, nach einer langjährigen gemeinsamen Geschichte seien solche Paare krisenfest. Die Statistik sagt etwas anderes.

Scheidung nach der Silbernen Hochzeit

Verblüfft stellen wir fest, dass Scheidungen nach der Silbernen Hochzeit drastisch zugenommen haben. Allein zwischen 1991 und 2009 hat sich ihre Zahl in Deutschland auf knapp 24 000 verdoppelt. Waren es 1991 gerade mal 12 494 Paare, die sich nach der Silberhochzeit scheiden ließen, stieg die Zahl 2006 bereits auf 19 316. Drei Jahre später lag sie bei 23 750. Eine Verdoppelung binnen 20 Jahren. Auf diesem hohen Niveau sind die Zahlen geblieben (2022 waren es 24 300).

Damit ist klar: Die Ehe ist kein sicherer Hafen. Sie ist vielmehr wie ein Zelt am ungeschützten Ufer, dem bereits ein paar Sturmböen heftig zusetzen. So wie fast jeder Mensch in seinen 40-ern in eine Midlifekrise gerät und sich fragt: „Soll es das schon gewesen sein?“, so gerät auch fast jede Ehe und Langzeitbeziehung in einen ähnlichen Zustand. Die großen Hoffnungen haben sich verflüchtigt und einer tristen Erwartungslosigkeit Platz gemacht. Doch Scheitern ist kein Naturgesetz. Deshalb dieses Buch.

Die meisten Paarratgeber (und wir haben von vielen vieles gelernt!) betrachten die Ehe als Ganzes. Sie gehen auf Fragen ein, die sich jungen Ehen und Beziehungen ebenso stellen wie alten. Andere beschreiben die Langzeitbeziehung, es fehlt aber an praktischer Hilfestellung. Angesichts der wachsenden Gefahren für Langzeitpaare scheint es uns an der Zeit, uns deren speziellen Herausforderungen zu widmen.

Wie lässt sich verhindern, dass man sich nach 10 oder 20 Jahren nichts mehr zu sagen hat? Wie kann eine heiße

Anfangsverliebtheit in eine weiterhin wärmende Romantik und beglückende Vertrautheit verwandelt werden? Wie geht die Liebe weiter, wenn die Kinder ausgezogen sind und das Haus plötzlich leer ist? Wie kann Sex mit immer derselben Person jahrzehntelang interessant bleiben, ja sogar wiederbelebt werden? Wie übersteht man große Krisen, die unvermittelt auftauchen können – Jobverlust, eine Krankheit, ein finanzielles Desaster? Wie kommt man mit den Veränderungen des Partners zurecht – und wie mit den eigenen? Und schließlich: Wie machen wir unsere Beziehung trennungsfest?

Gründe für das Auseinandergehen nach vielen gemeinsamen Jahren gibt es viele. So ist der Auszug des letzten Kindes ein kritischer Punkt. Mehrheitlich Frauen stellen fest, dass sie ihre schlechte Ehe nur um der Kinder willen aufrechterhalten haben, um ihnen ein einigermaßen sicheres Zuhause zu ermöglichen. Dieses Motiv fällt nun weg.

Späte Torschlusspanik

Die Midlifekrise gibt es nicht nur im persönlichen Leben, sondern auch in der Paarbeziehung. Beide stören oft in einem ähnlichen Alter, in dem man sich noch mal neu erfinden kann. Mit Ende 40, Anfang 50 neu durchstarten, sich selbst spüren, die eigene Attraktivität im Umgang mit dem anderen Geschlecht austesten – das sind Verlockungen in einem Zeitfenster, das sich bald zu schließen droht. Es ist eine Variante der Torschlusspanik: Wenn ich jetzt nicht ausbreche, werde ich vielleicht nie mehr die Chance auf neues Lebensglück haben.

Das sind verständliche, teilweise nachvollziehbare Gedanken. Verheißungsvoll sind sie nicht. Laut Statistik scheitern Zweitehen noch häufiger als Ehen, bei denen beide zum ersten

Mal verheiratet sind. Die Ursachen für unerfülltes Liebesglück scheinen doch etwas tiefer zu liegen. „Ich habe den Falschen geheiratet", diese Vorstellung spiegelt vielleicht unser Gefühlsleben wider. Sie ignoriert indessen, welchen Eigenanteil jeder und jede an Paarkonflikten hat. Diesen Eigenanteil nimmt man in die nächste Beziehung mit – und bekommt erwartbare Ergebnisse. Wir behaupten nicht, dass es immer schiefgeht. Wir behaupten, dass es so oft schiefgeht, dass man die Energie besser in die seitherige Ehe oder Partnerschaft steckt. Die Chancen, dabei zu gewinnen, sind erheblich größer.

Anstatt sich selbst neu zu erfinden, ist es aussichtsreicher, seine Paarbeziehung neu zu erfinden. Darum wird es auf den folgenden Seiten gehen. Denn was beim Seitensprung oder bei der endgültigen Trennung fast immer aus der Sicht gerät: Wir haben viel zu verlieren. Oft mehr, als wir uns vorstellen können.

Anstatt sich selbst neu zu erfinden, ist es aussichtsreicher, seine Paarbeziehung neu zu erfinden. Darum wird es auf den folgenden Seiten gehen. Denn was beim Seitensprung oder bei der endgültigen Trennung fast immer aus der Sicht gerät: Wir haben viel zu verlieren. Oft mehr, als wir uns vorstellen können.

Wie gesagt, der Hochzeitstag bietet eigentlich einen vorzüglichen Anlass für ein Jubelfest. Was haben wir zwei in den Jahren erreicht? Die Mehrheit der Paare hat ein oder mehrere Kinder. Das ist vielleicht das Allergrößte: Zwei sind eins geworden, und daraus ist neues Leben entstanden. Leben, für das man nun natürlich auch gemeinsam Verantwortung trägt.

Aber auch ohne Kinder ist so viel gewachsen in den Jahren. Wir haben ineinander investiert. Finanziell zum Beispiel, wenn man sich gemeinsam eine Wohnung angeschafft oder ein Haus gebaut hat. Erst recht emotional! Wir standen in so vielen Situationen Seite an Seite. Wir haben begeisternde Momente miteinander erlebt – bei Urlauben, bei Festen, im Bett. Wir haben einander in Krisenmomenten unterstützt – in Krankheiten, in Trauerfällen, bei finanziellen Rückschlägen, bei Frust im Job. Wir sind füreinander da gewesen und sind es hoffentlich heute noch.

Ein Rückblick lohnt sich, wir widmen ihm später sogar ein eigenes Kapitel. Er zeigt uns vielleicht ein realistischeres Bild von unserer Gemeinsamkeit, als es unsere aktuelle Gefühlslage widerspiegelt. Die Beurteilung der Beziehung aus der Krise heraus wird schnell unfair. Wenn's im Moment nicht so gut läuft, heißt das nicht, dass es immer schlecht gelaufen wäre. Und noch wichtiger: Es heißt auch nicht, dass es nicht besser werden kann. Genau dazu, wie wir die Krise meistern und eine begeisternde Paarbeziehung leben können, wollen wir in diesem Buch praxiserprobte Wege zeigen.

Der hohe Preis der Trennung

Wer in der Krise Trennungsgedanken hegt, sollte aber nicht nur auf das Positive zurückblicken – sondern auch vorausblicken auf das Negative, das mit dem Auseinandergehen einhergeht. So verlockend in schwierigen Paarzeiten die Vorstellung sein mag, sich nicht mehr mit diesem derzeit so anstrengenden Partner auseinandersetzen zu müssen, so folgenreich kann es werden, wieder allein durchs Leben zu gehen.

Der Preis ist hoch und in der Regel höher als erwartet[1], selbst wenn es ohne Rosenkrieg, Anwaltsfehde und Streit ums Geld geht. Sind minderjährige Kinder mitbetroffen, bezahlen sie emotional mit. Die meisten Eltern wissen das und erhalten deshalb manchmal eine Ehe aufrecht, an die sie schon lange nicht mehr glauben. Von Ausnahmen abgesehen ist das eine hilfreiche Entscheidung – und sie birgt zudem die Chance, die verglimmende Liebe eines Tages wieder zu neuem Feuer zu entfachen.

Außerdem warnt der Gesundheitsminister: Trennung schadet der Gesundheit! Denn häufig folgt ihr zumindest für eine bestimmte Zeit Einsamkeit. Es gibt eine stattliche Zahl von Studien, die zeigen, wie nach dem Auseinandergehen bei den Betroffenen viele Krankheiten zunehmen: Herzinfarkt, Schlaganfall, Infektionen, Diabetes, Demenz, Süchte, früher Tod.

Ist also aus deinem Beziehungshaus eine Bruchbude geworden, lohnt es sich immer noch, die Sanierung zu planen. Das Grundstück ist schon da, Bausubstanz noch vorhanden. Wir dürfen einfach nicht überschätzen, dass der Abriss ein extrem teures Unterfangen wäre. Uns ist klar, dass sich das nicht in jedem Einzelfall verhindern lässt. Wir widersprechen aufgrund der Datenlage aber heftigst dem modernen Märchen, dass eine Scheidung oder Trennung ein Schritt ist, der vielleicht ein bisschen Mühe macht, aber im 21. Jahrhundert auch nicht mehr dramatisiert werden sollte. Tatsächlich muss man nicht dramatisieren, denn es *ist* ein Drama. Und nicht wenige bezahlen für dieses Drama mit ihrer Gesundheit. Nur enthalten uns die meisten deutschen TV-Serien und amerikanischen Hollywood-Filme diese Wahrheit vor.

Wir bagatellisieren Krisen nicht (sonst hätten wir nicht dieses Buch geschrieben). Die Lebenserfahrung zeigt indessen, dass sich die meisten Krisen überwinden lassen. Fragt mal befreundete Langzeitpaare, die ehrlich zu euch sind, ob sie in ihrer Beziehung irgendwann an einem Punkt waren, bei dem sie an Trennung gedacht haben. Die Quote derer, die das mit Ja beantworten, wird aller Wahrscheinlichkeit nach über 90 Prozent liegen. Ähnlich hoch dürfte der Anteil derer sein, die froh sind, dass sie doch keinen Schnitt gemacht haben. Auf Regen folgte Sonnenschein.

Neue Freiheiten miteinander entdecken

Blicken wir aber nicht nur auf das Schwere. Erfahrene Paare sind in der vorteilhaften Situation, dass ihnen fortgeschrittene Lebensphasen neue Chancen bieten. Neue Freiheiten, neue Möglichkeiten, neue Ideen, neuer Sinn. Die Mehrheit erreicht ja ein solides Niveau an Sicherheiten – sei es im Job, in Wohnung oder Haus, im gesellschaftlichen Status. So vieles, wofür man viele Jahre hart gearbeitet hat, ist erreicht. Der Blick kann sich leichter weiten vom Klein-Klein um Familie und Job zu Dingen, für die nun Kapazitäten da sind (oder zumindest da wären, wenn man sie denn nutzte).

Kann man auch seine Ehe neu entdecken – und den Menschen an seiner Seite? Vermutlich hast du das in der Vergangenheit schon, und das eher ungeplant. Denn dieser geliebte Mensch hat sich ja doch als eine etwas andere Persönlichkeit entpuppt, als wir sie uns anfangs gemalt hatten. Manche charakterliche Schwäche ist zum Vorschein getreten, manche versteckte Schrulle ans Tageslicht gekommen. Mit einigem haben wir uns arrangiert, bei wenigem haben wir sogar Vorteile entdeckt. Und manches nervt einfach bis heute, ist vielleicht mit der Zeit schlimmer geworden.

Nun stehen wir also vor der Herausforderung, das Gute und Positive neu zu entdecken und zu entfalten. Neu ein „Ja" zum Partner, zur Partnerin zu finden. Der Weg dahin sieht bei jedem Paar anders aus, und dieses Buch bietet sich als Begleiter an. Von Lifehacks, wie ganz einfache Methoden neue Liebesgefühle hervorzaubern, bis hin zu wirkungsvollen Ideen, wie sich schwere Belastungen tragen und überwinden lassen. Wer die Erkenntnisse aus diesem Buch in Konsequenzen ummünzt, hat höchste Chancen, gestärkt aus der Midlifekrise seiner Paarbeziehung hervorzugehen.

Ein Freund sagte uns neulich einen Satz, über den wir immer wieder nachdenken müssen: „Zwischen Trauung und Scheidung gibt's nur den Therapeuten." Damit meinte er, dass es im gesellschaftlichen und kirchlichen Hilfsbetrieb kaum Angebote gibt, die die „normale" Ehe stärken. Wenn's euch super geht, braucht ihr keine Hilfe. Wenn's euch miserabel geht, schaut ihr euch nach Hilfe um und geht möglicherweise in Therapie (übrigens eine sehr gute Entscheidung, weil sie wirklich vielen zum Durchbruch verhilft).

Und wenn's euch mittelmäßig geht? Wenn sich die Krise langsam heranschleicht, sie aber noch nicht wirklich bedrohlich wirkt? Dann machen die meisten einfach weiter und hoffen, dass sich das irgendwie wieder gibt. Manchmal tut es das auch, häufig aber nicht. Wäre es nicht besser, früher zu intervenieren, als gelähmt zuzuschauen, wie die Liebe im Treibsand versinkt?

Schlechtwetterschutz für die Ehe

Uns ist der Präventionsgedanke in den zurückliegenden Jahren immer wichtiger geworden. Repariere das Dach auf deinem Haus, wenn die Sonne scheint. Bei Regen und Sturm kann es schon zu spät sein. Was in anderen Lebensbereichen selbstverständlich ist – der TÜV bei einem Auto, an dem nichts kaputt scheint; die Kontrolluntersuchung beim Zahnarzt, auch wenn man keine Schmerzen hat –, das vernachlässigen wir in der wichtigsten Beziehung unseres Lebens. Vorsorge für Ehe und Partnerschaft, Gefahrenabwehr, Immunstärkung, Schlechtwetterschutz – uns fallen viele Bilder ein, die hier passen.

Repariere das Dach auf deinem Haus, wenn die Sonne scheint.

Dieses Buch ist deshalb ein Beitrag dazu, dass es doch noch mehr zwischen Trauung und Scheidung gibt als den Therapeuten. Es stellt euch jede Menge Werkzeuge zur Verfügung, mit denen ihr eure Partnerschaft „wetterfest" machen und Schäden selbst reparieren könnt. Es ist geschrieben aus der Überzeugung und Beobachtung heraus: „Da geht noch was!" Das Ziel ist, die bestmögliche Liebesbeziehung zu führen. Wir wollen euch zeigen, wie das wahr werden kann. Und es kann sogar wahr werden, wenn dein Partner im Moment nicht mitzieht und du dich in deinem Bemühen, eure Beziehung zu verbessern, eher allein fühlst. Davon später mehr.

Eine Herausforderung für uns als Autoren wollen wir nicht verheimlichen. Gedanklich sind wir – schon aus biografischen Gründen – bei heterosexuellen Ehepaaren. Da dieses Lebensmodell das mit Abstand meistgewählte ist, werden wir unter den Leserinnen und Lesern damit auch die größte Zahl abholen. Doch die Gesellschaft hat sich verändert. Das Zusammenleben ohne Trauschein hat in den vergangenen Jahrzehnten stark an Gewicht gewonnen. Diese Form des Zusammenlebens funktioniert für viele. Auch wenn wir die Ehe schon empirisch für die günstigste Form der Partnerschaft halten – Studienbelege finden sich im ganzen Buch verteilt –, versprechen wir den unverheirateten Paaren: Auch sie werden in diesem Ratgeber auf ihre Kosten kommen. Wenn es also in den Kapiteln mal durcheinandergeht – einmal ist von *Eheleuten*, das andere Mal von *Langzeitbeziehungen* die Rede –, so sind doch in der Regel beide gemeint. Wir wollten das Lesen nur nicht so mühsam machen, deshalb haben wir auf die lückenlose Beachtung der Doppelnennung von Verheirateten und Unverheirateten verzichtet. Niemand möge sich ausgeschlossen fühlen.

Als junges Paar ans Alter denken?

Eine weitere Herausforderung für dieses Buch: Die Midlifekrise in der Ehe erhebt sich gerne nach 10 bis 20 Jahren gemeinsamen Weges. Da es sich aber stark unterscheiden kann, in welchem Alter ein Paar heiratet oder verbindlich zusammenzieht, stecken sie nach diesen 10 bis 20 Jahren auch in sehr verschiedenen Phasen. Wer in ganz jungen Jahren den Partner fürs Leben gefunden hat, erlebt so eine Krise dann in seinen 30ern, Spätvermählte erst in den 50ern. Wir nehmen in diesem Buch darauf Rücksicht, verstehen aber auch, dass nicht alles für alle passt. Den End-30ern sind Gedanken zur Pensionierung noch zu früh, kinderlosen End-50ern die Tipps zum Umgang mit dem leeren Nest zu irrelevant.

Wir ermutigen dennoch zum Weiterlesen, weil vieles auf den zweiten Blick doch stärker in die Beziehung hineinwirkt als erwartet. Paaren, die keine Kinder haben, kann das neu schmerzhaft bewusst werden, wenn sich im Bekanntenkreis die ersten Enkel ankündigen – auch diese Erfahrung wird ihnen versagt bleiben. Jüngere Paare könnten im Blick aufs Alter früher und vorausschauender Weichen stellen und damit gelassener den Weg in Richtung Ruhestand gehen – auch wenn dieser im Moment noch weit jenseits ihres Horizonts liegt. All das sprechen wir an.

Und noch ein Grund, warum sich das Weiterlesen lohnt: Mit deinem Ehepartner alt zu werden, ist wahrscheinlich eine der klügsten Entscheidungen, die du heute überhaupt treffen kannst. Das hat noch einmal von soziologischer Seite eine 2024 erschienene Arbeit des US-Soziologen Brad Wilcox deutlich gemacht. In seinem Buch „Get Married“ („Heiratet!“) hat er sieben große Studien zur Lage von Menschen im Stand der Ehe analysiert und faszinierende Erkenntnisse zusammengetragen. Wir werden auf ein paar davon zurückkommen.

Langzeitpaare sind beim Sex im Vorteil

Zum Start nur dieses: Verheiratete haben in allen Lebensbereichen die besseren Daten. Sie sind statistisch glücklicher, gesünder, haben eine höhere Lebenserwartung, genießen größeren Wohlstand und haben – tadaaa – häufiger und besseren Sex als Menschen in anderen Lebensformen. Auch die unverheiratet Zusammenlebenden erreichen im Durchschnitt nicht dieses hohe Niveau.

Langzeitpaare bekommen noch weitere Boni: Fürs Altwerden ist die Ehe der optimale Familienstand. Sie schützt sogar vor Gedächtnisverlust, chronischen Krankheiten und mentalen Einschränkungen, wie Psychiater herausgefunden haben.[2] Dazu kommt das finanzielle Polster, das bei den Verheirateten durchschnittlich dicker ist als bei allen anderen.

Wie gesagt, das ist Statistik, es trifft natürlich nicht auf jedes einzelne Paar zu. Wenn du in diesem Moment zweifelnd über die Schulter blickst und dich fragst: „Mit dem, mit der soll ich alt werden?“, dann überzeugen die eben gepriesenen Vorteile wenig. Auch wir wissen: Es zählt auf Dauer nicht die Quantität der Jahre, sondern die Qualität der Beziehung.

An der eigenen Beziehung, an der eigenen Ehe zu arbeiten, ist die denkbar beste Investition.

Genau dafür lässt sich aber etwas tun. Da geht noch was. Die Basis ist, dass ihr euch vor Jahren aus Liebe füreinander entschieden habt. Dann kam das „richtige Leben“. Und nun schlagen wir euch Wege vor, wie ihr an das so wundervoll Begonnene anknüpfen, es wiederbeleben, es erweitern, es auf ein neues Plateau heben könnt.

An der eigenen Beziehung, an der eigenen Ehe zu arbeiten, ist die denkbar beste Investition. Es gibt keinen anderen Lebensbereich, der uns eine vergleichbare „Rendite“ verspricht. Das sollte eine ökonomisch geprägte Gesellschaft unbedingt wissen, finden wir.

Eigentlich klingt das Wort „Beziehungsarbeit“ in unseren Ohren schrecklich. Man stelle sich dieses Versprechen am Traualtar vor: „Ich werde mit dir Beziehungsarbeit leisten, bis der Tod uns scheidet.“ Klingt wie abgestandenes Mineralwasser bei der Oscarverleihung. Da sind die Schmetterlinge schon tot, bevor sie mit nur einem Flügel schlagen konnten.

Vielleicht hilft uns ein kurzer Ausflug in die Physik. Sie definiert in einer Gleichung: *Arbeit ist gleich Kraft mal Weg*. Ich leiste also mehr Arbeit, wenn ich mehr Kraft einsetze. Und ich leiste mehr Arbeit, wenn der Weg länger wird. Beides wird von Langzeitpaaren gefordert. Hübsch wird es erst, wenn wir die Formel umstellen: *Kraft ist gleich Arbeit geteilt durch Weg*. Dann bedeutet sie nämlich: Je länger der Weg ist, desto weniger Kraft brauchen wir, um dieselben Arbeitsergebnisse zu erzielen.

Mit weniger Kraft mehr erreichen

Wem das jetzt zu kompliziert war, dem wollen wir es einfach übersetzen. Auch die beste Beziehung kommt nicht ohne Kraftanstrengungen aus. Das muss man Langzeitpaaren nicht erklären, das haben sie alle in den ersten Jahren bereits erfahren. Wenn die Partner aber mit der Zeit gelernt haben, sich aufeinander einzustellen, wird es meistens einfacher. Man bewertet kritische Situationen nicht unnötig hoch, lernt Toleranz, nutzt die erprobten Verhaltensweisen, um die Dinge wieder ins Lot zu bringen. Das Ergebnis von „Beziehungsarbeit“ sollte sein, dass beide ein anhaltend gutes

Zufriedenheits- und Glücksniveau erreichen und es möglichst immer wieder übertreffen.

Dafür lässt sich einiges tun. Manches ist verblüffend einfach, manches erfordert ein bisschen mehr Hingabe. Jedenfalls geht da noch was. Da geht noch richtig was. Legen wir los.

BOOSTER 1:
Wertschätzung steigern

Was geht in diesem Kapitel? Du erfährst

- warum Wertschätzung ein Liebes-Booster ist
- wie du Nähe und Distanz in der Paarbeziehung auslotest
- was Liebe mit Zeitmanagement zu tun hat
- warum das „Balzen“ nie ganz aufhören darf

Stelle dir dieses erste Date vor.

Die Frau sitzt kaugummikauend im Café vor einer Maracuja-Schorle und flippt konzentriert durch die neuesten Kurzvideos auf ihrem Smartphone. Der Mann trudelt ein – schmierige Haare, fleckiges Hemd. „Hey, ich bin dein Date“, sagt er. Sie schaut kurz auf, nickt, und wischt weiter auf dem Display ihres Handys. Da zieht er sein Smartphone raus, beantwortet kurz die jüngsten Textnachrichten, um nach ein paar Minuten festzustellen: „Nett, dass du gekommen bist und wir uns endlich kennenlernen.“

Auf einer Romantik-Skala zwischen null und zehn liegt dieses erste Date bei minus acht. Wenn wir an ein gelungenes erstes Date denken, haben wir andere Bilder im Kopf. Beide haben sich herausgeputzt, sind zuvorkommend, wollen einen guten Eindruck machen, dem anderen attraktiv und angenehm erscheinen. Wir sehen, wie er ihr einen kleinen Blumenstrauß überreicht und ihr nettes Kleid lobt. Vielleicht fragen sie einander, was sie heute schon erlebt haben, auf welches Essen sie jetzt besonders Lust haben, was sie für die nächsten Wochen und Monate planen.

Und nun schauen wir auf ein Durchschnittsdate eines seit 20 Jahren verheirateten Paars: Ins Restaurant gehen, essen, jeder glotzt auf sein Handy. Ende des Dates.

Ja, das ist eine Karikatur. Aber gar nicht mal so überzeichnet, wenn wir in Restaurants und Cafés schauen. Der Anteil der Paare, die einander schweigend gegenübersitzen und ihre Smartphones streicheln, liegt verblüffend hoch. Hat die Ehe das aus ihnen gemacht?

Was die Ehe und die Langzeitbeziehung stark macht, macht sie gleichzeitig schwach. Stark wird sie durch Intimität und Vertrautheit. Wir kennen einander. Wir haben einander körperlich und seelisch nackt gesehen. Wir werden einander selbstverständlich. Klar, dass der andere da ist – wir sind schließlich mit ihm oder ihr verheiratet.

Der Partner als Eh-da-Faktor

Schwach wird sie durch folgende Konsequenz: Der Partner wird zum Eh-da-Faktor. Du weißt nicht, was der Eh-da-Faktor ist? Der stammt aus größeren Organisationen und Firmen. Der Chef hat eine neue Idee, die aber Zusatzarbeit für das Team bedeutet. Sofort die Frage: „Wer kann das machen?" Und dann die Antwort: „Ach, das soll Frau Müller erledigen – die ist doch eh da." Ein bisschen Mehrarbeit für eine Mitarbeiterin, deren Präsenz und Engagement selbstverständlich vorausgesetzt werden und die ja schon ihr festes Gehalt bekommt. Frau Müller ist der Eh-da-Faktor.

Und deine Partnerin oder dein Partner wird es mit den Jahren auch. Die lieben Gesten der Anfangszeit erlahmen. Ein Blumenstrauß? Höchstens zum Geburtstag. Einmal im Monat miteinander ausgehen? Das lässt der Terminkalender nicht zu. Sich für den anderen schick machen? Wozu? Der ist doch eh da. So stirbt mit der Wertschätzung die Romantik, so vertrocknen die Liebesgefühle.

Das ist wie in der Geschichte von Ferdinand.

Ferdinand, der Maler, lebte in einem kleinen Dorf. Hätte man die Leute gefragt, was sie von seinen Bildern halten, hätten sie gute Worte gefunden. „Der Ferdinand, der kann was." Aber sie sagten es ihm nie. So fühlte er sich allein und unverstanden. Eines Tages beschloss er, seine Gemälde einzupacken und in die Stadt zu ziehen.

Als er weg war, merkten die Dorfbewohner schnell, dass ihnen etwas Wesentliches fehlte. Das schöne Ernte-Bild aus der Rathaushalle hatte er mitgenommen, die Staffelei vor seinem Haus war verschwunden, und beim Blick durchs Fenster seines ehemaligen Ateliers zeigte sich nur noch eine graue Stube.

Schließlich machten sich der Bürgermeister und drei Ratsherren auf die Suche nach Ferdinand. Sie fanden ihn in der Stadt und bekundeten ihm, wie sehr ihnen seine Kunst, seine Kreativität, seine Nähe fehlten. Die kleine Delegation bat ihn, zurückzukommen.

Das waren die Worte, die Ferdinand brauchte. Er bezog wieder das kleine Haus mit dem verlassenen Atelier – und von diesem Tage an versäumten es die Dorfbewohner nicht mehr, seine Bilder zu loben und im Gespräch an seiner Sicht von Natur, Mensch und Gott teilzuhaben.

Vom Eh-da-Faktor zum geschätzten Menschen. Diesen Weg können wir auch in unserer Partnerschaft wieder gehen. Denn die Diagnose „Mangel an Wertschätzung“ weist glücklicherweise schon den Weg zur Therapie. Liebe zeigt sich nicht nur, aber vor allem in Alltagsgesten. Diese werden kolossal unterschätzt. Es sind die kurzen Augenblicke eines langen Tages, in denen ich die Entscheidung treffen kann, mich für einen Moment meinem oder meiner Liebsten zuzuwenden. Eine flüchtige und doch zärtliche Umarmung. Ein schneller Handgriff, der dem anderen hilft. Ein Kuss an der Haustüre. Das Abstellen des Bügeleisens, um eine Minute konzentriert und mit Augenkontakt zuzuhören. Das alles zählt für die Liebe weitaus mehr als das Diamantencollier oder das Überraschungsgeschenk einer Karibikkreuzfahrt. Die großen Dinge werden in den langen Jahren einer Beziehung schnell klein. Aber die kleinen Dinge machen eine lange Beziehung groß.

Die großen Dinge werden in den langen Jahren einer Beziehung schnell klein. Aber die kleinen Dinge machen eine lange Beziehung groß.

Eine reife Liebe frischzuhalten, erfordert diesen Einsatz im Alltag. Das lässt sich einüben, und wer es sich einmal angewöhnt hat, merkt bald, wie es dann fast von allein geht. Glückliche Langzeitpaare leben in der Regel genau das vor: Sie haben Augen füreinander, sind einander zugewandt. Die zärtliche Geste, die helfende Hand und das wertschätzende Wort feiern Dauerpräsenz.

Der verrückte Goldbandpipra

In der Phase, in der Menschen um einen Liebespartner werben, geben sie sich extreme Mühe und machen manchmal verrückte Dinge. Das lässt sich übrigens nicht nur bei Menschen beobachten. Besonders hübsch ist das Balzverhalten verschiedener Vogelarten. Die Männchen bieten alles auf, um in der Damenwelt Eindruck zu schinden. Paradiesvögel präsentieren ihr buntes Federkleid in faszinierenden Formationen. Der Goldbandpipra in Panama hüpft wie ein Gummiball zwischen den Ästen, um sich als begehrenswerter Lover zu präsentieren.

Aber zurück zu den menschlichen Liebespaaren. Auch sie können aus ihren Anfängen sonderbare Geschichten erzählen. Ein Freund von uns flog als Student nach Israel, um seine Herzensdame, die dort lebte, zu gewinnen. Die beiden sind nun schon lange verheiratet. Von einem anderen haben wir gelesen, der sich in eine Brasilianerin verliebte und deshalb seinen Job in Deutschland aufgab. Nun leben die beiden mit ihren Kindern im Regenwald bei schlechtem Internet und unregelmäßiger Stromversorgung – und sind glücklich.

Aufwendige Werbung braucht es selbstverständlich in der Langzeitbeziehung nicht mehr. Das Ziel, den Partner zu gewinnen, ist ja erreicht. Andererseits – und das ist hier der Punkt: Darf werbendes Verhalten wirklich komplett aus unserer Ehe verschwinden? Dem Balztanz folgt im Laufe der Jahre ein Sichgehenlassen. Der eine nimmt es mit der Hygiene nicht mehr so genau, die andere findet lotternde Jogginghosen zu fast allen Anlässen die passende Bekleidung. Dem einen ist es egal, dass die Unordnung in der Wohnung auf sein Konto geht, die andere textet ihren Partner zu und nimmt überhaupt nicht mehr wahr, wie es ihm geht. Nun leben also zwei Eh-da-Faktoren unter einem Dach.

Karin und Stefan sind seit 22 Jahren verheiratet, ihre Tochter Deborah ist bereits ausgezogen und studiert in Berlin. Der Wecker klingelt um 6:15 Uhr. Karin steht auf, macht Frühstück, Stefan bleibt liegen. Diese Routine hat sich vor langer Zeit eingeschlichen und hat sich auch mit dem Abschied der Tochter nicht verändert.

Karin und Stefan fahren zu ihren Jobs in verschiedenen Firmen. Tagsüber kein Kontakt. Früher hatten sie häufig in der Mittagspause kurz miteinander telefoniert, heute reicht es nicht einmal mehr zu einer kurzen Textnachricht – und wenn, dann nur um den anderen zu bitten, noch etwas vom Supermarkt mitzubringen.

Am Nachmittag überprüft Stefan auf dem Handy die aktuellen Zahlen auf dem gemeinsamen Bankkonto. Verblüfft stellt er fest, dass Karin in einem Modehaus 650 Euro hat liegen lassen. Ohne Ankündigung, ohne Rücksprache. Er ärgert sich. Nicht, dass sie es sich nicht leisten könnten. Aber wenn das jeder jede Woche so macht, werden sie die letzten Raten für ihre Wohnung nicht mehr begleichen können.

Als sie am Spätnachmittag die Wohnungstüre aufschließt, hört sie den Fernseher laufen. Er ist schon da, guckt offenbar irgendeine Serie. Er muss sie auch gehört haben, weil ihr an der Garderobe die Handtasche runtergefallen ist. Aber er steht nicht auf, macht keinen Mucks, registriert sie offenbar überhaupt nicht.

Beim Abendessen erfährt Stefan, dass Karin sich für heute mit zwei Freundinnen zum Mädelsabend verabredet hat. Er hatte eher an einen entspannten Abend mit seiner Frau gedacht. Na toll, denkt er, aber dann kommt sie hoffentlich gut gelaunt nach Hause, und wir können im Bett noch ein bisschen Spaß haben.

Tatsächlich ist sie kurz nach 23 Uhr in fröhlicher Stimmung wieder zurück, während er bei zu viel Bier die zweite Staffel seiner Serie durchgeglotzt hat. Sie kann riechen, dass er vor drei Tagen das letzte Mal geduscht hat, und ist derart abgeturnt, dass in dieser Nacht nichts mehr zwischen den beiden geht.

So endet ein Tag im Eheleben von Karin und Stefan.

Fühlst du dich bei der einen oder anderen Szene an deine

Ehe erinnert? Das würde uns nicht überraschen. Wir haben in diesen einen Tag die Themen gepackt, die Paare auseinanderbringen: Arbeitsteilung, Wertschätzung, Finanzen, Freiräume, Körperpflege, unterschiedliche Erwartungen. Etwas davon führt in fast allen Paarbeziehungen zu Konflikten. Und die Frage, die wir im Folgenden beantworten wollen, ist: Wie kann man nach vielen gemeinsamen Jahren an diese Themen noch einmal konstruktiv herangehen?

Verhaltensmuster knacken

Tatsächlich ist es gar nicht so leicht, eingeprägte Verhaltensmuster aufzubrechen. Das hat verschiedene Gründe. Zum einen gibt uns unsere Persönlichkeit häufig eine Verhaltenstendenz. Das steckt in uns, und es bedeutet harte Arbeit, daran etwas zu ändern. Zum anderen braucht es, wenn wir wirklich neu auf unseren Partner zugehen wollen, eine hohe Motivation. Und geben wir es zu: Die haben wir nicht immer. Viele stellen bewusst oder unbewusst innerlich eine Kosten-Nutzen-Rechnung an: Warum soll ich mich jetzt anstrengen, wenn ich dafür vielleicht trotzdem nichts kriege? Eine absolut nachvollziehbare, wenn auch egoistische Rechnung.

Wenn einer anfängt, dem anderen neu und besser Liebe zu zeigen, beginnt in der Regel eine Spiralbewegung nach oben.

Aber wir sind uns einig: Wenn beide Partner in ihren Mustern verharren, wird sich nichts zum Positiven wenden. Auf dieser Erkenntnis aufbauend haben wir unser erstes Ehe-Buch „Das EMMA-Prinzip“ geschrieben. *Emma* steht für: Einer muss mal anfangen. Das Buch ist für Paare jeden Alters gedacht – denn das EMMA-Prinzip funktioniert genauso bei Frischverliebten wie bei Eheleuten kurz nach der Diamantenen Hochzeit. Die Botschaft lautet: Wenn beide

Partner in ihrer Position verharren, kann die Beziehung nicht besser werden. Wenn einer anfängt, dem anderen neu und besser Liebe zu zeigen, beginnt in der Regel eine Spiralbewegung nach oben. Der andere lässt sich davon anstecken und fängt ebenfalls an, stärker in die Beziehung zu investieren.

Was heißt das nun konkret für die Konflikte in Langzeitbeziehungen? Dem gehen wir im Folgenden nach.

„Du bist das Beste, was mir je passiert ist"

Wir alle haben einen Hunger danach, wahrgenommen und gesehen zu werden. Nirgends wird das deutlicher als auf Social Media. Kaum haben wir nach Erreichen des Urlaubsorts ein Strandfoto gepostet, schielen wir schon nach Likes, Herzchen und wohlwollenden Kommentaren. Erfolgt keine Reaktion, frustriert uns das. Martin Bubers großer Satz „Der Mensch wird am Du zum Ich" spiegelt sich selbst in der digitalen Welt von Instagram & Co wider. Wir lechzen nach Anerkennung, Lob und Zuspruch. Es ist leider so: Wie wir über uns selbst denken, hängt in hohem Maß davon ab, wie andere von uns denken. Nur wenige ganz unabhängige Geister brauchen das nicht – und darunter sind andererseits wieder viele schräge Vögel. Der Mensch ist nun mal ganz ausgeprägt ein soziales Wesen.

Vor über 40 Jahren erschien der heute noch stark nachgefragte Weltbestseller „Der Minuten-Manager" von Ken Blanchard[3]. Der Autor fasst zusammen, wie man als Chef seinen Job mit einminütigen Übungen besser macht. Einer von drei Bereichen ist das Ein-Minuten-Lob. Die These: Jedes ernsthafte Lob macht eine Mitarbeiterin und einen Mitarbeiter leistungsfähiger, produktiver, begeisterter und teamorientierter. Das Lob kostet nichts, bringt aber großen Gewinn.

Genau das wird zum wunden Punkt in Langzeitbeziehungen. Während anfangs die Formel „Ich liebe dich" noch häufiger erklingt, Komplimente über das Aussehen oder einen freundlichen Liebesdienst regelmäßig gemacht werden, trocknet der ehemals breite Strom der Wertschätzung gemächlich aus. Wir wissen doch, wer wir sind, was wir aneinander haben, was wir füreinander tun. Warum sollte man das noch ansprechen?

Ganz einfach: Weil wir auch nach Jahren und Jahrzehnten gesehen werden wollen. Und weil es am tiefsten schmerzt, wenn ausgerechnet der Mensch an unserer Seite dieses Grundbedürfnis nicht stillt.

Wertschätzung wird verlernt – und muss wieder neu gelernt werden. Das ist zum Glück nicht sonderlich kompliziert. Die erste und einfachste Übung ist, das Dankesagen wiederzuentdecken. Habe ich heute meiner Partnerin, meinem Partner schon gedankt? Und falls du fragst: Wofür? Dann ist das möglicherweise ein Zeichen, dass du alles durch die Selbstverständlichkeitsbrille siehst. Danke für alles, was du wahrnimmst. „Danke, dass du heute für uns Frühstück gemacht hast. – Danke, dass du dich immer um den Wagen kümmerst. – Danke, dass du bei dem Wetter mit dem Hund rausgegangen bist. – Hey, danke fürs Bügeln. – Danke, dass du mit mir den Film geschaut hast. – Danke, dass ich mich in so vielen Lebensbereichen einfach auf dich verlassen kann."

„Teflon-Effekt" durchs Danken

Die Fokussierung aufs Danken ist eines der einfachsten und zugleich mächtigsten Instrumente zur Verbesserung der Paarbeziehung. Unglaublich? Untersuchungen von Allen Barton an der Universität von Georgia haben ergeben, dass das Maß an Dankbarkeit zwischen zwei Menschen am sichersten anzeigt, wie gut es um eine Partnerschaft steht. Barton spricht von einem „Teflon-Effekt“, den die Dankbarkeit bewirkt.[4] Stress, Schulden und andere Alltagsnöte bleiben an solchen Paarbeziehungen einfach nicht haften. Und auch hier gilt das EMMA-Prinzip: Einer muss mal anfangen. Wenn einer anfängt, jede mögliche Gelegenheit zum Dankesagen zu nutzen, ist der andere meistens zunächst verblüfft, vielleicht sogar irritiert – aber immer erfreut („Er/Sie sieht mich!“). Und dann setzt in der Regel die Reaktion ein, dass auch der andere besser hinsieht und mehr dankt.

> **Die Fokussierung aufs Danken ist eines der einfachsten und zugleich mächtigsten Instrumente zur Verbesserung der Paarbeziehung überhaupt.**

Wir haben vor Jahren das Danken in unserer Ehe neu entdeckt. „Danke“ ist in unserem Alltag zu einem der häufigsten Worte geworden. Susanne dankt dafür, dass Marcus beim Runtergehen in den Keller den Wäschekorb mitgenommen hat, der an der Treppe stand. Warum für so etwas danken – Marcus war doch ohnehin auf dem Weg nach unten? Doch es geht hier um etwas anderes. Nicht um die Größe der Leistung, sondern um das Gesehenwerden. Es geht um Wertschätzung.

Das Thema lässt sich kaum überbewerten, gerade nach vielen Jahren Ehe und Partnerschaft nicht. Viele von uns haben ein angeknackstes Selbstwertgefühl. Wir haben von Kindesbeinen an viel zu oft die Botschaft gehört: Das kannst du nicht, das kriegst du nicht hin, für diese Aufgabe bist du nicht intelligent/hübsch/begabt genug. Und mit diesem Gefühl, von zweifelhaftem Wert zu sein, müssen wir durchs Leben gehen.

Chefs vergessen oft, zu danken und zu loben. Mitarbeiter sind, wie wir oben erwähnt haben, weniger Leistungsträger und mehr Eh-da-Faktoren. Und auch sonst leben wir nicht gerade in einer Dankkultur. Ehrenamtliche können ein Lied davon singen. Vieles wird vorausgesetzt, noch mehr selbstverständlich hingenommen. Wir tun so viel – aber keiner sieht es. So empfinden wir zumindest. Und wenn unsere Ehe genauso ist, wirkt das wie schleichendes Gift.

Wie wäre es mit einem 60-Sekunden-Lob in der Partnerschaft? Klar, darauf muss man sich vorbereiten. Aber dann kann man loslegen: „Schatz, ich möchte dir jetzt einfach mal sagen, dass ich es bewundere, wie du heute den Streit zwischen unseren beiden Kindern geschlichtet hast. Du hast genau beobachtet, welche Bedürfnisse der beiden hinter der Auseinandersetzung stehen, und hast einen schnellen Weg gefunden, wie beide wieder friedlich und glücklich werden. Die können wirklich froh sein, dass sie bei dir aufwachsen dürfen." Geht runter wie Öl, oder?

Ein Lob dem Loben

Der Schriftsteller Mark Twain hat den Satz gesagt: „Von einem guten Kompliment kann ich zwei Monate leben." Uns fällt auf, dass die Kraft guter Worte oft stärker ist als vieles andere. Manche erinnern sich noch an ein dickes Lob aus Kindertagen – von Eltern oder Lehrern. Vielleicht hat es sie durch schwierige Zeiten getragen. Etwa als sie ein Musikinstrument lernten und sich durch Phasen trockenen Übens durchbeißen mussten. Doch der Applaus nach einem Konzert und die guten Worte der Musiklehrerin haben das wieder wettgemacht. Also: Lasst uns loben – und zuerst unseren Partner!

Das Lob für den anderen bedeutet eine „Wertsteigerung". Ja, das ist ökonomisch gesprochen und nicht besonders romantisch. Aber manchmal geht das ja auch Hand in Hand.

Kennst du Johnny Lingo? Er war ein kluger Geschäftsmann in der Südsee, erfolgreich und erfinderisch, wenn es ums Aufspüren neuer Geldquellen ging. Als er heiraten wollte, musste er mit dem Vater seiner Braut in Verhandlungen treten. Denn in dieser Kultur war es vorgeschrieben, einen Brautpreis zu bezahlen. Der übliche Betrag waren zwei oder drei Kühe. Die Menschen waren sehr gespannt, welchen Deal Johnny Lingo machen würde.

Wie erstaunt waren sie, als sie erfuhren: Johnny Lingo zahlte für seine Braut Sarita acht Kühe! Und dabei sah sie nach dem Empfinden der Menschen nicht einmal sonderlich attraktiv aus, war spindeldürr. Was für ein schlechtes Geschäft!

Doch die Menschen übersahen: Durch den gigantischen Brautpreis veränderte sich Saritas Selbstbild. Sie erkannte darin die Wertschätzung. Immerhin war sie die „teuerste Frau" der Region. Ihr ganzes Wesen wurde erneuert, weil sie die Liebe ihres Mannes erkannte, dem sie so viel wert war. Sie entwickelte sich vom Mauerblümchen zur strahlenden Ehefrau.

Die von der Schriftstellerin Patricia McGerr geschriebene und später zweimal verfilmte Geschichte von Johnny Lingo veranschaulicht wundervoll, wie eng Attraktivität und Wertschätzung miteinander verflochten sind. Wir wagen die kühne These: Man sieht es einem Ehepartner an, ob er geliebt ist oder nicht. Manchmal schon rein äußerlich, oft im Handeln und Reden. Geliebte Menschen sind gelassener, entspannter, selbstbewusster, hoffnungsvoller – und attraktiver.

Man sieht es einem Ehepartner an, ob er geliebt ist oder nicht.

Deshalb: Sei wie Johnny Lingo! Sei bereit, einen hohen Preis für den Menschen an deiner Seite zu bezahlen. Auch nach vielen Jahren. Wertschätzung ist eine Daueraufgabe, ist der Treibstoff für die Liebe und sogar ein Aphrodisiakum. Denn sie ändert auch den eigenen Blick. Wer sich auf das Positive fokussiert, gibt dem Negativen weniger Gewicht.

Geht es bei dieser Wertschätzung um Geld? Manchmal – siehe den späteren Abschnitt zum Thema Finanzen. Geht es um Worte? Oft. Als Menschen mit Sprache spielt es eine große Rolle, was wir zu hören kriegen. Es geht aber noch um einen dritten Bereich: Berührungen. Und damit ist nicht Sex gemeint.

Touch me, Baby

Auch das sehen wir in vielen Langzeitbeziehungen: Man berührt einander im Alltag nicht oder kaum mehr. Die Umarmungen der Verliebtheit verschwinden, Küssen ist was für Teenager und Hollywoodfilme, Händchenhalten wirkt kindisch. Tatsächlich? Körperliche Nähe und Berührungen bedeuten uns unendlich viel. Das ist uns buchstäblich in die Wiege gelegt, ein Neugeborenes braucht für eine unbeschwerte Entwicklung die Haut der Mutter oder des Vaters.

Auch in diesem Punkt sollten wir die prägende Kraft des Elternhauses nicht unterschätzen. Wenn viel geküsst, geschmust und umarmt wurde, setzt sich das in der Paarbeziehung häufig fort. Wo man distanziert und ohne Berührungen aufgewachsen ist, muss man den Weg zur körperlichen Nähe jenseits des Ehebetts oft erst mal finden.

Denn das Bedürfnis nach Berührung hört nicht auf. Wir haben von alten Menschen gelesen, die deshalb besonders gerne zum Arzt oder zur Ärztin gehen, weil sie dort angefasst werden. Sie spüren nur noch im Behandlungszimmer die Hand eines anderen – und dadurch wieder sich selbst. Es ist also kein Emotions-Gedusel, sondern eine buchstäblich handfeste Notwendigkeit, dass wir einander im Alltag nahe kommen, einander streicheln, kraulen, massieren, den Arm um die Schulter legen – und dass wir Berührungen nicht auf der rauen See eines langen Beziehungslebens heimlich, still und leise versinken lassen.

Und schließlich gehört zur Wertschätzung noch, dass wir die Liebessprache des anderen verstehen. Über die „5 Sprachen der Liebe“ von Gary Chapman[5] ist bereits an anderen Stellen geschrieben worden, sie dürften vielen Leserinnen und Lesern bekannt sein. Deshalb hier nur in aller Kürze der Hinweis, worum es geht. Die von Chapman identifizierten Liebessprachen sind: Lob und Anerkennung, Zweisamkeit, Geschenke, Hilfsbereitschaft, Zärtlichkeit (was nicht gleichbedeutend mit Sex ist).

Wir sprechen nicht alle dieselbe Liebessprache, und das kann zu Konflikten führen. Du denkst, du kannst in der Beziehung mit großen Geschenken punkten – dabei braucht dein Gegenüber vielleicht zuerst liebende und lobende Worte. Du rackerst dich im Haushalt und darüber hinaus für den anderen ab – dabei sehnt er sich möglicherweise zuerst nach vielen Umarmungen.

Verwirrung bei der Liebessprache

Kann das nach vielen Jahren in einer Beziehung noch ein Problem sein? Ja, das kann es. Wir leben üblicherweise in der Grundannahme, der andere ticke wie wir. Wenn mich Zeit zu zweit glücklich macht, stelle ich mir vor, dass das auch für die Partnerin oder den Partner das Höchste der Gefühle sein muss. Manche Paare leben und lieben jahrzehntelang aneinander vorbei!

Das Ehepaar Timothy und Kathy Keller hat dieses Problem in einem Vortrag eindrücklich illustriert.[6] Tim – Pastor einer riesigen Gemeinde in Manhattan – stammt aus einer Familie, in der sich die Mutter komplett um die Aufgaben im Haus kümmerte, um ihrem Mann für seinen herausfordernden Job den Rücken freizuhalten. Kathys Mutter erlitt dagegen Anfang ihrer 40er Jahre einen Schlaganfall, weshalb sich der Vater sehr stark im Haushalt engagieren musste.

Als es dann bei Timothy und Kathy darum ging, wer bei ihrem Baby die Windeln wechseln sollte, lief in den Köpfen folgendes Programm ab. Bei Tim: „Wenn sie mich wirklich liebte – wie meine Mutter meinen Vater geliebt hat – würde sie die Windeln wechseln und mich nicht damit behelligen." Bei Kathy: „Wenn er mich wirklich liebte – wie mein Vater meine Mutter geliebt hat – würde er einfach die Windeln wechseln und damit seinen Beitrag zur Arbeit in der Familie leisten." Auch dieses wundervolle Paar liebte aneinander vorbei, weil sie in diesem Punkt unterschiedliche Liebessprachen gelernt hatten, derer sie sich gar nicht bewusst waren.

Deshalb ist dieses Thema auch nach langen Jahren der Partnerschaft noch von eminenter Bedeutung! Wenn du sicher bist, dass du die Liebessprache deiner Frau oder deines Mannes kennst – gut so. Wenn nicht, dann verabredet euch doch zu einem Date, um dieses Thema final zu klären. Paare profitieren sehr davon, wenn sie wissen, was dem geliebten Menschen am besten kommuniziert, wie sehr man ihn liebt. Das kann ein wirksamer Hebel sein, um die Gefühle füreinander neu zu boostern.

Halt mich fest, lass mich los

Sonja und Bernd sind beide im Wohnzimmer. Im Hintergrund läuft das Radio. Sie legt Wäsche zusammen, er blättert in einer Computerzeitschrift. Sonja würde gerne mit Bernd ins Gespräch kommen, der wirkt aber abwesend und scheint keinerlei Interesse am Austausch mit ihr zu haben. Wiederholt versucht sie, ihn anzusprechen. „Hast du das gehört von unseren Nachbarn? Die Tochter zieht jetzt zu ihrem Verlobten in die USA." Bernd brummt ein kurzes „Echt?", wendet sich aber nicht von seiner Lektüre ab.

Später versucht sie es noch einmal: „Was liest du denn da Spannendes?" Er antwortet sichtlich genervt: „Da geht's um Computertechnik. Das interessiert dich doch eh nicht." Das ärgert Sonja nun wirklich. Trotzdem macht sie noch einen Versuch: „Könnten wir nicht mal wieder was zusammen machen?" Bernd antwortet: „Wieso, wir sitzen doch hier zusammen." Frustriert nimmt Sonja den Stapel zusammengelegter Wäsche, geht damit Richtung Schlafzimmer und pfeffert Bernds T-Shirts wütend auf sein Bett.

Bei unseren Eheseminaren, die wir regelmäßig geben, werden wir hin und wieder gefragt: Wie viel sollte ein Paar gemeinsam machen? Ist es das Beste, wenn man jede freie Minute miteinander verbringt? Unsere präzise Antwort: Kommt drauf an.

Die Dramatik dieses Themas schält sich meistens erst im Laufe der gemeinsamen Jahre heraus. In der Phase der ersten Verliebtheit verbringt man gerne zahllose Stunden miteinander. Dieses Bedürfnis nimmt bei vielen mit der Zeit ab. Und das wird dann zum Problem, wenn diese Abnahme unterschiedlich aussieht.

Prägend kann dabei – wieder einmal – die Herkunftsfamilie sein, deren Muster man erstaunlich häufig übernimmt. Hatten die Eltern eine als vorbildlich empfundene Ehe mit vielen gemeinsamen Aktivitäten, kann das die eigenen Erwartungen schüren. Lebten Vater und Mutter eher nebeneinanderher, drückt das möglicherweise auch dem Kind einen Stempel auf: Zusammensein wird überbewertet, ich muss meine Bedürfnisse auch ohne meinen Partner ausleben können. Selbstverständlich kann es auch eine aus der Nähe miterlebte Partnerschaft im Familien- und Freundeskreis sein, die unsere Erwartungen in die eine oder andere Richtung lenkt. So oder so: Die auseinanderdriftenden Positionen sind nicht so leicht zu verbinden.

Auch hier muss also verhandelt werden. Bevor wir beschreiben, wie das aussehen kann, eine wichtige Anmerkung: Auch bei verschiedenen Vorstellungen über Nähe und Distanz müssen wir unserem Partner klar kommunizieren, dass er oder sie die Nummer eins in unserem Leben ist. Wenn also der distanzierte Partner spürt, dass sein Gegenüber sich nach mehr Nähe sehnt, sollte er diesem Bedürfnis unbedingt entgegenkommen. Umgekehrt sollte der auf Nähe bedachte Partner den Wunsch nach eigenständigen Aktivitäten im Regelfall nicht als Liebesentzug deuten. Grundsätzlich ist es so: Je sicherer wir uns der Liebe des anderen sind, desto leichter fällt es uns, ihm Freiheiten zu gewähren.

Es steht außer Zweifel, dass ein Wachstum der emotionalen Beziehung – neudeutsch Bonding genannt – ohne gemeinsame Zeit nicht entstehen kann. So ist diese Beziehung ja auch am Anfang entstanden: Ausgehen, Reden, Spielen, Tanzen, Kuscheln. Sonderbar, dass sich so vieles davon bei uns Paaren im Lauf der Zeit verliert.

Wenn Distanz zum Normalfall wird

Wenn wir aus unserer Beobachtung heraus beschreiben sollten, wie Langzeitpaare mit diesem Thema umgehen, sieht unser Urteil so aus: zu wenig Nähe, zu viel Distanz. Es gilt nicht für alle, aber für viele. Fast immer sind beide berufstätig, gehen Hobbys oder ehrenamtlichem Engagement nach, kümmern sich hier und da noch um die groß gewordenen Kinder und die alt gewordenen Eltern. Da ist wenig Zeit zu zweit – um zu reden, zu lachen, zu streicheln. Distanz wird zum Normalfall, Nähe zum Sahnehäubchen.

In den vergangenen Jahren hat man immer wieder davon gehört, dass sich Beziehungen durch „Qualitätszeit" verbessern ließen. Und die ist natürlich wichtig: Zeit, in der man möglichst ohne Ablenkung einander zugewandt ist, um zu reden, Anteil zu nehmen, gemeinsame Tiefe zu entwickeln. Doch in einer Beziehung geht es auch um „Quantitätszeit". Qualität lässt sich nicht auf Knopfdruck erzeugen, wenn sonst wenig Gemeinsames da ist. Das klappt bei Kindern nicht und beim Partner auch nicht. Es braucht ein gemeinsames „Laufen" miteinander – zusammen essen, arbeiten, Leichtes erleben und Schweres bereden. Inmitten dieses „Da-Seins", dieser Zweisamkeit entsteht die Nähe, die eine Partnerschaft entwickeln sollte – und die sie übrigens auch resistenter gegen das Scheitern macht.

Das heißt dennoch nicht, dass man alles gemeinsam tun muss. Es heißt lediglich, dass Partner gemeinsam klären sollten, wie sie eine gute Nähe herstellen können. Auch Freiräume sind wichtig. Nähe kann erdrücken – je nachdem, wie man gestrickt ist. Den meisten Menschen tut es gut, Freundschaften außerhalb der Paarbeziehung zu pflegen. Frauen sind darin in aller Regel besser als Männer.

Nur kein Neid

Ein Hobby kann ebenfalls der seelischen Gesundheit dienen, auch wenn die Frau nichts mit der Fußballbegeisterung ihres Mannes und der Mann nichts mit den Blumengestecken seiner Frau anzufangen weiß. Das Ehrenamt muss nicht miteinander betrieben (wenn auch gegenseitig unterstützt) werden. Vielleicht engagiert sie sich in der Hausaufgabenhilfe für Flüchtlinge und er als Schriftführer in einem Verein. Wie traurig, wenn einer von beiden neidisch auf die aufgewendete Zeit schaut. Stattdessen darf er stolz sein auf den Partner, der hier unentgeltlich Gutes tut.

Doch das Gute kann leider schnell ins Schlechte umschlagen. Freundschaften, Hobbys und Ehrenamt mögen Balsam für die Seele sein – und sind manchmal doch nur Flucht aus der Zweisamkeit. Bist du dir deiner Motive wirklich bewusst? Ist der Partner die Nummer eins – oder der Sportverein oder die Kirchengemeinde? Wir haben das nicht selten erlebt, dass Interessen außerhalb der Ehe weniger um ihrer selbst willen denn als Mittel zur Distanzierung (oder zum Gewinn von Freiheit) verfolgt wurden.

Grundregel: Was deiner Ehe oder deiner Partnerschaft schadet, muss weg. Es steht zu viel auf dem Spiel. Wir reden hier nicht von kurzen, begrenzten Phasen. Wenn der vorher erwähnte Vereinsschriftführer die Vorbereitung des Vereinsjubiläums leitet, wird der geliebte Mensch mal für ein paar Tage oder Wochen etwas zurückstecken müssen. Das dürfte für beide okay sein, weil sie den Sinn dahinter sehen. Wenn aber die Abwesenheit von der Beziehung zum Dauerzustand wird, kann es gefährlich werden.

Viele von uns brauchen Freiräume. Es wird schnell stickig und nimmt einem die Luft zum Atmen, wenn man nur noch aufeinanderhockt und keinen Raum für sich außerhalb der Zweisamkeit findet. Wie gesagt, das Maß dafür ist bei jedem Paar anders. Aber grundsätzlich ist daran nichts falsch. Ob Mädelsabend oder Stammtisch, ob Vereinssport oder das Mitwirken in einem Orchester, ob parteipolitisches Engagement oder die Mitarbeit im Eine-Welt-Laden – es kann der Beziehung sogar dienen, wenn ihr einander Raum und Freiheit lasst.

Eine Einschränkung machen wir: Kein intensives und privates Zusammensein mit einem Menschen des anderen

Geschlechts! Solche Konstellationen sind zu schnell der Einstieg in eine Affäre. Auch wenn man heute vielleicht darüber lacht – morgen kann das schon ganz anders aussehen, wenn die eigene Partnerschaft in der Krise ist, wenn man ganz unerwartet in eine andere Stimmung kommt (etwa unter dem Einfluss von Alkohol), wenn aus einer unschuldigen Freundschaft eine Gefühlslage sprießt, die man nicht mehr kontrollieren kann. Wir werden uns der Frage der Affären und Seitensprünge später noch einmal zuwenden.

Keine Zeit!

Der Satz „Ich habe keine Zeit" ist einer der häufigsten unserer Gegenwart. Ob es um die Bitte um einen kleinen Hilfsdienst geht oder die Einladung zu einem Skatabend – häufig holen wir uns eine Abfuhr, weil der Terminkalender der anderen voll ist (oder sie das behaupten, in Wahrheit aber einfach keine Lust haben). Die Herzspezialisten Meyer Friedman und Ray H. Rosenman sprachen schon Mitte der 1990er-Jahre von der „Hetzkrankheit" („hurry sickness")[7], die Menschen nicht mehr zur Ruhe kommen lässt. Stress am Arbeitsplatz, Stress in der Freizeit – und vielleicht auch noch Stress in der Partnerschaft?

Marcus sieht das als Co-Autor des Bestsellers „Ein Meer an Zeit" (Campus-Verlag), in dem das Thema Zeitmanagement kritisch-konstruktiv unter die Lupe genommen wird, mit gemischten Gefühlen. Richtig ist: Die Herausforderungen am Arbeitsplatz haben zugenommen, Menschen müssen heute (noch) produktiver sein als früher. Ein zusätzlicher Stressfaktor ist unser massiver Medienkonsum, stundenlanges Versinken in den Sümpfen sogenannter sozialer Medien – mit all den oft negativen Nachrichten, die wir dabei zu verarbeiten haben.

Andererseits lautet seine Erkenntnis: Keine Generation vor uns verfügte über so viel Zeit wie wir heute. Steigende Lebenserwartung, vergleichsweise früher Renteneinstieg und eine Masse an technischen Hilfsmitteln, die uns Alltagsarbeiten leichter erledigen lassen, bescheren uns ein Mehr an Freizeit. Im Jahr, in dem dieses Buch erscheint, führen einige Firmen die Viertagewoche ein. Wer dort arbeitet, kann also über drei Tage pro Woche völlig frei verfügen. In anderen Worten: Wir haben Zeit!

Hinter dem Satz „Ich habe keine Zeit“ steckt in der Regel etwas anderes. Und das ist nicht schön. Der Satz bedeutet in letzter Konsequenz: „Was du gerade von mir möchtest, ist mir nicht wichtig genug. Ich möchte dafür momentan keine Zeit einsetzen.“ Das kann wohlbegründet sein. Sage ich meiner Tochter zu, dass ich ihr am kommenden Samstag beim Umzug helfe, lehne ich eine Einladung von Freunden ins Fußballstadion für diesen Tag ab. Denn „ich habe keine Zeit“.

In Ehe und Partnerschaft ist der Satz die schlechteste Ausrede von allen. Denn wenn ich für den wichtigsten Menschen in meinem Leben keine Zeit habe – für wen denn dann? Und gerade dieses Muster schleicht sich bei Langzeitpaaren ein. Wir sind schon wieder nahe am oben beschriebenen „Eh-da-Faktor“. Meine Frau, mein Mann ist doch „eh da“ – wozu für die Zweisamkeit noch Zeit reservieren?

Wertschätzung heißt deshalb, ausreichend Zeit für die Partnerschaft zur Verfügung zu stellen.

Wertschätzung heißt deshalb, ausreichend Zeit für die Partnerschaft zur Verfügung zu stellen. Was „ausreichend“ konkret bedeutet, muss natürlich jedes Paar für sich aushandeln. Nicht selten gibt es bei den gegenseitigen Erwartungen dabei ein Gefälle. Der eine wünscht sich mehr Zeit zum Reden, Spielen, Spaßhaben, die andere erkennt die Notwendigkeit dafür nicht. Hier ist es unverzichtbar, dass ihr das miteinander aushandelt. Es kann bedeuten, andere Dinge zu lassen, an denen man auch Spaß hat, etwa ein zeitfressendes Hobby. Doch das ist ein Verzicht um einer genialen gemeinsamen Gegenwart und Zukunft willen – und der wird sich lohnen.

Wertschätzung durch gemeinsame Zeit

Zu etwas Ja sagen, heißt in der Konsequenz meistens, zu etwas anderem Nein sagen. Ehe und Partnerschaft sind dafür das beste Beispiel: Ich binde mich freiwillig an einen Menschen und lehne damit bewusst eine vergleichbar tiefe Beziehung zu anderen möglichen Partnern ab. Beim Umgang mit unserer Zeit ist es dasselbe. Da ich Ja zu dem Menschen an meiner Seite gesagt habe, sage ich Nein zu den Beschäftigungen, die unsere Liebe beschädigen.

Einander Zeit zu schenken, bedeutet höchste Wertschätzung. Keine Zeit für den anderen zu nehmen, bedeutet höchste Abwertung. Dass es Ausnahmezustände gibt, versteht sich von selbst: die Vorbereitung einer wichtigen Prüfung, das Abwehren des Konkurses des eigenen Unternehmens, die Pflege eines kranken Kindes. Da wird man mit der gemeinsamen Zeit vorübergehend zurückstecken müssen, und das sieht normalerweise jeder ein.

Kein Karrieresprung ist eine Scheidung wert!

Doch lässt sich beobachten, dass die Ausnahme in Paarbeziehungen nicht selten zur Regel wird. Hier sind tendenziell karriereorientierte Menschen anfälliger. Sie bringen für den beruflichen Aufstieg ein Opfer nach dem anderen – oft auch noch mit dem guten Hintergedanken, sie tun es ja schließlich für die Familie. Und am Ende blüht das Gehalt, aber die Liebe welkt. Deshalb sagen wir: Kein Karrieresprung ist eine Scheidung wert! Weder bei den jungen Paaren noch bei den Altgedienten –

denn das nächste Treppchen der Karriere lockt bisweilen auch in späteren Berufsjahren. Wir postulieren den Grundsatz: Liebe schlägt Geld. Wenn ein nächster beruflicher Schritt die Partnerschaft zu sehr belastet, ist er es nicht wert! Alles eine Frage der Prioritäten – und der Wertschätzung.

Attraktiv bleiben

Wertschätzung zeige ich nicht nur durch Worte und Taten dem anderen gegenüber. Wertschätzung zeige ich auch in dem, wie ich dem anderen gegenübertrete. Die meisten von uns erinnern sich sicher noch an ihr erstes Date. Bei diesem Termin sorgen wir für ein angenehmes Äußeres. Wir kommen frisch geduscht, mit blank gebürsteten Zähnen, sauber und hübsch gekleidet, gut frisiert. Wir wollen keinen äußeren Anlass geben, auf Ablehnung zu stoßen.

Das verliert sich im Lauf der Zeit, und das ist in einem gewissen Rahmen auch normal. Der Alltag sieht naturgemäß anders aus als ein erstes Date. Das Haar sitzt nach einer durchwachten Nacht mit dem Baby nicht so gut, das Hemd ist von der Arbeit an der Werkbank durchgeschwitzt und der Atem nicht immer so frisch wie in der Kaugummi-Werbung. Alles kein Drama, alles behebbar.

Nur stellen wir bei nicht wenigen Paaren fest, dass die Mühen, für den anderen attraktiv zu bleiben, mit der Zeit sträflich nachlassen. Während die Frau des Hauses den Schlüpfer täglich wechselt, ordnet der Mann seine Unterhosen nach Kalenderwochen. Die Hygiene bekommt auch an anderen Stellen das Prädikat mangelhaft. Für Nähe, Intimität und Sex ist das extrem schädlich – und leider fällt es den meisten Betroffenen schwer, das Problem anzusprechen.

Wie wäre es mit folgender Frage: Worauf müsste ich achten, wenn ich meine Frau oder meinen Mann heute neu gewinnen wollte? Wie müsste ich mich pflegen, frisieren und kleiden, damit sie oder er neu für mich entflammt? Ja, es ist gut, dass wir in der Langzeitbeziehung nicht jeden Tag unsere Attraktivität beweisen müssen. Doch es schadet, wenn wir uns deshalb kein bisschen mehr um Attraktivität bemühen.

Charme und Anziehungskraft sollten aus einer Beziehung nicht verschwinden. Die Tücke lauert dabei nicht nur innerhalb der Liebesgemeinschaft sondern auch außerhalb. Wir sind alle empfänglich für attraktive Menschen – Männer ein bisschen mehr als Frauen, weil sie stärker auf optische Reize reagieren. Man schaue sich nur die Werbung für Männerprodukte an.

Selbstverständlich kann kein Normalo mit TV-Ikonen und Models aus dem Photoshop-Labor konkurrieren. Aber jeder kann dafür sorgen, dass der Abstand zu den Idealbildern nicht noch größer ausfällt, als er ohnehin schon ist. Sich selbst zu vernachlässigen, erhöht leider auch die Gefahr, dass der Mensch an meiner Seite die Blicke nach außen streifen lässt. Das lässt sich zwar nicht immer verhindern (und soll hier auch nicht entschuldigt werden), doch wir können einen Eigenbeitrag zur Risikominimierung leisten.

Auf Speisen und Kleidung achten

Konkret heißt das: Ich achte auf Sauberkeit und darauf, dass von mir kein unangenehmer Geruch ausgeht. Das kann auch bedeuten, dass ich auf bestimmte Speisen verzichte. In unserer Ehe ist Knoblauch der Keil, der uns auseinandertreibt. Wenn's beide essen – kein Problem. Wenn nur einer unterwegs ein entsprechend gewürztes Asia-Gemüse verputzt, wird's für den anderen hart.

Wie sieht's bei der Kleidung aus? Trage ich Wäsche, die meine Partnerin oder mein Partner hübsch findet? Es soll ja Frauen geben, die bei diesem Thema gerne ein wenig nachhelfen, indem sie das Fantasy-T-Shirt oder die Schlabberhose des Mannes stillschweigend in den Altkleidersack stopfen. Bis der Mann das merkt, liegt der Sack schon im Container. Nicht, dass wir diese Vorgehensweise empfehlen – das kann je nach textilen Prioritäten zu einem heftigen Krach führen. Wir wollen nur deutlich machen: Kleidungsfragen sind keineswegs so nebensächlich, wie manche denken. Wenn ich durch die Wahl von Bluse und Rock, Hemd und Hose etwas für meine Beziehung tun kann – warum sollte ich darauf nicht achtgeben?

Um das Kapitel zu diesem ersten Booster abzuschließen: Es geht nicht darum, dass wir ständig nur unsere Schokoladenseite zeigen, in jeder Sekunde des Tages den Kavalier spielen und unsere ganze Kraft darauf verwenden, dass wir adrett und nett sind. Es wird Tage geben, wo wir mit triefender Nase und Fieber im Bett liegend darauf setzen, dass unser Partner uns trotz unseres vorübergehenden Attraktivitätsdefizits seine Liebe zeigt. Oder wenn wir verschwitzt von einer Baustelle kommen. Oder wenn ein Trauerfall uns so zerfrisst, dass wir für den anderen gerade keinen Blick haben. Solche besonderen Situationen verkraftet die Beziehung in aller Regel.

Uns geht es darum, dass wir einander nicht als Eh-da-Faktoren betrachten. Dass wir uns immer wieder bewusst machen: Dieser Mensch an meiner Seite hat mein Bestes verdient – ich habe es ihm oder ihr versprochen. Und das bedeutet eben auch, jeden Tag Wertschätzung zu zeigen. Das kann Auswirkungen auf Kleidung und Make-up haben. Es hat immer Auswirkungen darauf, was wir einander sagen. Und es beeinflusst, wie wir das Verhältnis von Nähe und Distanz in unserer individuellen Paarbeziehung austarieren.

Fürs Gespräch

- Erzähle mir von einer Situation, in der du dich von mir wertgeschätzt gefühlt hast. Was habe ich da gesagt oder getan?
- Was brauchst du, damit du spürst, dass du für mich die Nummer eins bist? Wie kann ich dir am besten zeigen, wie wichtig du mir bist?
- Was ist deine Liebessprache? Wie kann ich sie dir am besten ausdrücken, sodass meine Liebe bei dir ankommt?

Praktische Aktionen

- Schreibe den Namen deiner Frau / deines Mannes in schönen großen Buchstaben senkrecht auf eine Karte. Dann schreib dahinter aus jedem Anfangsbuchstaben ein wertschätzendes Wort, das sie oder ihn beschreibt.
- Stelle deinem Schatz diese Karte aufs Nachtkästchen, leg sie ihm / ihr in die Brotdose, auf den Schreibtisch, oder klebe sie an den Badezimmerspiegel.
- Achte eine Woche lang mal ganz bewusst darauf, den Booster Wertschätzung wirklich täglich einzusetzen. Mach dem anderen mehrmals am Tag Komplimente, lobe und sprich ein Dankeschön aus. Wahrscheinlich wird es dir während dieser Woche so bewusst, dass du es anschließend automatisch weitermachst. Falls nicht, solltest du vielleicht eine weitere Woche trainieren.
- Verabredet euch zu einem Date: Essen gehen, Theater, Konzert, Einkaufsbummel – durch die Zeit und ungeteilte Aufmerksamkeit, die ihr einander damit schenkt, könnt ihr sehr viel Wertschätzung ausdrücken.

BOOSTER 2:
Die gemeinsame Geschichte feiern

Was geht in diesem Kapitel? Du erfährst

- wie ihr durch gute Erinnerungen „das Feuer schürt"
- einst empfundene Liebesgefühle reaktiviert
- das Einmalige an eurer Geschichte erkennt und würdigt

Die Szene ist schräg, verstörend intim und anrührend zugleich. In dem Film „Good Will Hunting" mit Matt Damon in der Rolle des jungen, straffälligen Genies Will erinnert sich dessen Therapeut (gespielt von Robin Williams) an seine vor zwei Jahren verstorbene Frau. Liebevoll lächelnd erzählt er, sie habe im Schlaf „gefurzt". Einmal sei es so laut gewesen, dass davon sogar der Hund aufgewacht sei. Er habe sich dann aus Peinlichkeit nicht getraut, ihr zu sagen, was der Auslöser dafür gewesen war. „Solche Erinnerungen sind was Wunderbares", sagt er schmunzelnd. „Diese Kleinigkeiten. Genau das sind die Sachen, die mir am meisten fehlen. Diese kleinen Schrulligkeiten, von denen nur ich weiß – die machten sie erst zu meiner Frau."

Was sind die Spleens und Besonderheiten deines Mannes oder deiner Frau, die nur du kennst? Ist es die Art, wie er seinen Kaffee zubereitet, wie sie unter der Dusche singt, wie er lacht, wenn er etwas Witziges liest, wie sie schaut, wenn sie überrascht wird? Vertraute Partner können oft feinste Veränderungen in der Mimik des anderen deuten. Sie wissen, wann ihn etwas freut oder wann er sich ärgert. Sie spüren, wenn der andere das Interesse an einem Thema verliert und wenn ihn etwas belastet, manchmal bevor der andere es selbst in Worte fassen kann.

Durch unsere Arbeit mit Paaren bekommen wir unzählige Geschichten erzählt. Wir erhalten Einblicke in zauberhafte Momente, Zeiten voller Innigkeit, tiefer Verbundenheit, aber auch in die finstersten Stunden, die Paare miteinander durchlebt haben. Uns ist bewusst, dass wir jeweils nur kleine Episoden aus dem Erleben dieser Paare sehen können, und dennoch sind wir überzeugt: Mit ihren Geschichten ließen sich unfassbar fesselnde Romane verfassen.

Was würde man in eurem Liebesroman lesen? Was sind die Highlights eures gemeinsamen Lebens? Welche sind die lustigsten und welche die berührendsten Momente? Wie sieht eure persönliche Paargeschichte aus? Ist euch bewusst, was für einen ganz besonderen Schatz ihr da besitzt?

Den Paar-Mythos kultivieren

Es lohnt sich, immer wieder mal gedanklich bis zum Anfang der Beziehung zurückzugehen. Die Erinnerung an das, was man an Gutem gemeinsam erlebt hat, reaktiviert die schönen Gefühle von damals. Man fühlt sich wieder neu zum Partner hingezogen und verbunden.

Wenn wir, Susanne und Marcus, daran zurückdenken, wie wir uns als Teenager (ja, schon damals waren wir verliebt ineinander) mitten im Wald zwischen unseren beiden Heimatdörfern getroffen haben und dann zusammen zu einem von beiden nach Hause spaziert sind, dann weckt das ganz warme Gefühle in uns beiden. Das ist inzwischen vier Jahrzehnte her! Aber erst kürzlich sind wir mal wieder auf diesem Waldweg gegangen, um die Erinnerung daran aufleben zu lassen, weil sie so schön ist.

Je mehr wir über das gemeinsame Erlebte nachsinnen, desto mehr kommt uns ins Bewusstsein. Zum Beispiel der Abend, den wir unter einem donnernden Gewitter in Marcus' erstem klapprigen Auto auf freier Flur verbrachten. Wir beobachteten Hunderte von Blitzen um uns herum und testeten im Selbstexperiment die abschirmende Wirkung des faradayschen Käfigs. Es fühlte sich unglaublich romantisch und auch ein wenig gruselig an. Damals entstanden schon tiefe Verbundenheitsgefühle, die wir durch die Erinnerung reaktivieren können.

Wir denken an Spieleabende mit Freunden und an heiße Diskussionen über Gott und die Welt. Abenteuerliche Reisen kommen uns in den Sinn, Studienjahre, in denen wir als Paar in einfachsten Verhältnissen und dennoch glücklich lebten. Und unser größtes Abenteuer: die Geburten unserer wunderbaren Kinder und die unfassbar dichten, erlebnisreichen Jahre mit ihnen. Was hatten wir für herrlich wilde Zeiten!

Aber es geht hier um eure Paargeschichte: Wie sehen eure frühen Erinnerungen aus? Wann hat es zwischen euch beiden gefunkt? Wann war klar, dass es nicht nur um Freundschaft, sondern um deutlich mehr ging?

Welche besonderen Orte gab es, an denen ihr euch getroffen und vermutlich auch stundenlang miteinander gequatscht habt? Was war besonders schön? Was habt ihr an

Wertvollem erlebt, was besonders gerne unternommen? Habt ihr gemeinsame Hobbys gepflegt oder euch irgendwo zusammen engagiert? Vielleicht habt ihr im selben Chor gesungen, euch bei der Freiwilligen Feuerwehr oder auf einer Junge-Erwachsenen-Freizeit kennengelernt? Verband euch die Liebe zum Sport, zur Kunst, eine Kirchengemeinde? Liebtet ihr es, lange zu reden oder bummeln zu gehen, die Welt zu bereisen, gemeinsam etwas zu riskieren, euch über politische Themen oder Glaubensfragen auszutauschen?

Vielleicht gehört ihr auch zu denen, die hier mit der Schulter zucken und sagen: Eigentlich hatten wir nicht so viele gemeinsame Interessen ... Aber etwas hat euch doch verbunden. Selbst wenn du zurzeit gar nicht so prickelnde Gefühle für deinen Mann oder deine Frau hast und wenn du manches an eurer Beziehung infrage stellst – etwas muss es gegeben haben, das dir das Gefühl gab: Wir gehören zusammen, mit dir will ich ein gemeinsames Leben starten.

Was war es? Der Genuss, zusammen zu schweigen, sich anlehnen zu können, ein Gefühl von Geborgenheit und Zugehörigkeit? Oder der Reiz des so ganz anderen, die Unterschiedlichkeit, an der ihr euch reiben konntet, der Spaß am kontroversen Diskutieren, das Gefühl, endlich den dich ergänzenden Pol gefunden zu haben?

Der Paarpsychologe John Gottman hat beobachtet, dass glückliche Paare begeistert und mit wohlwollenden Beschreibungen ihrer Partner von ihrer Geschichte erzählen. „Ich habe herausgefunden, dass in 94 Prozent der Fälle Paare, die die Geschichte ihrer Ehe positiv sehen, auch eine glückliche Zukunft haben werden. Wenn die glücklichen Erinnerungen verdrängt sind, dann ist das ein Zeichen dafür, dass die Ehe Hilfe braucht.“[8]

Möchtet ihr also zusammenbleiben und eure Beziehung sogar verbessern, oder wollt ihr die guten Gefühle wiederfinden? Dann solltet ihr anfangen, die guten Geschichten zu erzählen, euren Partner in den Erzählungen positiv zu beschreiben, die vielleicht verschüttgegangenen Gefühle wieder aufleben zu lassen und damit, wie Gottman es nennt, „das Feuer schüren".

„Das haben wir erreicht!"

Langzeitpaare können feiern, was sie miteinander erreicht haben: Die meisten haben sich eine gemeinsame Existenz aufgebaut, aus einer Wohnung ein Zuhause werden lassen, vielleicht sogar in ein Eigenheim investiert. Da steckt in der Regel eine Menge Herzblut drin, und oft sind es Dinge, auf die ein Paar auch stolz sein kann. Das haben wir erreicht! Dafür haben wir gekämpft! Hier haben wir uns gemeinsam angestrengt und etwas Geniales für uns geschaffen!

Ups – das Thema Hausbau ist für viele Paare auch ein dunkles Kapitel in ihrer Geschichte. Der damit verbundene Stress, Uneinigkeiten, finanzielle Strapazen oder die Arbeitsüberlastung haben sie extrem viele Nerven gekostet. (Wir kommen später noch darauf, wie ihr Schweres gemeinsam verarbeiten könnt.) Vielleicht habt ihr auch das Gefühl, dass aus dieser Phase noch Schuld zwischen euch steht – dazu werden wir euch im nächsten Kapitel Hilfestellungen an die Hand geben.

Egal ob es gut lief oder schwierig war: Ihr zwei habt gemeinsam etwas geschaffen. Wenn das kein Grund zur Dankbarkeit ist!

Habt ihr zusammen Kinder großgezogen, euch investiert in ihre Entwicklung? Erinnert ihr euch an die Geburten, die tiefen Gefühle, die damit verbunden waren? Ich (Susanne) weiß noch gut, wie Marcus bei jedem Kind komplett hingerissen war über dieses Wunder des Lebens. Ich sehe seine Rührung und seine Zärtlichkeit noch vor meinem inneren Auge. Dafür liebe ich ihn so sehr!

Welche Feste habt ihr gemeinsam gefeiert? Welche Reisen unternommen? Was habt ihr mit euren gemeinsamen Freunden erlebt?

All diese Erlebnisse und Erfahrungen sind es, die Paare sogar daran hindern können, sich zu trennen. Zu hoch wäre der Preis, den man bezahlen müsste, würde man das gemeinsame Erreichte aufgeben oder müsste man es nun auseinanderdividieren.

Unglück hat seinen Preis

Natürlich ist fragwürdig, ob insbesondere die materiellen Werte wirklich dauerhaft der Kitt einer Beziehung sein können. Der Preis einer Scheidung ist hoch, aber der Preis einer dauerhaft unglücklichen Ehe auch. Viel besser wäre doch, nun noch einmal aktiv in die Beziehung zu investieren und alles daranzusetzen, in dieser Lebensphase eine echte Qualitätsverbesserung zu erreichen.

Paare, die momentan nicht gut aufeinander zu sprechen sind, fällt der wertschätzende Blick zurück schwer, weil sich zu viele schwierige Gefühle darübergelegt haben. Manche sagen dann: „Zwischen uns war es schon immer schwer.“ Oder: „Eigentlich hatte ich von Anfang an kein gutes Gefühl mit uns.“ Gerade für diese Zweifler kann es sich lohnen, wenn sie sich selbst herausfordern und noch mal auf das besinnen, was sie damals zum anderen hingezogen hat, was sie sich gemeinsam erarbeitet und zusammen durchlebt haben.

Am Ende des Jahres sitzen Anna und Peter zusammen an ihrem Esstisch. Auf Annas Laptop befinden sich jede Menge Fotos aus dem vergangenen Jahr. Die schauen sie nun gemeinsam durch und verschieben die besonders schönen Bilder in einen Ordner, aus dem anschließend ein Foto-Jahrbuch entstehen soll.

Da sind Fotos aus ihrem Jahresurlaub in Irland, sie erinnern sich an das besonders hübsche, romantische Bed-and-Breakfast, wo vor dem Fenster die Schafe weideten, und an den Celtic Tanzabend, bei dem sie stundenlang zusammen getanzt und ein bisschen zu viel Guinness-Bier genossen hatten. Die Fotos zeigen Besuche der Kinder. Auf einem spielt Peter mit den beiden Enkelkindern ausgelassen Gorilla – das Foto ist verwackelt, weil Anna vor Lachen keine scharfe Aufnahme gelungen war. Beim Betrachten des Fotos müssen beide schon wieder herzhaft lachen. Auch ein trauriger Tag ist auf den Bildern verewigt: Die Beerdigungsfeier ihres lieben Freundes Gerd, der im Oktober an Krebs verstorben war. Anna und Peter unterhalten sich darüber, was er ihnen beiden bedeutet hatte. Und sie realisieren, wie dankbar sie sind, dass sie einander noch haben.

Sie besuchen in der Erinnerung noch mal die Graduiertenfeier ihrer Tochter Jana, finden viele schöne Porträts von sich und den anderen Familienmitgliedern. Der Rückblick erfüllt sie mit großer Dankbarkeit für ein reiches, kostbares Jahr ihrer Ehe.

Fotos sind genial geeignet, um der Erinnerung auf die Sprünge zu helfen. Indem man sie anschaut, kann man die schönen Momente der Zweierschaft noch einmal Revue passieren lassen und sich an die Gefühle erinnern, die damit einhergingen.

Im Gespräch über das Erlebte entwickelt jedes Paar seinen ganz individuellen Paar-Mythos. Das ist so schön – selbst wenn sich die Erinnerungen beider in Details unterscheiden. Wichtig ist in diesem Fall nicht die historische Authentizität, sondern die emotionale Wirkungskraft der Geschichte.

Eure Reise durch die gemeinsamen guten Erinnerungen hat den Vorteil, dass ihr die positiven Seiten eurer Paargeschichte an die Oberfläche holt. Selbst das Paar, das momentan eher nebeneinanderher lebt oder gar im Clinch liegt, kann beim Rückblick erkennen: Es war nicht immer so – und es könnte auch wieder ganz anders sein. Dieser Mensch an meiner Seite hat mir doch schon wundervolle Glücksgefühle bereitet.

Anregungen für die Zukunft

Einen weiteren, ganz praktischen Vorteil hat das Nachdenken über das, was gut war in der Beziehung. Denn manches reife Paar stellt sich die Frage: Was fangen wir zwei denn jetzt miteinander an? Jetzt, wo der Kampf um berufliche Entwicklung und Karriere sich langsam legt. Jetzt, wo die Kinder groß sind, und wieder neue Freiräume entstehen. Jetzt, wo wir schon bald auf die Rente zugehen. Jetzt, wo wir wieder mehr Zeit haben, aber überfordert sind, wie wir sie ausfüllen wollen.

Besinnt euch zurück auf die Aktivitäten, die euch als Paar am Anfang der Beziehung begeisterten. Im Nachdenken darüber kommt euch vielleicht in den Sinn, wie gerne ihr zusammen Wanderungen unternommen hattet, welche Spiele ihr beide gerne gespielt habt oder bei welchen Unternehmungen ihr herzlich zusammen lachen konntet. Gab es eine Phase, in der ihr euch für eine gute Sache engagiert habt? Könnt ihr noch fühlen, wie energetisierend das damals auf eure Beziehung wirkte?

Daraus kann dann der Entschluss wachsen, genau diese Dinge zu reaktivieren oder Ähnliches zu beginnen.

Ein Paar, das früher leidenschaftlich gerne zusammen getanzt hatte, belegte zum Beispiel nach der Silberhochzeit einen Salsakurs. Ein anderes fing mit Raftingtouren an, denn sportlich waren beide schon immer zusammen unterwegs gewesen. Aber für dieses ausgefallene Hobby hatten sie während ihrer Jahre als Eltern weder zeitlich noch finanziell die Kapazitäten gehabt.

Wir sind Paaren begegnet, die ihre Leidenschaft fürs Wandern wiederbelebt haben und sich zusammen auf den Jakobsweg begeben haben. Oder die, nachdem sie keine Rücksicht mehr auf die Vorlieben ihrer Kinder nehmen mussten, die Alpen mit ihren Fahrrädern überquerten.

Für die, die sich körperlich nicht ganz so verausgaben wollen, ist es vielleicht ein Bastel- oder Renovierprojekt, das sie gemeinsam starten, die Neuanlage des Gartens oder der Besuch eines Kochkurses, weil beide es früher liebten, zusammen in der Küche zu hantieren.

So setzt der gemeinsame Blick zurück auf das, was einst beide begeisterte, neue Energien füreinander frei und regt zu neuer Leidenschaft an.

Aus der Erkenntnis darüber, was über die Jahre gut war, was ihr gerne geteilt habt und wo eure Interessen sich deckten, könnt ihr sogar eine Zukunftsvision für euch entwickeln. Darin könntet ihr festhalten, welche Aktivitäten ihr in den kommenden Jahren priorisieren wollt, worin ihr euch weiterentwickeln werdet, wofür ihr beide euch engagieren möchtet. Wundert euch nicht, wenn dann ganz neue Ideen entstehen – es geht ja gar nicht darum, einfach alte Geschichten nochmal aufzuwärmen. Aber das, was einst die Herzen wärmte, darf Anregung geben für neue wundervolle Erfahrungen miteinander.

Das Schwere würdigen

In der Lebensmitte blickt niemand nur auf Höhepunkte zurück, sondern es hat sich in jedem Leben auch einiges an Schwerem im Erinnerungskoffer angesammelt. Für Paare, die unter schwerem Schicksal zu leiden hatten, kann nach Jahren die Thematik nochmal mit Wucht an die Oberfläche schwappen. Besonders dann, wenn zuvor so viel andere Alltagsbewältigung zu leisten war, dass es gar keinen Raum gab, sich der Trauer oder der Aufarbeitung intensiv zu widmen. Vielleicht waren auch Kinder da, die die Problematik damals ein Stück weit abfederten. Was zunächst verdrängt wurde, quillt nun eben doch hervor.

Gesundheitliche Probleme kommen auf. In unserem Umfeld gibt es inzwischen richtig viele Paare, uns eingeschlossen, die schon mit schweren Diagnosen konfrontiert waren. Viele mussten Abschied nehmen von lieben Menschen – den eigenen Eltern, Freunden, Verwandten. Wir denken an den Mann, der mit seinem Unternehmen in die Insolvenz gehen musste und den dies nicht nur seine Zuversicht, sondern beinahe auch seine Ehe gekostet hat. Oder an die Frau, die wegen einer Autoimmunerkrankung sehr viel von ihrer Lebensenergie eingebüßt hat und dadurch zeitweise für ihren Mann und die Kinder fast keine Kraft mehr besaß.

Die Schicksale sind unterschiedlich, aber klar ist: Niemand bleibt vor Herausforderungen verschont. Das ist das normale Leben: ein Wechsel zwischen Höhen und Tiefen.

Unerfüllte Wünsche und Hoffnungen

Vergessen wir nicht die vielen Paare, die sich so sehr ein Kind gewünscht hatten, deren Wunsch aber unerfüllt blieb. Für einige kommt diese Thematik in der Lebensmitte nochmal massiv auf, weil mit dem Eintreten der Menopause endgültig wird, was bisher vielleicht noch nicht ganz abgehakt war. Jetzt schwindet auch das letzte Fünkchen Hoffnung. Das ist deprimierend, der Verlust unermesslich.

„Je länger unser Familienwunsch unerfüllt blieb, während die Familien in unserer Gemeinde immer größer wurden, wurde auch der Schmerz in mir immer größer. ... Ich fühlte mich so beschämt. So ausgeschlossen. So abgestempelt“, schreibt eine kinderlose Ehefrau in der Zeitschrift Lydia[9]. Dort schilderte sie ihren steinigen Weg durch ganz viel Trauer und Leid, bis sie schließlich an den Punkt kommen durfte, wo sie von Gott einen neuen Blick auf ihr Leben bekam. „Ich traf die Entscheidung, dieses Bild (das falsche Lebensideal und ein Bild von Gott, der sie benachteiligte) innerlich loszulassen. Und erlebte Befreiung.“ Die Erkenntnis eines wohlwollenden Gottes, dessen Liebe und Anerkennung nicht von der Kinderzahl abhängt, hatte sie geheilt.

So glücklich geht es nicht immer aus. Für manche bleibt das Loch im Herzen eine lebenslängliche Herausforderung und führt Paare, gerade auch in der Verschiedenheit ihres Umgangs damit, immer wieder an ihre Grenzen. Aber gerade deshalb ist es so wertvoll, wenn es gelingt, einander offen zu begegnen, die Gefühle des anderen auszuhalten, wo möglich gemeinsam zu tragen und wo nötig Unterstützung zu suchen. Dafür gibt es zum Beispiel auch Hilfsgruppen im Internet.

Im Blog von Hope-Kinderwunschzeit[10] berichten Frauen über die Herausforderung der versagten Mutterschaft. Eine Frau schreibt dort beispielsweise:

Es war wieder einmal Muttertag. Nach dem Gottesdienst wurde jede Mutter am Ausgang mit einer wunderschönen Rose beschenkt. Sollte ich vielleicht lieber den Hinterausgang nutzen? Oder würde dies zu sehr auffallen? Was würden die anderen von mir denken? Ich entschloss mich, so zu tun, als hätte ich alles im Griff, und ging zum Ausgang. Bei der Rosenübergabe zögerte ich einen Moment und mein Gegenüber tat es ebenso. Überlegte der Rosengeber wohl auch, ob ich überhaupt berechtigt war, eine Rose zu erhalten? Es folgte ein verlegenes gegen-

seitiges Lächeln. Im Auto kamen mir Tränen. Die Rose in meinen Händen hatte Dornen. In meinem Herzen spürte ich einen schmerzhaften Stich in der Wunde meiner Kinderlosigkeit.

Neben den Hope-Kinderwunschgruppen, die sich vor allem an Frauen wenden, gibt es zum Beispiel noch die „Hannahs Initiative“[11], ein Arbeitszweig des Vereins KALEB, der sich bewusst nicht nur an die Frauen, sondern auch an deren Männer richtet. Diese Initiative bietet neben dem Austausch in Selbsthilfegruppen zum Beispiel Freizeiten für ungewollt kinderlose Paare an.

Unterschiede im Umgang mit Leid

Manche Paare mussten auf ihrem gemeinsamen Weg erleben, wie eines oder mehrere ihrer Kinder schwer erkrankten oder sogar starben. Ein riesiger Schmerz und eine unfassbare Herausforderung für die Paarbeziehung. Über dem unerfüllten Kinderwunsch oder dem Verlust eines Kindes zerbrechen zahlreiche Ehen.

Selbstverständlich ist wichtig, dass jeder der Partner für sich seine Themen bearbeitet, möglicherweise unter seelsorgerlicher oder therapeutischer Begleitung. Aber auch das gemeinsame Aufarbeiten tut Not, um trotz des Erlittenen verbunden zu bleiben.

Männer und Frauen gehen allerdings oft sehr unterschiedlich mit Trauer und Verlust um. Gerda Palm berichtet in ihrem Buch[12] über die Trauerbegleitung verwaister Eltern, dass Männer das Trauerverhalten ihrer Partnerin oft unsicher mache und dass geschlechtsspezifische Unterschiede zu starken Spannungen führen könnten. Wichtig sei es, diese Unterschiede zu würdigen. Oft beginnt das Zerwürfnis da, wo einer durch die Verarbeitungsstrategie des anderen überfordert oder abgestoßen wird. Wenn zum Beispiel ein Mann vermeintlich kühl und sachlich damit umgeht, die Frau aber, von Trauer überflutet, ihre Tränen mit ihm teilen will und sich nach dem entlastenden Gespräch sehnt. Schaffen die beiden es, dem anderen seinen Umgang damit nicht abzusprechen und gleichzeitig einander zur Seite zu stehen, gemeinsam durchzugehen und Halt zu geben, dann kann die Beziehung auch schlimme Tiefen überleben.

Emotionen teilen

Wenn ihr das Paar seid, dem sich solche oder auch andere belastende Themen jetzt noch einmal aufdrängen, ist es wichtig, sich dem zu stellen und einander Gehör zu schenken. Vor allem dann, wenn einer von euch das Bedürfnis signalisiert, darüber reden zu wollen. Gemeinsames Erinnern kann helfen, die Dinge zu sortieren, emotional zu verarbeiten und vielleicht sogar endlich loslassen zu können.

Probiert folgende Methode des Paargesprächs aus. Es geht um eine Form des anteilnehmenden Zuhörens, der Zuwendung, des empathischen Mitgehens, die dem Erzählenden ganz viel Raum und Aufmerksamkeit schenkt.

Jeder Partner bekommt 10–20 Minuten (ihr entscheidet, was passt) feste Gesprächszeit. In dieser darf man, ohne unterbrochen zu werden, über das reden, was einen gerade besonders bewegt. Der andere hört nur zu und kommentiert nichts.

Gut möglich, dass dabei Tränen fließen oder jemand einmal keine Worte mehr findet. Wartet trotzdem das Ende der verabredeten Zeit ab. Erst danach werden die Rollen getauscht und die Erzähler- und die Zuhörerrolle gewechselt. Nun ist der andere dran, mitzuteilen, was ihn zu dem Thema beschäftigt.

Wichtig ist dabei, dass du, wenn du Zuhörer bist, wirklich nur zuhörst und nicht kommentierst oder gar bewertest! Selbst wenn du vielleicht Dinge anders siehst, erinnerst oder empfindest, ist es wichtig, die Gefühle und die Wahrnehmung deiner Frau oder deines Mannes anzuerkennen.

Der „Erinnerungskasten"

Eine weitere Möglichkeit, Schweres zu verarbeiten, ist der „Erinnerungskasten", den man als Paar anlegt. Ziel ist zugleich Würdigung und konstruktive Verarbeitung des Erlebten. Dieser Kasten kann rein in eurer Vorstellung existieren. Jeder packt im Gespräch Erlebnisse hinein, und beide verschließen ihn dann in ihrer Vorstellung. Es könnte aber auch eine reale Schachtel oder Kiste sein, in die ihr eure belastenden Erinnerungen hineinlegt. Das kann in Form bestimmter Gegenstände sein, etwa ein Arztbericht, Fotos, Symbole, die stellvertretend für schwere Ereignisse ausgewählt werden. Aber auch beschriebene Zettel oder Tagebücher aus der Zeit können dort hineingelegt werden.

Nachdem ihr euch noch einmal darüber ausgetauscht habt und beide die Gelegenheit hattet, das, was bei euch noch an unverarbeiteten Gefühlen da ist, auszudrücken, kann die Kiste verschlossen und weggepackt werden. Am besten nicht sichtbar im Regal, sondern irgendwo weit hinten versteckt oder sogar auf dem Dachboden. Dort könnte man sie bei Bedarf zwar nochmal herausholen und nachbesprechen, sie darf dort aber auch getrost ruhen. Es ist ein bisschen wie mit einem Grab: Man hat einen Ort für die Trauer, dieser ist einem aber im Alltag nicht permanent vor Augen. So wird man freier, neue Erfahrungen machen zu können.

Gestärkt durch Schmerzen

Der Psychologe Robert Cialdini hat auf eine sozialwissenschaftliche Studie von Ellit Aronson und Judson Mills hingewiesen, die durchlittenen Krisen noch einmal einen tieferen Sinn geben.[13] Die beiden Forscher fanden heraus, dass Menschen, die durch große Schwierigkeiten oder Schmerzen gegangen sind, um etwas zu erreichen, das Erreichte viel höher schätzen als Menschen, die mit minimaler Anstrengung zum Ziel gekommen sind. Im Buch erklärt er damit, warum afrikanische Völker und US-amerikanische Studentenverbindungen teilweise brutale Initiationsrituale haben – es schweißt die Gruppe ungemein zusammen.

Ihr habt vielleicht eine harte Vergangenheit, aber möglicherweise hat gerade das eure Verbundenheit ganz besonders vertieft und eurer Liebe gedient.

Übertragen auf eure Ehe und die Härten, die ihr vielleicht durchstehen musstet, kann das heißen: Ihr habt vielleicht eine harte Vergangenheit, aber möglicherweise hat gerade das eure Verbundenheit ganz besonders vertieft und eurer Liebe gedient.

Wir können bestätigen, dass die dunklen Stunden, die wir gemeinsam durchlebten, unsere Bindung gefestigt haben. Wir standen gemeinsam an den Sterbebetten unserer Väter und von Freunden, gingen mit unseren Kindern durch schwere Krankheitskrisen, kassierten mancherlei Tiefschläge. All das war schwer, und wir hätten es lieber nicht durchmachen müssen. Trotzdem hat es uns als Paar stärker gemacht. Wir waren unendlich dankbar, einander in diesen Situationen zu haben. Wir hielten einander fest und manchmal auch einfach nur das Weinen des anderen aus. Wir trösteten uns gegenseitig. Zu wissen, ich bin nicht allein in dieser Krise, ist ungemein wohltuend und beziehungsstärkend.

Rückblick mit Dankbarkeit

Der Blick zurück auf die bewältigten Schwierigkeiten macht uns dankbar. Wir erinnern uns noch gut an Wanderungen mit unseren Kindern. Es erforderte mitunter alle Register unserer Motivationskünste, wenn unterwegs die Beine schmerzten, Müdigkeit aufkam und sie am liebsten kehrtgemacht hätten. Auf dem Gipfel angekommen, schauten wir zurück und sahen noch einmal den ganzen Weg, den wir bewältigt hatten. Der Blick in die Tiefe und auf die endlos scheinenden Serpentinen machte uns alle stolz und glücklich: „Wow – diesen steilen Weg haben wir miteinander bewältigt." So blickt auch manches Paar auf schwere Zeiten zurück und staunt, was es gemeinsam überstanden hat. „Obwohl wir so Schweres durchmachen mussten, sind wir immer noch zusammen."

Ein Rückblick auf die zurückliegenden Jahre könnte deshalb in ein Gespräch darüber münden, wie man die Krisen gemeistert hat. Was hat uns dabei geholfen? Wofür sind wir dankbar? Was wollen wir niemals wiederholen, und welche Erfahrung wollen wir letztlich nicht missen?

Susanne berichtet: Eine persönliche Krise erlebten wir als Paar vor wenigen Jahren. Unsere Kinder waren gerade flügge geworden, und wir hatten uns auf die Zeit des „Empty Nest" so sehr gefreut. Wir feierten, was wir erreicht hatten: Acht Kinder hatten wir durch ihre Kindheit und Jugend begleitet und nun ins Erwachsenenleben entlassen. Und nun lag neues Land vor uns, das wir zu erobern bereit waren. Aber genau da erhielt ich eine niederschmetternde Diagnose: Gebärmutterkrebs. Ich erinnere mich noch gut an den entgangenen Anruf der Klinik auf unserem Anrufbeantworter – das konnte nichts Gutes bedeuten. Erst am nächsten Morgen erreichten wir die Ärztin dann wieder. Ich müsse möglichst bald operiert werden, sagte sie mir. Die Wochen, durch die wir da gingen, waren belastend.

Die Untersuchungen, die Operation, danach das Bangen – wie geht es nun weiter? Marcus war in dieser Zeit ein unfassbar wertvoller Freund. Ich spürte, wie sehr auch ihn die Diagnose erschütterte. Ganz offensichtlich bekam er Angst, er könne mich verlieren. Dennoch gab er mir Halt. Nach meiner Heimkehr aus der Klinik und während der Tage angespannten Wartens auf weitere Befunde war er an meiner Seite. Er betete für mich und mit mir. Um ein wenig Ablenkung zu finden, schauten wir uns gemeinsam alle „Narnia"-Filme an. Wir redeten aber auch viel und machten vorsichtige Spaziergänge. Es tat unglaublich gut, seine Liebe zu erfahren und zu erleben, wie verständnisvoll er auf meine Bedürfnisse einging.

Inzwischen sind mehr als drei Jahre vergangen, und ich bin geheilt. Auch wenn wir nicht freiwillig das alles nochmal durchmachen wollten, war es doch eine gute Zeit für unsere Paarbeziehung. Diese Grenzerfahrung hat uns einander nochmal anders erleben lassen, unser Vertrauen gestärkt und uns in eine neue Tiefe im Miteinander geführt.

Zugegeben: Es gab auch Krisen, die wir nicht so bravourös gemeistert haben. Eine Beziehungskrise brachte uns in jüngeren Jahren sehr an unsere Grenzen. Damals waren wir beide so unglücklich und unzufrieden mit dem, wie der jeweils andere auf unsere Wünsche und Sehnsüchte so gar nicht reagierte, dass wir uns am liebsten getrennt hätten. Heute erkennen wir: Wir waren damals beide ganz schön überfordert und kannten noch keine guten Konfliktbewältigungsstrategien. Zum Glück waren da schon ein paar Kinder da – die uns dann doch noch bei der Stange hielten.

Im Rückblick können wir aber auch hier dankbar sagen: Wie gut, dass wir es überstanden haben, durchgehalten haben in diesen herausfordernden Zeiten. Wie gut, dass wir unseren Glauben hatten, der uns Halt gab und Verbindlichkeit schaffte. Letztlich sehen wir den Segen Gottes darin, dass unsere Ehe all die Jahre nicht nur überlebte, sondern unsere Liebe tiefer und reifer wurde mit jedem Jahr.

Fürs Gespräch

Nehmt euch Zeit, um gemeinsam zurückzuschauen.

- Unsere guten Erinnerungen: „Das war schön mit dir: ..."
- Die schweren Erinnerungen: „Das schmerzt mich im Rückblick, das tut mir bis heute weh: ..."

Praktische Aktionen

- Schreib die Besonderheiten deines Partners auf und verfasse daraus einen Liebesbrief. Vielleicht möchtest du das Geschriebene deiner Frau / deinem Mann vorlesen? Alles, was ihr schreibt und sagt, sollte wertschätzend und liebevoll sein!
- Schaut euch eure alten Fotos zusammen durch und macht aus den besten Bildern ein Buch, das eure Paargeschichte erzählt. Schreibt am besten gleich noch einige Erinnerungen dazu auf.
- Euer Erinnerungskasten: Wählt eine besondere Schachtel oder Kiste aus. Legt dort symbolisch die schweren Erinnerungen hinein. Oder ihr schreibt auf Karten stichwortartig das, was ihr gemeinsam getragen habt. Nachdem ihr alles noch einmal bewusst angeschaut und darüber geredet habt, macht ihr den Deckel zu und packt die Kiste weg, zum Beispiel in einen Schrank oder auf den Dachboden.

BOOSTER 3: Verletzungen heilen

Was geht in diesem Kapitel? Du erfährst

- wie ihr euch den Kränkungen der Vergangenheit stellt
- was Vergebung bewirkt
- wie eine überwundene Affäre eure Liebe stärker machen kann

Beate und Tom sind seit 27 Jahren verheiratet. Ihre beiden Kinder sind mittlerweile erwachsen. Der Sohn lebt in einer WG an seinem Studienort, die Tochter ist für ein Freiwilliges Soziales Jahr ins Ausland gegangen. Nun haben also die Eltern ihr Haus nach vielen Jahren wieder ganz für sich. Sie könnten es schön haben und es wäre auch wieder mehr Zeit füreinander da. Trotzdem fühlen die beiden sich nicht verbunden. Beate vermisst gemeinsame Unternehmungen, Tom findet immer wieder Gründe, warum er für dies oder jenes, was sie vorschlägt, keine Zeit, keine Energie, keine Lust hat. Die zwei sind in einem unbefriedigenden Nebeneinanderher gelandet.

Im Beratungsgespräch bricht es aus Tom heraus: „Ich konnte es Beate noch nie recht machen. Sie nörgelt einfach an allem herum. Das macht dermaßen Druck! Ständig habe ich das Gefühl, für sie nicht gut genug zu sein."

Anstalten, seine Frau für intime Begegnungen zu gewinnen, habe er schon lange aufgegeben. Zu oft sei er bei ihr abgeblitzt. So habe er sich über die Jahre angewöhnt, ihr eben aus dem Weg zu gehen.

Als die Kinder noch im Haus lebten, war das leichter zu kaschieren. Tom engagierte sich intensiv in der Kirchengemeinde, wo er sogar Kirchenvorstand war. Abends fand er immer noch irgendetwas zu tun, mal in seiner Werkstatt, mal am Computer. Tatsächlich versteckte er sich hinter der Arbeit. Und an den Wochenenden verbrachte er viel Zeit mit dem Sohn auf dem Fußballplatz.

Beate fühlte sich nicht geliebt von ihrem Mann. Sie hatte so oft das Gefühl, von ihm hängen gelassen zu werden, empfand, dass sie die ganze Belastung im Organisieren der häuslichen Aufgaben zu tragen habe. Eigentlich wünschte sie sich mehr Nähe und ein besseres Miteinander. Deshalb monierte sie immer wieder, was ihr nicht gefiel (was Tom, wie schon erwähnt, als andauerndes Nörgeln und Unzufriedenheit auslegte). Sie war aber neben ihrem Beruf so sehr mit dem Managen der Familie beschäftigt, dass sie ihre missliche Lage ertrug und eigentlich auch gar nicht tiefer darüber nachdenken konnte.

Am Beispiel dieser beiden kann man erkennen: Die Verletzungen, die sich über die Jahre angestaut haben und nicht bearbeitet wurden, sind wie unbehandelte Wunden, die zu eitern beginnen. Sie belasten die Beziehung so sehr, dass beide sich schließlich die Frage stellen, ob eine Trennung nicht besser wäre.

So geht es vielen Paaren. In den Aufbaujahren, in der Rushhour des Lebens sind beide tagaus, tagein mit Überleben beschäftigt. Beruflich wird eine Menge abverlangt, und man muss volle Leistung bringen, Kinder kommen in die Familie und fordern Energie. Nestbau, Vermögensbildung, Freundeskreis – alles boomt und bindet Aufmerksamkeit. Da ist es verständlich, dass belastende Themen einfach verdrängt werden. Für klärende Gespräche fehlt oft schlichtweg die Zeit oder zumindest die Kraft.

An Wendepunkten im Leben wie dem Auszug der Kinder oder dem Eintritt in den Ruhestand tauchen die ungeklärten Themen wieder auf. Damit besteht die Gelegenheit, sie endlich zu bearbeiten.

An Wendepunkten im Leben tauchen ungeklärte Themen wieder auf. Damit besteht die Möglichkeit, sie endlich zu bearbeiten.

Gibt es auch bei euch das eine oder andere Thema, das nochmal angeschaut werden will? Ihr merkt schon: Die folgenden Seiten sind kein angenehmer Spaziergang über eine Frühlingswiese. Es geht um die dunklen Kapitel eurer Vergangenheit, um Verletzungen, Versäumnisse und Schuld. Sich dem zu stellen, macht keinen Spaß. Trotzdem ermutigen wir euch, hier tiefer einzutauchen. Die verheißungsvolle Aussicht: Die dicke Luft, die sich in manchen Ecken eurer Beziehung angestaut hat, macht einer frischen Brise Platz. Euer Miteinander wird ehrlicher, authentischer, frischer, am Ende auch wieder leichter.

Werdet ihr die Chance ergreifen, die sich für eure Beziehung und auch jeden von euch persönlich ergibt? Werdet ihr es schaffen, eure Verletzungen anzusprechen, anzuerkennen und einander zu vergeben? Und dann gemeinsam befreit weitergehen?

Beate und Tom nutzen diese Chance. Im Gespräch mit einer Paartherapeutin entlarven sie ihre Interaktionsmuster und lernen zu verstehen, was für Gefühle eigentlich hinter dem vordergründig gezeigten Verhalten des anderen stehen. Und auch ihre eigenen Reaktionen können sie nun besser einordnen.

Tom erkennt, wie einsam seine Frau sich oft gefühlt haben muss, und Beate wird klar, dass Tom unter ihrer häufigen Kritik wirklich sehr gelitten hat. Jetzt versteht sie, weshalb er so oft in Arbeit und Rückzug vor ihr flüchtete.

Ihnen wird sogar bewusst, dass sie ihre Verhaltensmuster teilweise schon von ihren Eltern übernommen hatten. Beide wiederholen Dinge, die sie früher schon genauso gemacht haben: Beate setzte sich schon gegen Ungerechtigkeiten in der Herkunftsfamilie nörgelnd zur Wehr und verschaffte sich dadurch Aufmerksamkeit. Tom schützte sich gegen seine sehr fordernden, strengen Eltern, indem er sich zurückzog und damit unsichtbar machte. Insbesondere bei seinem Vater hatte er sich das Ausweichverhalten abgucken können: Der war ein leidenschaftlicher Modellbauer gewesen und in Toms Erinnerung sehr häufig allein in seinem Bastelzimmer oder unterwegs auf irgendwelchen Modellbaumessen.

Nachdem Tom und Beate verstanden haben, welche Paardynamik zwischen ihnen entstanden ist und welche Muster sie immer wieder wiederholen, können sie diese durchbrechen und neues Verhalten entwickeln.

Bevor der Weg zum Neustart allerdings frei ist, müssen alte Lasten beseitigt werden. Zu groß ist der Schmerz über das, was sie sich da gegenseitig angetan haben. Sie können nicht so tun, als wären die vergangenen Jahre mit ihren vielen Ablehnungserfahrungen und Frustrationen nicht geschehen. Wichtig wird für dieses Paar das Thema Vergebung.

Die beiden bearbeiteten das folgendermaßen:

Jeder schreibt für sich auf, was ihm an Versäumnissen und Verletzungen aus den vergangenen Jahren ihrer Ehe in den Sinn kommt. Beate erinnert sich sogar an ganz alte Wunden aus der Verlobungszeit, als Tom auf einer Skifreizeit mit einer jungen Frau flirtete. All die Jahre ist diese Episode nicht mehr angesprochen worden. Aber nun im Nachsinnen über das, was zwischen ihnen stehen könnte, trifft Beate der Schmerz über diesen emotionalen Treuebruch noch einmal hart. Wie konnte er ihr das damals antun, obwohl sie einander schon ihr Versprechen gegeben hatten?

Auf Toms Liste steht unter anderem, wie sehr er sich zurückgesetzt fühlte, als die Kinder kamen. Beate hatte plötzlich keinen Blick mehr für ihn. Außerdem hat er einmal unbeabsichtigt zugehört, wie seine Frau sich bei einem Telefonat mit ihrer Mutter über ihn beklagte. Darüber hat er nie mit Beate gesprochen. Jetzt, da die Verletzungen auf den Tisch dürfen, ist für ihn dieses Erlebnis nochmal total präsent, und er spürt einen Kloß im Hals.

Vielleicht denkst du: Wozu diese vergangenen Dinge rauskramen? Mögen sie doch lieber in Frieden ruhen.

Richtig: Wenn sie denn in Frieden ruhen, dann kann man das Gras darüber weiterwachsen lassen, anstatt etwas auszugraben. Aber hier ist ja kein Friede! All diese Kränkungen haben Beate und Tom beinahe ihre Ehe gekostet!

Nachdem sie ihre Listen geschrieben haben, lesen sie sich gegenseitig vor, was sie verletzt hat und wo ihnen bewusst geworden ist, dass sie den anderen verletzt haben. Tom sagt zum Beispiel: „Bea, es tut mir echt so leid, dass ich dich damals mit dem blöden Flirt mit Tanja so gekränkt habe. Mir war nicht bewusst, wie viel dir das ausmacht, und ich wünschte, ich könnte es rückgängig machen. Bitte vergib mir.“

Beate hat geschrieben: „Jedes Mal, wenn ihr zwei Jungs auf den Fußballplatz davongezogen seid, war ich so eifersüchtig. Ich hätte so gerne am Wochenende was mit dir zusammen gemacht, aber dir war alles andere wichtiger. Das hat mich so verletzt. Aber ich erkenne auch, dass ich es gar nicht sehen wollte, wie du dich hier um unseren Sohn verdient gemacht hast. Dass ihr bis heute so eine gute Beziehung habt, liegt bestimmt auch daran. Also bitte verzeih mir meine Wut auf dich und dass ich es dir missgönnt habe, wie gut euer Verhältnis war.“

Noch vieles steht auf den beiden Zetteln, und während sie sich das Niedergeschriebene vorlesen und sich darüber austauschen, fließen einige Tränen. Dann geht die Paartherapeutin mit ihnen zum Schredder, der in der Ecke steht, und jeder lässt sein Blatt Papier durch die Maschine laufen und beobachtet, wie sie Zeile um Zeile das Geschriebene vernichtet. Anschließend nehmen sie einander fest in den Arm und fühlen, wie ihnen die Last von ihren Herzen fällt.

Vergebung ist kein billiger Prozess. Wie schnell raunt man im Tagesgeschehen ein „Ja sorry …“ oder „Tschuldigung – ist halt so passiert“ und meint es doch nicht wirklich ernst.

Der Paarpsychologe John Gottman sagt in einem Interview in der Zeitschrift „Brigitte“:

Wenn jemand nicht vergeben kann, dann gibt es meiner Erfahrung nach eigentlich immer eine Zeitbombe, die irgendwann losgeht. – John Gottman

„Die Vergebung ist oft sehr hohl, weil es kein tiefes Verständnis darüber gibt, was schiefgelaufen ist, was fehlte. Es braucht wirkliches Bedauern, wirkliche Transparenz, den Willen, sich selbst zu hinterfragen, um sein Verhalten und die Beziehung zu verändern. Wenn jemand nicht vergeben kann, dann gibt es meiner Erfahrung nach eigentlich immer eine Zeitbombe, die irgendwann losgeht. Wir müssen die Nachwirkungen der verletzenden Ereignisse nutzen und daran arbeiten. An den Wunden, die Zeit allein nicht heilt. Vergebung ist nie trivial, sie reicht sehr tief in die Seele der Partner.“[14]

Im Fall von Beate und Tom steckte richtig Arbeit in ihrem Vergebungsprozess. Sie mussten sich erst einmal bewusst machen, wie viel Unrat sich im Lauf der Jahre angestaut hatte. Dann übernahm jeder für seinen Teil Verantwortung. Und schließlich baten sie einander um Vergebung und verziehen sich gegenseitig.

So wurde die Luft wieder rein und der Weg zu einem Neuanfang wurde frei.

Was ist beim Vergeben wichtig?

Vergebung ist eine Zweibahnstraße

Auf der Fahrt zum Abschlussball ihrer Tochter bekommen Gernot und Inka Streit. Inka wird sauer, als sie merkt, dass Gernot die falschen Schuhe angezogen hat. Sie schimpft in einem fort und beschwert sich über seine Inkompetenz. Er findet ihre Reaktion derart verletzend, dass er den ganzen Abend kein Wort mehr mit ihr redet, geschweige denn ein einziges Mal mit ihr die Tanzfläche betritt. Dabei liebt Inka das Tanzen über alles und hat sich so sehr auf diesen Abend gefreut. Das Fest wird für beide ein großer Frust. Inka ist zudem peinlich, dass jeder merken muss, wie schlecht die Stimmung bei dem sich anschweigenden Paar ist. Beide sind froh, nach dem offiziellen Programmteil endlich nach Hause fahren zu können. Die Tochter wird sowieso mit ihren Freundinnen noch bis in den Morgen weiterfeiern.

Streitigkeiten dieser Art kennt fast jedes Paar. Und viele gehen nach dem verbalen Schlagabtausch oder sehr schweigsamen Stunden einfach zur Tagesordnung zurück und tun, als wäre nichts vorgefallen. Wenn sich viele solcher an sich banalen Verletzungen über Jahre anstauen, kommt irgendwann noch eine einzige weitere hinzu, und die Situation eskaliert. Dann fallen Sätze wie: „All die Jahre musste ich so viel von dir ertragen. Jetzt kann und will ich nicht mehr."

Am besten sollten Verletzungen zeitnah angesprochen werden. In der Situation waren Gernot und Inka nicht in der Lage – aber am nächsten Tag wären sie es möglicherweise gewesen. Wenn die Emotionen beruhigt sind, lässt sich drüber reden. Da hätte er ihr sagen können, wie sehr ihn ihre abwertenden Kommentare gekränkt hatten. Aber auf welche Weise lässt sich das gut kommunizieren? „Ich fühlte mich wie der kleine Junge, der von der Mutter eine Standpauke bekommt. Meine Mama hat mir oft gesagt, ich solle mich anständig anziehen, und war unzufrieden mit mir. Genau das ist bei deiner Kritik wieder in mir hochgekommen und war echt heftig für mich."

Wenn Inka nun in die Verteidigung geht und Gernot ihrerseits vorwirft, dass er sie mit Ignoranz gestraft habe, dann hilft das nicht weiter.

Stattdessen sollte sie ihren Fauxpas eingestehen und zugeben, dass ihr Angriff im Ton unangemessen und in der Sache übertrieben war. Kein „Aber du läufst auch immer wieder so peinlich rum" oder „Du weißt doch, wie viel Wert ich beim Ausgehen auf ein schickes Äußeres lege", sondern einfach: „Es tut mir echt leid, dass ich dich so verletzt habe."

Vorsicht vor Rechtfertigung

Falls ihr in die Situation kommt, euch entschuldigen zu müssen: Lasst die Entschuldigung stehen, ohne gleich eine Rechtfertigung anzuschließen. Kein: „Aber du warst auch böse" und kein „Aber ich konnte nicht anders handeln". Es ist unbedingt wichtig, dass derjenige, der den anderen verletzt hat, Verantwortung übernimmt und sich dafür aufrichtig entschuldigt.

Das ist die eine Richtung des Vergebungsprozesses. Die andere schließt sich an.

Jetzt sollte Gernot das Eingeständnis anerkennen und seinerseits Inka entlasten und ihr Vergebung zusprechen:

Auch hier bitte keine Einschränkungen: „Wurde auch mal Zeit, dass du das einsiehst", sondern ganz schlicht: „Ist okay. Ich verzeihe dir."

Als Christen kennen wir den Weg zum Kreuz. Bei Jesus, der am Kreuz durch sein Sterben für alle Schuld der Welt bezahlt hat, können wir unsere Schuld abgeben. Er vergibt gerne. Uns Menschen fällt das hingegen manchmal ziemlich schwer. Dabei beten wir im Vaterunser: „Vergib uns unsere Schuld, wie auch wir vergeben unseren Schuldigern."

Diese Zweibahnstraße des Vergebungsprozesses fordert uns heraus: Wie schmerzlich und demütigend, wenn einer sich bloßstellt und seine Verfehlung ausspricht, um Vergebung bittet und damit beim anderen auf Ablehnung stößt. „Du warst so böse – das verzeih ich dir nicht."

Deshalb ist der nächste Punkt wichtig.

Vergebung muss von Herzen kommen

Vergebung heißt Loslassen von Verfehlungen, die der andere einem angetan hat. Dazu gehört der Entschluss: „Ich will dir das nicht mehr nachtragen."

Das ist manchmal keine leichte Entscheidung. Bedeutet sie doch auch, sich von etwas zu trennen, was man im Ernstfall gegen den anderen zu dessen Lasten wieder hervorkramen könnte. Manchmal will man etwas gegen den anderen in der Hand behalten. Natürlich ist es auch eine Persönlichkeitsfrage: Den einen fällt es leicht, Nachsicht walten zu lassen, und andere haben eher ein nachtragendes Gemüt.

Menschen, die nachtragend sind, blockieren mit ihrer vorwurfsvollen Haltung die Beziehung. Denn wer permanent die

Angst im Nacken spürt, vom Partner wieder alte Geschichten aufgetischt zu bekommen, kann sich in der Beziehung nicht fallen lassen. So fühlt man sich nicht bedingungslos akzeptiert. Macht euch das bewusst: Alles, was ihr einander nachtragt, lastet auf eurem Miteinander und bewirkt, dass die Liebe nicht mehr ungehindert zwischen euch fließen kann.

Ein Mann erzählt seinen Freunden: „Meine Frau wird immer historisch, wenn wir streiten." Daraufhin einer der Freunde: „Du meinst, sie wird hysterisch?"

Der Mann bekräftigt: „Nein, sie wird historisch. Sie kann sich an jeden Fehler erinnern, den ich jemals gemacht habe, und wärmt immer wieder alte Geschichten auf!"

In der Bibel macht Gott den Glaubenden die Verheißung, dass er ihre Sünden „ins äußerste Meer" wirft. Also weit, weit weg. Was nicht in der Bibel steht, aber sicher mitgemeint ist: Angeln ist dort verboten. Die Verfehlungen sollen in der Tiefe der See verschwinden, damit sie niemand mehr emporhebt.

Nehmen wir das als Vorbild für unseren Umgang mit den „Sünden" des Partners. Wir vergeben. Wir sprechen den anderen von ganzem Herzen frei. Wir tragen nicht nach. Wir schließen den Giftschrank der Vergangenheit und werfen den Schlüssel weg.

Aber auch die Bitte um Vergebung muss aufrichtig sein. Manche wiederholen nämlich permanent verletzende Verhaltensweisen. Anschließend waschen sie sich mit der Bitte um Entschuldigung regelmäßig ihr Gewissen rein. Nachsichtige Ehepartner vergeben zwar immer wieder von Neuem, es bleibt aber das vage Gefühl, dass nichts wirklich gut ist.

Eigentlich sollte es selbstverständlich sein: Wenn einem etwas leidtut, man ein Verhalten als falsch erkannt hat, dann muss daraufhin wenigstens das Bemühen sichtbar werden, in Zukunft anders zu handeln. Dass das nicht immer gleich auf Anhieb funktioniert, ist ein anderes Thema. Aber nur mit einem „So bin ich halt, und danke, dass du mir immer wieder Nachsicht schenkst" wird die Beziehung sicher nicht besser.

Stellt euch vor, ein Schüler klaut in einem Kiosk. Die Kioskbetreiberin merkt das, ist aber nachsichtig, weil sie den Kerl nicht in Schwierigkeiten mit der Polizei bringen will. Sie verwarnt ihn und lässt ihn laufen. Beim nächsten Mal ist der Schüler nicht etwa braver geworden, sondern steckt sich wieder ein paar Süßigkeiten gratis ein. Jetzt wird es ihr schon schwerer fallen, Gnade walten zu lassen. Auf alle Fälle tut sie weder dem Jungen noch sich selbst einen Gefallen, wenn sie immer wieder beide Augen zudrückt. Er lernt: Mit der kann man es machen. Und sie wird vermutlich allmählich zunehmenden Frust anstauen und sich mächtig ausgenutzt fühlen.

Wie oft soll man vergeben?

Bei der Frage, wie viel Ausdauer man beim Vergeben zeigen sollte, argumentieren manche mit einem atemberaubenden Wort von Jesus Christus. Der wurde von seinen Jüngern gefragt, wie oft man vergeben solle. Seine Antwort: sieben Mal siebzigmal[15] – was in der Konsequenz bedeutet: immer wieder, unendlich oft. Ein anspruchsvoller, wunderbarer Rat, der unzählige Neuanfänge ermöglicht. Und auch für denjenigen, der den anderen freispricht, fällt damit jedes Mal eine Last ab. Was man dem anderen nachträgt, muss man nämlich selbst tragen.

Allerdings schadet es enorm dem Vertrauen in der Ehebeziehung, wenn ein Partner ständig auf die Gutmütigkeit des andern setzt und selbst nicht bereit ist, sein schlechtes Verhalten zu ändern. Vergebung von Herzen schließt Reue mit ein und den erklärten Willen, sich künftig anders zu verhalten.

Bleibt noch die Frage: Muss man vergeben, wenn der andere sich nicht entschuldigt oder die Tat nicht wirklich bereut?

Das, was wir dem anderen nachtragen, belastet unser eigenes Herz wahrscheinlich am meisten.

Wir erinnern uns, wie wir manchmal lange sauer waren aufeinander, weil der andere etwas gesagt oder getan hatte und dabei gar nicht merkte, wie es uns verletzt hat. Oder weil es für ihn vielleicht gar nichts Schlimmes war, wofür er meinte, sich entschuldigen zu müssen.

Ich (Susanne) hatte in meinem Elan einige Klamotten aus Marcus' Schrank entsorgt, darunter sein Lieblings-T-Shirt. In meinen Augen war es einfach abgetragen und hässlich. Entsetzt stellte Marcus fest, dass das gute Stück fehlte. Ich sah damals absolut keinen Grund, mich zu entschuldigen. „Was regst du dich denn so auf? Ich habe doch nur in bester Absicht für Ordnung gesorgt und unnötigen Ballast entfernt." Nun hätte Marcus seinen Groll mit sich herumtragen können, was die Stimmung zwischen uns definitiv für längere Zeit getrübt hätte. Er entschied sich, mir die Übergriffigkeit zu verzeihen und auch, dass ich mich partout nicht schuldig bekennen wollte.

Heute übrigens, im Nachdenken über den Vorfall, sehe ich mein Verhalten deutlich kritischer. Ja – ich habe für Ordnung gesorgt. Aber ein Kleidungsstück, das Marcus liebt, einfach wegzuwerfen, ohne ihn vorher um Erlaubnis zu fragen – das geht aus meiner heutigen Sicht gar nicht. Entschuldige bitte, mein Liebster, dass ich damals so uneinsichtig war.

Wie viel Kränkung verkraftet eine Ehe?

In manchen Ehen geht es brutal zu. In Wort und Tat. Wir sind Paaren begegnet, die sich immer wieder hart beschimpfen. Und solchen, bei denen selbst körperliche Gewalt beim Streit kein Tabu ist. Süchte können extrem belasten. Zum Thema Pornosucht, die häufig die Partnerin oder den Partner massiv verletzt, gibt es einen Abschnitt im Kapitel zur sexuellen Verbundenheit. Und außerehelichen Affären widmen wir unten noch einen gesonderten Abschnitt.

Für das jeweilige Opfer ist es hart, das, was ihm angetan wird, zu verarbeiten. Die Gefühle von Ablehnung, Entwertung, Beschämung sind manchmal unfassbar schwer zu ertragen.

Besonders wenn sich, wie oben angesprochen, negative Verhaltensmuster häufig wiederholen, nagt das am Vertrauen. Es wird schwer für den Geschädigten, stets von Neuem einen Freispruch zu gewähren.

Klar ist: Wo das Vertrauen gravierend gebrochen wird, kommt ein Paar ohne Vergebung auf keinen grünen Zweig mehr. Es kann den Vergebenden viel kosten. „Ich wurde tief verletzt, und jetzt spreche ich dich frei. Ich verzichte auf Rache, auf Sühne, auf Opfer deinerseits. Du musst nicht mehr dafür bluten."

Das ist ein schwieriger Schritt und sollte unbedingt auch vom Partner als solcher gewürdigt werden. Ein aufrichtiger Dank und eventuell sogar eine Art Wiedergutmachungsleistung können beim Heilungsprozess helfen.

Natürlich macht solch eine „Wiedergutmachungsleistung" nicht den Schaden wett, der entstanden ist, und sie soll auch nicht als Ablasszahlung verstanden werden. Es geht einfach um eine liebevolle Versöhnungsgeste, die dem anderen zeigt: „Du bist mir wirklich wichtig, und es tut mir echt leid, was ich dir angetan habe."

Gernot ist nach dem Streit und der Aussöhnung mit Inka bewusst geworden, wie auch er durch sein gekränktes Verhalten seiner Frau den Spaß verdorben hat. Wo sie sich doch so auf den Ballabend gefreut hatte. Als sie nach dem Einkauf in die Küche kommt, liegt auf dem Tisch eine Karte mit der Einladung zu einem Tanzabend. Dabei stehen die Zeilen: „Ich freue mich auf einen schönen Abend mit dir, und ich verspreche dir, dass ich die richtigen Schuhe tragen werde." Lachend geht Inka zu Gernot, umarmt ihn herzlich und dankt ihm für diese liebevolle Versöhnungsgeste.

Vergebung ist ein Prozess

Ein bewährtes Prinzip finden wir in der Bibel im Epheserbrief: „Lasst die Sonne nicht über eurem Zorn untergehen."[16] Schafft ihr es, regelmäßig abends reinen Tisch zu machen und euch gegenseitig zuzusprechen: „Es ist alles gut zwischen uns"? So lebt ihr aus der Kraft der Vergebung!

Was aber, wenn es Dinge gibt, die immer wieder auftauchen und in dein Herz stechen? Manches lässt sich schwer vergessen. Vergeben und vergessen ist schließlich nicht dasselbe. Manche Dinge kann man nur durch Demenz vergessen. Und manches braucht einfach Zeit zum Heilen.

Monas Mann Benni verliert in einem heftigen Wortgefecht die Fassung und verpasst ihr in seiner Wut einen Schlag ins Gesicht. Tagelang muss sie mit einem blauen Auge herumlaufen und dafür noch Ausreden finden, um niemandem preiszugeben, woher die Verletzung tatsächlich rührt. Diese lieblose Attacke sitzt tief.

Obwohl Benni sich gleich entschuldigt für das, was er angerichtet hat, und es ihm aufrichtig leidtut, kommt sie mit dem Vertrauensbruch zunächst überhaupt nicht zurecht. Sie bittet ihn, das gemeinsame Schlafzimmer zu verlassen und ins Gästezimmer auszuweichen.

Ein Teil von Mona will ihrem Mann vergeben. Sie liebt ihn doch und weiß, dass er normalerweise ein guter Ehemann ist. Eine solche Eskalation haben sie noch nie gehabt. Allerdings schießt immer wieder die Erinnerung an den Schlag in ihr Gedächtnis. Und damit auch die Wut auf Benni: Wie konnte er ihr das antun? Zudem hat sie seitdem Angst: Was, wenn das wieder passiert?

Benni, der über sich selbst schockiert ist, sucht eine Beratung auf, um den Kontrollverlust zu reflektieren und einen besseren Umgang mit seinen versteckten Aggressionen zu lernen. Trotzdem dauert es Wochen, bis wieder genug Vertrauen da ist und Mona Bennis Nähe wieder zulassen kann. Schließlich sagt sie: „Ich vergebe dir. Ich will mir Mühe geben, dass diese Sache nicht mehr zwischen uns stehen darf. Ich will sie dir nicht mehr nachtragen. Ich spreche dich frei. Aber ich stelle dir auch eine Bedingung: So etwas darf nie, niemals wieder passieren!“

Diese Bedingung braucht Mona als Schutzzaun. Man kann sich leicht vorstellen, dass sie trotzdem ab und zu an das Ereignis zurückerinnert wird. Und dass in Streitsituationen die Angst in ihr aufkeimt: Was, wenn es wieder eskaliert? Immer wieder muss Mona sich an ihre Zusage der Vergebung erinnern und sie in ihrem Herzen erneuern. Mit jeder positiven Erfahrung, die sie mit Benni macht, wächst allmählich wieder ihr Vertrauen in seine Zuverlässigkeit.

Niemand kann dazu gezwungen werden zu vergeben. Und nicht jede und jeder schafft es, wirklich zu vergeben, wenn der Schaden groß war.

Trotzdem ist es so, dass das, was wir anderen nachtragen, uns selbst belastet. Und es sich schon deshalb lohnt, es loszulassen. Das bedeutet kein Zugeständnis, dass das, was passiert ist, nicht so schlimm war. Auch nicht, dass alles weitergehen muss, als wäre nichts geschehen. Manche Konsequenz muss trotzdem getragen werden. So musste Benni eine ganze Weile im Gästezimmer schlafen, bis Mona wieder bereit war, das Bett mit ihm zu teilen.

Wir fassen zusammen: Worauf kommt es beim Thema Vergebung an?

- Bitte um Verzeihung, wenn du am anderen schuldig geworden bist.
- Vergebung hat idealerweise zwei Richtungen: Die Bitte um Entschuldigung und der Akt der Vergebung. Beides sollte laut ausgesprochen werden.
- Durch die Vergebung kann wieder Liebe fließen. Hass- und Schuldbarrieren werden ausgeräumt.
- Was zwischen euch bereinigt wurde, dürft ihr nicht wieder gegeneinander verwenden.
- Vergeben zu können, braucht möglicherweise Zeit – bei gravierenden Vergehen in der Regel mehr.
- Vergeben bedeutet nicht, dass man akzeptiert, was der andere getan hat. Das Vergehen selbst wird dadurch nicht kleiner. Die Verantwortung für die Tat bleibt.
- Zur aufrichtigen Bitte um Vergebung gehören Reue und der Wille, in Zukunft anders zu handeln, sowie möglicherweise konkrete Handlungsschritte. Die Bitte um Entschuldigung darf nicht als Freibrief für wiederholt falsches und beziehungsschädigendes Verhalten benutzt werden.

Verletzungen aus anderen Beziehungen

Ute und Wolfgang haben eine Patchworkfamilie. Seit 15 Jahren sind die beiden verheiratet. Davor hatte Wolfgang eine andere Frau. In den sieben Jahren, die diese erste Ehe dauerte, wurden zwei Mädchen geboren. Dann verließ seine Frau ihn wegen eines anderen Mannes. Inzwischen sind beide Kinder erwachsen, und der Kontakt zwischen Wolfgang und ihnen ist sehr sporadisch geworden. Wolfgang schmerzt es, wie wenig Anteil er am Leben seiner Töchter hat. Er würde gerne mehr Zeit mit ihnen verbringen, was aber durch die räumliche Entfernung und unterschiedliche berufliche und private Verpflichtungen schwer zu realisieren ist.

Auch mit Ute bekam Wolfgang noch ein Kind, einen Sohn, der mittlerweile neun Jahre alt ist. Dieser Sohn ist der ganze Stolz seiner Eltern, und er bekommt viel Aufmerksamkeit und Liebe von ihnen.

Ute hat zu Wolfgangs Töchtern nie einen guten Draht bekommen. Diese wollten keine zweite Mama haben, die miterzieht. Und der Aufbau einer freundschaftlichen Beziehung war ihr dann auch nicht gelungen. Dass Wolfgang so häufig den Wunsch äußert, Zeit mit seinen Mädels zu verbringen und dass er dafür wertvolle Urlaubstage investiert, stört Ute und wird zum Dauer-Diskussionsthema zwischen den beiden.

Schauen wir uns diese Situation genauer an. Da ist zum einen Wolfgangs Verletzung aus der gescheiterten Ehe, die er nie gut bearbeitet hat. Mit Ute kann er zwar sein Bedürfnis nach Liebe und Anerkennung wieder befriedigen. Aber über seine Vergangenheit will er aus Angst, sie damit zu verletzen, nicht mir ihr sprechen. Die Wunden des Treuebruchs und der Ablehnung aus der ersten Beziehung sind aber deshalb nicht weg.

Außerdem trägt er den Schmerz um seine Töchter, die er nicht in ihrem Aufwachsen begleiten konnte, wie er es doch so gerne getan hätte. Die gelegentlichen Wochenenden, an denen sie bei ihm waren, reichten dafür nicht aus. Er spürt Trauer in sich darüber, dass er nicht der Vater sein durfte, der er gerne gewesen wäre. Auch Ute ist verletzt: Sie wäre gerne die Freundin der Mädchen geworden, aber die haben sie nie akzeptiert. Hinzu kommt, dass die Mutter der beiden immer wieder schlechte Stimmung gegen die neue Frau des Vaters gemacht hat.

Solche unverarbeiteten Beziehungslasten wirken sich auf die aktuelle Paarbeziehung aus. Wie schnell fühlt man sich unverstanden oder abgelehnt.

Ihr müsst aber gar nicht in einer Patchworkfamilie leben. Die meisten hatten vor ihrem Ehepartner schon andere Beziehungen, die ihre Schatten bis in die Gegenwart werfen.

Wir denken an eine Frau, die von ihrem früheren Partner immer wieder ausgelacht worden war, was sie sehr kränkte. Sie tut sich bis heute schwer, sich ihrem Ehemann zu offenbaren. Tiefen Gesprächen geht sie aus dem Weg aus Angst vor Kritik und Bloßstellung.

Oder an den Mann, der intensive sexuelle Erfahrungen mit einer früheren Partnerin gemacht hatte. Die Frau, die er geheiratet hat, war auf diesem Gebiet sehr unerfahren und bleibt bis heute gegenüber Experimenten im Bett verschlossen. Ihm genügt nicht, was sie zu geben bereit ist; sie fühlt sich unter Druck gesetzt und zieht sich mehr und mehr zurück.

Bei anderen reicht die Verletzung aus anderen Beziehungen noch weiter zurück, bis in die Kindheit und ins eigene Elternhaus. Der eine hat für jede Schulnote schlechter als eine Zwei strafende Blicke geerntet, die andere wurde von einem Onkel gegen ihren Willen unsittlich angefasst, wieder ein anderer ist von seiner Freundin überraschend wegen eines anderen sitzen gelassen worden. Kein Mensch bleibt in seinem Leben vor Grenzüberschreitungen und Verletzungen verschont.

In einer Weiterbildung in Emotionsfokussierter Paartherapie (EFT) hat Susanne erfahren, wie wertvoll es ist, wenn Paare sich einander öffnen und ihre wunden Punkte zeigen. Dazu braucht ihr Sicherheit und das Vertrauen, dass der andere euch zuhören und verstehen will. Wenn es euch gelingt, im Gespräch einfühlsam miteinander in die Tiefe zu gehen, schafft das ein beglückendes Gefühl von Verbundenheit.

Schaut mal beim nächsten Streit ein wenig tiefer:

- Womit habt ihr euch gegenseitig getriggert?
- Welche Erfahrung kommt euch mit in Erinnerung?
- Wann habt ihr euch schon früher einmal genau so gefühlt?

Was für ein Geschenk, wenn ihr einander eure wunden Punkte zeigen könnt und gleichzeitig wisst: Der andere steht bedingungslos zu mir und wird das nicht gegen mich verwenden. So können eure tiefen Verletzungen bearbeitet werden und eure Wunden heilen.

Wichtigste Bedingung für diese tiefen Gespräche: Sei du der einfühlsame Mensch, der sein Gegenüber nicht bloßstellt, nicht auslacht, nicht in die Kerbe sticht oder zu einem späteren Zeitpunkt das Gesagte gegen sie oder ihn verwendet.

Sei du der einfühlsame Mensch, der sein Gegenüber nicht bloßstellt, nicht auslacht, nicht in die Kerbe sticht oder zu einem späteren Zeitpunkt das Gesagte gegen sie oder ihn verwendet.

Versäumnisse bekennen und Konsequenzen ziehen

Susanne hat in den Jahren, als die Kinder klein waren, oft keinen Kopf für Marcus gehabt. Viele Male ging er abends enttäuscht vom Feld, nachdem klar wurde, dass heute wohl kein Raum für ihn in Susannes durchgetaktetem Terminkalender war. Und wenn sie am Ende des Tages keine Termine mehr hatte, war sie oft so erschöpft, dass auch nicht mehr viel von ihr zu erwarten war.

Susanne dagegen hätte sich so oft mehr Unterstützung von ihrem Mann gewünscht. Könnte er nicht wenigstens mal die Küche aufräumen, während sie die Kinder im Bad fertig machte? Stattdessen lag er lesend oder „Die Simpsons" schauend auf der Couch. Für ihn war das die ideale kurze Entspannungspause nach dem harten Arbeitstag. Die nutzte er bis zu seinem Einsatz, um den Kindern noch den Abendsegen zu geben, wenn sie im Bett lagen.

Von solchen und ähnlichen Versäumnissen gab es einige. Sie sind wohl auch kaum vermeidbar. Obwohl – mit einer besseren Kommunikation, die wir damals leider noch nicht hatten, wäre manches leichter gewesen. Aber hinterher ist man bekanntlich immer schlauer. Wir bereuen einiges mittlerweile aufrichtig, was wir einander an Liebe und Engagement verweigert haben. So wie uns übrigens auch das, was wir unseren Kindern schuldig geblieben sind, unglaublich leidtut.

Was sind die Bereiche, wo ihr merkt, dass ihr einander nicht den Raum oder die Unterstützung gegeben habt, die angemessen gewesen wäre? Vielleicht habt ihr euch viel zu selten Komplimente gemacht oder habt euch gegenseitig verweigert, die Liebessprache des anderen zu sprechen?

Mildernde Umstände gibt es sicher da, wo wir Dinge einfach nicht besser wussten. Sonst hätten wir es vermutlich anders gemacht. Allerdings gilt ab dem Zeitpunkt, da wir Dinge erkennen, dass nun Konsequenzen dran sind.

Wir beide haben gelernt, dass es wichtig ist, Präsenz zu zeigen, wenn der andere uns braucht. Und dass wir einander Priorität einräumen müssen. Einen aufmerksam liebevollen Umgang auch in stressigen Lebensphasen haben wir uns angewöhnt. Meist funktioniert das inzwischen ganz gut, und doch merken wir, dass es nie selbstverständlich wird. Wir müssen uns immer wieder daran erinnern und am Ball bleiben.

Affären

Untreue ist eine der schwersten Verletzungen in Paarbeziehungen. In Hollywoodfilmen machen Seitensprünge die Story erst richtig spannend. Manchmal werden sie mit lapidaren Sätzen wie „Es ist doch nur Sex" bagatellisiert. Trotzdem ist Fakt: Für die meisten Menschen tut es unsagbar weh, wenn ihr Partner sich mit einem anderen Menschen sexuell oder auch intensiv emotional verbindet. Damit wird die Exklusivität der Liebe torpediert und Vertrauen nachhaltig zerstört.

Affären sind häufig sexueller Natur. Ähnlich schmerzhaft kann es sein, wenn ein Partner eine intensive emotionale Beziehung zu einer dritten Person eingeht. Das kann zum Beispiel ein regelmäßiger tiefgehender Online-Austausch sein oder ein Seelenvertrauter, der dem Ehegatten den Rang streitig macht.

Fremdgehen über einen längeren Zeitraum, das ist der ElitePartner-Studie 2023 zufolge Trennungsgrund Nummer eins, den 6 754 Befragte in einer Online-Umfrage nannten. Für 74 Prozent der Frauen und 60 Prozent der Männer würde das das Aus der Beziehung bedeuten.[17]

Interessanterweise wird der einmalige Seitensprung eher verziehen. Hier sagten nur 40 Prozent der Frauen und 31 Prozent der Männer, dass er für sie Grund für eine Trennung wäre.

Die Psychologin Pasqualina Perrig-Chiello hat aktuelle Studien zur ehelichen Untreue ausgewertet. Sie berichtet, bei 40 Prozent aller Ehepaare komme emotionale oder sexuelle Untreue vor. Und das, obwohl die meisten beides moralisch ablehnten. Studien zufolge wünschten sich die Mehrheit der Menschen in Beziehungen Treue. So habe eine deutsche Studie von Schmidt, Starke und Kollegen ergeben, dass 90 Prozent der Befragten Treue erwarteten. Eine Studie aus der Schweiz vom gfs Umfrageforschungsinstitut Zürich aus dem Jahr 2015 zeige, „dass 71 Prozent von über 1 000 befragten Personen sich sogar eine lebenslange Partnerschaft inklusive sexueller Treue wünschen“.[18]

Spannend auch folgendes Ergebnis: Es seien deutlich mehr Junge (zwischen 1990 und 1994 geborene Menschen) als Ältere, „die eine strikte Treue befürworten“.

Perrig-Chiello fragt, worin die Gründe für diesen höheren Treue-Anspruch der Jüngeren liegen könnten. Vielleicht sei es so, dass Ältere im Laufe der Jahre ihre Ansprüche angepasst haben und sozusagen mit weniger hohen Idealen zufrieden sind.

Uns scheint eine weitere Erklärung plausibel: Es könnte auch sein, dass unsere Generation mit hohen Scheidungsraten, unzuverlässigen Paarbeziehungen und damit auch instabilen Elternhäusern den Jungen kein gutes Vorbild gegeben hat und sie nun nach mehr Sicherheit und Verbindlichkeit in ihren Beziehungen streben.

Eine strengere Moral und mehr praktizierte, institutionalisierte Religiosität verringern übrigens Perrig-Chiello zufolge das Risiko eines Seitensprungs. Einen Unterschied mache, ob es sich bei der Affäre „um ein sexuelles Abenteuer oder um eine Liebesbeziehung" handle. „Jedenfalls ist eine außereheliche Liebesbeziehung die weit größere Belastung für eine Partnerschaft als eine sexuelle Beziehung."[19]

Fakt ist, dass Affären in allen Bevölkerungs- und Bildungsschichten eine Rolle spielen und quasi in den besten Familien (auch denen gläubiger Menschen) vorkommen. Immer haben sie etwas mit der aktuellen Beziehung eines Paares zu tun. Dahinter können unterschiedlichste Ursachen stecken.

Gründe für Affären

- Unzufriedenheit mit der Beziehung: Im Grunde ist man schon lange unzufrieden und vermisst wesentliche Elemente im Zusammenleben, zum Beispiel Anerkennung, Aufmerksamkeit, Lebendigkeit, gemeinsame Erlebnisse. Die Sehnsucht danach, einem Menschen wirklich etwas zu bedeuten.
- Der Wunsch, auszubrechen aus einer langweiligen Ehe: Endlich wieder Verliebtheitsgefühle erleben oder aufregenden Sex (oder überhaupt mal wieder Sex) haben.
- Eifersucht auf den anderen: Eifersucht kennt viele Auslöser. Beispielsweise, wenn der andere besonders erfolgreich ist, extrem beliebt, im Mittelpunkt steht oder selber gerne mit anderen flirtet.
- Die Absicht, die Ehe zu verlassen: Manche tragen sich mit Trennungsabsichten. Durch die Affäre schaffen sie Fakten, die es beiden leichter machen, eine langjährige Beziehung zu beenden.

Timo und Barbara sind das, was man als Traumpaar bezeichnet. Zwei attraktive, sympathische Menschen, die sich in der Ausbildung kennengelernt hatten, heirateten und inzwischen Eltern von drei Kindern sind. Vor ein paar Jahren haben sie ein älteres Haus von einer Tante geerbt, das sie nun nach ihren Bedürfnissen umbauen und renovieren. Barbara ist gerade wegen der Erziehung der Kinder nur in einem Minijob beschäftigt, während Timo sich in seine Karriere investiert und sich zum Bereichsleiter in einer großen Baumarktkette hochgearbeitet hat. Nebenbei leitet er auch noch das Musikteam seiner Kirchengemeinde. Seinen wöchentlichen Männersportabend nutzt er für den körperlichen Ausgleich. Barbara besucht einen Hauskreis, trifft sich hin und wieder mit Freundinnen und hat sich einer Laufgruppe angeschlossen.

In dieser Laufgruppe lernt sie Johannes kennen, mit dem sie sich auf Anhieb gut versteht. Sie lachen viel miteinander. Als Johannes sie eines Tages fragt, ob sie Lust habe, mit ihm für einen Halbmarathon zu trainieren, willigt sie ein. Mit jedem Treffen entsteht eine festere Bindung zwischen den beiden, bis Barbara merkt, dass sie sich in Johannes verliebt hat. Aus der Freundschaft der beiden wird mehr. Die beiden nutzen schließlich jede Möglichkeit, einander zu treffen, und pflegen einen intensiven Chat-Kontakt.

Timo merkt eine ganze Weile nichts, weil Barbara sich große Mühe gibt, das Verhältnis zu verheimlichen. Als er schließlich Verdacht schöpft, weil seine Frau in letzter Zeit so oft an ihrem Handy hängt und ihm nicht mehr in die Augen schaut wie früher, ist Barbara schon tief in ihre Affäre verstrickt.

Eine Situation, wie sie uns öfters begegnet ist: Vermeintlich ist die Welt eines Paares heil, und dann kommt der große Crash. Was ist hier schiefgelaufen? An diesen beiden sehen wir, dass das Problem bei beiden liegt.

Natürlich hat Barbara sich auf das Spiel mit dem Feuer

eingelassen. Natürlich gab es einen Moment, an dem sie hätte Stopp sagen können. Vielleicht schon da, wo ihr bewusst wurde, wie angenehm ihr Johannes' Gegenwart ist oder wie intensiv die beiden miteinander schwingen.

Doch Timo trägt seinen Anteil bei, auch wenn er eigentlich nichts Böses gemacht hat. In diesem Fall hat er versäumt, seiner Frau Priorität einzuräumen. Vieles war ihm wichtig. Seine Ehefrau, so meinte er, ist ihm sicher. Eindeutig hat er sich zu wenig in die Beziehung investiert.

Die meisten Affären fliegen irgendwann auf. Allein schon daran, dass der Partner sich ganz anders verhält, merken betroffene Ehepartner, dass etwas nicht stimmt. Dann werden sie misstrauisch, gehen der Sache auf den Grund, suchen und finden Indizien. So haben wir das bei Paaren oft erlebt.

Wie du dich vor einer Affäre schützt

Lass dich nicht zu intensiv mit einer anderen Person ein – weder körperlich noch emotional.

Setze dir selbst ein Stopp-Signal, wenn du merkst, dass du Gefühle für eine andere Person entwickelst.

Vertrau dich einer dritten Person an. Rede mit deinem Partner oder einer anderen vertrauenswürdigen Person über deine Gefühle.

Häufig enden Affären mit Trennung und Scheidung. Andere Paare schaffen es aber, einen Neuanfang zu machen. Das sind diejenigen, die eigentlich eine gute Beziehung hatten, denen aber etwas gefehlt hatte, das sie nun im Außen zu befriedigen suchten. Oder bei denen wirklich viel auf dem Spiel steht, etwa die gemeinsame Familie, das gemeinsame Haus, eine Firma, ...

Für sie folgt oft eine lange, schmerzvolle Phase der Aufarbeitung und Schadensbegrenzung. Es dauert in der Regel Monate oder Jahre, bis zerstörtes Vertrauen wieder gewachsen ist.

Fürs Gespräch

- Das hat mich verletzt, und ich spüre, dass es meine Beziehung zu dir belastet: ...
- Das tut mir leid: .../ Dafür bitte ich dich um Verzeihung: ...
- Erinnerst du dich daran, wie du einmal einen Fehler gemacht hast und es anschließend bereinigt wurde? Wie hat sich das angefühlt? Erzählt einander davon.

Praktische Aktionen

Sich gemeinsam die Geschichte anschauen:

Jeder von euch braucht ein großes Blatt Papier und Farbstifte.

Nehmt euch ausreichend Zeit für diese Aktion – etwa zwei Stunden. Erst arbeitet jeder für sich. Hinterher zeigt ihr einander eure Werke.

Jeder malt eine Lebenslinie auf sein Plakat – die kann auch in Schlangenlinien über das gesamte Blatt gehen. Nun lasst ihr in Gedanken euer Leben Revue passieren und markiert wichtige Ereignisse oder Erfahrungen auf der Lebenslinie. Ihr könnt auch Symbole malen oder Stichworte dazu schreiben.

Notiert zunächst mindestens fünf gute Erlebnisse oder Erfahrungen. Anschließend tragt ihr das ein, was schwer war und euch möglicherweise immer noch belastet. Ihr könnt das

Ganze auch malen oder anderweitig kreativ gestalten. Oder vielleicht mögt ihr Blumen für die schönen Dinge und Steine für das Schwere auf eure Lebenslinie legen?

Wenn ihr fertig seid, darf jeder dem anderen sein Werk präsentieren. Erzählt einander, was euch im Lauf des Lebens im Guten und im Schwierigen geprägt hat.

(Achtung: Menschen mit einer Trauma-Störung müssen hier vorsichtig sein. Ihr solltet diese Übung nicht ohne therapeutische Begleitung machen, um die Gefahr einer Re-Traumatisierung zu vermeiden.)

Ritual, um Verletzungen abzuschließen und Vergebung zu bekräftigen:

1. Jeder schreibt auf, was ihn verletzt hat.
2. Dann könnt ihr einander die einzelnen Punkte vorlesen.
3. Die Zettel werden anschließend an einer Feuerstelle verbrannt oder dem Schredder übergeben. Dazu kann man gemeinsam ein Gebet sprechen oder folgende Worte sagen: „Ich lasse diese Verletzung bewusst los und will mich und dich dadurch nicht mehr belasten."
4. Eine Versöhnungsgeste, eine Umarmung und der gegenseitige Zuspruch: „Jetzt ist das zwischen uns bereinigt."

Ein Abendritual:
Schaut euch in die Augen, nehmt euch in den Arm und sagt einander: „Es ist gut zwischen uns. Ich hab dich lieb."

BOOSTER 4:

Das leere Nest umbauen

Was geht in diesem Kapitel? Du erfährst

- warum Kinder raus aus dem Nest müssen
- wie ihr die Trauer des leeren Nests überwindet
- wie ihr neue Freiräume mit neuem Leben füllt

Unsere jüngste Tochter Paula war noch keine 18, als sie sich als Studienort das andere Ende der Republik aussuchte. Hamburg liegt gut 700 Kilometer von unserem Zuhause entfernt. Susanne war in der Entscheidungsphase extra die ganze Strecke mit dem Zug mit ihr dort hingereist. Sie dachte, wenn das Mädel merkt, wie aufwendig diese Reise ist, macht sie bestimmt einen Rückzieher und sucht sich was Nähergelegenes aus (immerhin hätten fast alle deutschen Universitätsstädte diese Voraussetzung erfüllt.) Aber selbst die erwartungsgemäßen Verzögerungen der Deutschen Bahn und die coronabedingte stundenlange Fahrt mit FFP2-Maske konnten sie nicht umstimmen. Im Gegenteil: In der Hansestadt angekommen, atmete sie tief durch, sah einen Regenbogen am Himmel, strahlte und war sich sicher: „Das ist es! Ein Zeichen Gottes – hier ist mein Bestimmungsort!“ Inzwischen ist sie 20 und immer noch verliebt in ihre Wahlheimat!

Bevor Paula als letztes unserer Kinder auszog, hatten wir uns schon ausgemalt, wie wunderbar es sein würde, unser Nest nach 35 Jahren Erziehungszeit wieder für uns zu haben. Viel weniger Verpflichtungen. Keine Rücksichtnahme mehr auf die Bedürfnisse unserer jungen Mitbewohner. Mehr Freiheit in den Essenzseiten und in der Wahl dessen, was gekocht wird. Kein Streit darum, wer das Wohnzimmer und den Fernseher belagern darf. Keine Jugendlichen, die uns mit ihrem Gekicher bei der Arbeit stören. Keine nächtlichen Fahrdienste mehr. Im ganzen Haus tun und lassen können, was wir wollen. Freiheit!

Als die Jüngste dann weg war, erlebten wir es doch anders. Nicht nur sie fehlte uns, sondern die ganze bunte, vielfältige, wirbelnde Lebendigkeit, die unsere Kinder in unser Leben gebracht hatten. Das war es eigentlich gewesen, was wir wollten. Wir lieben diese wunderbaren Menschen, und das Leben mit ihnen war wertvoll und prall gefüllt. Uns war definitiv nie langweilig, denn da war immer jemand zum Reden, Spielen, etwas zusammen Schaffen. Und Arbeit fiel in der Familie auch genug an. Jetzt waren sie verstreut von Hamburg bis München und wir in unserem Haus, das immer Zentrum pulsierenden Lebens gewesen war, ganz schön allein.

Das Gute an Übergangszeiten im Leben ist, dass sie uns die Gelegenheit bieten, uns selbst und unsere Ehe neu zu definieren. Seht also den Übergang in euer leeres Nest als großartige Chance, eure Ehe zurückzuholen und gemeinsam zu entscheiden, wo ihr in Zukunft hinwollt.

Das Gute an Übergangszeiten im Leben ist, dass sie uns die Gelegenheit bieten, uns selbst und unsere Ehe neu zu definieren. Seht also den Übergang in euer leeres Nest als großartige Chance, eure Ehe zu beleben und gemeinsam zu entscheiden, wo ihr in Zukunft hinwollt.

Freud und Leid des leeren Nests

Der Auszug ihrer Kinder mischt das Leben der Eltern nochmal ganz schön auf. Eine völlig neue Lebensphase beginnt nicht nur für diejenigen, die ausziehen, sondern auch für die, die zurückbleiben. Viele freuen sich (zumindest im Vorfeld) auf diesen Tag, auf die neuen Freiheiten, die sich damit ergeben. Wir hatten uns auch darauf gefreut.

Eigentlich muss es nicht verwundern, dass Elternpaare durchatmen und neue Lebensfreude gewinnen, wenn sie den Erziehungsmarathon geschafft haben. So wundervoll es ist, Kinder zu haben, muss man schließlich auch respektieren, dass sie ihren Eltern allerhand Einschränkungen und Opfer abverlangen. Der Soziologe Nicolas Wolfinger stellt in einem Blogbeitrag des Instituts für Familienstudien (IFS) neuere Forschungsergebnisse vor, die zeigen, dass die Lebensfreude bei Menschen nach dem Auszug der Kinder ansteigt.

Denn irgendwann kommt einfach die Zeit, wo man wieder Raum für sich braucht. Ältere Eltern (zwischen 50 und 70 Jahren), die noch minderjährige Kinder zu Hause haben, seien um fünf bis sechs Prozentpunkte weniger glücklich als ihre Zeitgenossen mit leerem Nest. Zudem zeigten Studien, dass sich bei den Frauen dieser Altersgruppe vier Prozent mehr Kinderlose als „sehr glücklich" bezeichnen. Männern scheint dagegen die Vaterschaft mehr Glückszuwachs zu bescheren. Unter den Vätern war der Prozentsatz der „sehr Glücklichen" drei Prozent höher als bei den Kinderlosen. Trotzdem war auch deren Glücksniveau nochmal um drei Prozent höher, wenn ihre Kinder ausgezogen waren.[20]

Das geringere Glücksniveau bei Müttern im Vergleich zu Kinderlosen führt Wolfinger unter anderem darauf zurück, dass viele Mütter weniger Kinder haben, als sie sich eigentlich ersehnten. „Ich hätte mir mehr Kinder gewünscht, aber da hätte mein Mann nicht mitgemacht", oder „Ich habe immer von einer großen Familie geträumt" sind Sätze, die auch wir in Gesprächen mit Frauen häufig gehört haben.

So ergibt sich ein doppelter Grund für die geringere Zufriedenheit der Mütter: einmal der unerfüllte Mehr-Kinderwunsch und zum anderen die Belastungen, die Kinder eben auch mit sich bringen. In den Wechseljahren spielen beide Themen für Frauen noch einmal eine große Rolle: Der Traum von der Großfamilie muss endgültig verabschiedet werden. Zugleich sind vielleicht noch ein oder zwei Kinder da, die einen emotional auf Trab halten. Da haben es Frauen, die sich in dieser Phase mit ihrer Kinderlosigkeit mehrheitlich arrangiert haben und dafür in ihrem Berufsleben Erfolg und Anerkennung genießen, möglicherweise etwas leichter.

Obwohl also vieles dafürspricht, dass der Auszug der Kinder Paare erleichtert, ist der Einschnitt zugleich schmerzlich, denn er markiert das Ende einer wunderbaren Zeit im Leben der Eltern. Die geht nun unwiederbringlich vorüber. Nun stehen sie vor einer Herausforderung für ihre Beziehung, die der Psychiater Jürg Willi als einen der häufigen Auslöser von Paarkrisen identifiziert.

Paare sind im Lauf ihres Lebens immer wieder mit Veränderungen konfrontiert. Komme ein Paar in der Krise zur Therapie, so sei die Frage: „Was hat sich im zeitlichen Vorfeld dieses Ereignisses in ihren Lebensumständen verändert?" Neben Geburten, Todesfällen, Außenbeziehungen, schwerer Krankheit sei eben auch „der Wegzug des letzten in der Familie verbliebenen Kindes" ein solcher Stolperstein in der Beziehung, der neue Entwicklungen vom Paar erfordere. Die Frage sei dann: „Gingen durch diese veränderten Umstände Kompensationen verloren, die neue Entwicklungen notwendig machen?"[21]

Kinder binden ziemlich viel Aufmerksamkeit und geben ihren Eltern allerhand Gelegenheiten, sich emotional zu investieren. Man kann sie lieben, mit ihnen spielen, unglaublich viel Spaß zusammen haben, sich mit ihnen streiten, sich über das Chaos in ihren Zimmern ärgern, manchmal verständnislos den Kopf schütteln über ihre Ideen oder mit ihnen die beste Zeit des Lebens verbringen. Sie sind, insbesondere wenn sie schon fast erwachsen sind, oft ausgezeichnete Kommunikationspartner. Selbst wenn sich die Eltern gegenseitig gerade nichts zu sagen haben oder gar im Clinch miteinander liegen, können sie sich immer noch mit ihren Kindern beschäftigen und dadurch jegliche Konfrontation vermeiden. So merken manche Paare gar nicht, wie wenig sie noch miteinander reden, solange noch Töchter und/oder Söhne im Haus sind.

Trauer zulassen

Wir ermutigen euch: Redet darüber, was der Abschied von euren Kindern in euch auslöst.

Gehörst du zu den Elternteilen mit Ablöseschmerzen, dann erlaube es dir, gebührend Abschied zu nehmen und den Verlust, den das leere Nest bedeutet, angemessen zu betrauern. Bedenkt auch, dass ihr durchaus unterschiedlich mit der Trauer umgehen werdet. Kannst du es aushalten, wenn sich die Situation für deinen Mann oder deine Frau anders anfühlt? Im Idealfall sogar mitfühlen und trösten? Schwierig kann es werden, wenn einer wirklich leidet unter der entstandenen Lücke und der andere in Feierlaune ist angesichts der neu gewonnenen Unabhängigkeit. Erwartet nicht vom anderen, dass er identisch mit der Situation umgehen muss wie ihr selbst, sondern gesteht euch unterschiedliche Gefühle zu und haltet sie aus.

Wie bei allen Umstellungsphasen im Leben, solltet ihr euch Zeit geben, um euch an die veränderte Situation zu gewöhnen. Und macht euch bewusst: Eure Kinder gehen nicht aus der Welt, nur in ihr selbstbestimmtes Erwachsenenleben.

Loslassen

Marcus fiel es leichter, unsere Kinder ziehen zu lassen. Er sah immer in erster Linie das, was sie für ihr Leben gewinnen würden durch den Schritt nach draußen. Zwar war er auch stets zur Stelle, wenn ausgezogene Kinder sich bei ihm meldeten und um Unterstützung baten. Aber er konnte auch die neu gewonnen Freiheiten genießen. Ein Stück Verantwortung, die er loslassen durfte: Hurra – unser Kind macht endlich den Schritt in die Selbstständigkeit. Susanne hingegen erinnert sich sogar noch an den Tag, an dem sie ihren ältesten Sohn zum ersten Mal in den Kindergarten brachte. Das Kind war begeistert, die Mutter ging weinend nach Hause. Der erste Abschiedsschmerz, auf den noch viele weitere folgen sollten. Für sie, die emotional deutlich näher dran war an den Kindern, war das Loslassen immer auch ein Verlust. Bis heute muss sie aufpassen, sich nicht zu sehr in die Angelegenheiten der Kinder hineinzumischen und ihnen ihren eigenen Weg zu überlassen. Und nicht mehr so gebraucht zu werden, ist für sie etwas, das sie unter Anstrengung akzeptieren muss.

Manche Eltern halten ihre Kinder fest oder geben ihnen sogar das Gefühl, sie könnten ohne sie nicht leben. Aber der Begriff des leeren Nestes passt perfekt: Es geht nämlich darum, sie flügge werden zu lassen. Für Kinder (die in dieser Lebensphase des Auszugs ja gar keine Kinder mehr sind) bedeutet das einen notwendigen Entwicklungsschritt, ohne den sie nicht erwachsen werden.

Schon im Jahr 1972 beschrieb der amerikanische Erziehungswissenschaftler Robert J. Havighurst verschiedene Entwicklungsaufgaben, die Menschen im Laufe ihres Lebens bewältigen müssten. Nach seinem Konzept sollte ein junger Mensch sich vor dem 19. Geburtstag abgelöst haben von den Eltern, unter anderem sollte er ökonomisch von ihnen unabhängig werden, in der Lage sein, eigene Rechte und Pflichten auszuüben, und er sollte ein sozialverantwortliches Verhalten entwickeln.[22]

Das sind Ansprüche, die heute viele gar nicht erfüllen können, bis sie volljährig sind. Ein hoher Prozentsatz der jungen Leute lebt schon deshalb länger daheim, weil viele Abitur machen. Die Zahl der Studienanfänger hat sich von einer Quote von 33,3 Prozent eines Jahrgangs im Jahr 2000 bis heute extrem gesteigert – im Jahr 2022 waren es 56,4 Prozent.[23] Wie soll aber jemand, der studiert, finanziell unabhängig sein? Diese Aufgabe muss heutzutage wohl oder übel um ein paar Jahre nach hinten verschoben werden. An der Stelle sind wir Eltern noch gefragt.

Trotzdem – die jungen Leute wollen in diesem Alter möglichst weitgehend auf eigenen Beinen stehen und nicht von ihren Eltern begluckt (und auch nicht beglückt!) werden. In einem Artikel einer soziologischen Fachzeitschrift berichtet die Psychologin Christiane Papastefanou, dass für junge Männer im Zusammenhang mit der Lösung von den Eltern vor allem das selbstverantwortliche Handeln bedeutsam sei, während junge Frauen vor allem die emotionale Unabhängigkeit von den Eltern betonten.[24] Allein zu wohnen sei wichtig für die jungen Leute, denn es werde von ihnen „als Zeichen eines gelungenen Übergangs zum Erwachsenenalter bewertet".

Wer schneller flügge wird

Papastefanou fand auch heraus, dass junge Erwachsene in Trennungs- und Scheidungsfamilien deutlich früher flügge werden. Dafür sieht sie mehrere mögliche Ursachen: Es könne zum einen daran liegen, dass in diesen Familien schlichtweg weniger Geld für lange, teure Ausbildungen zur Verfügung steht. Aber auch daran, dass alleinerziehende Eltern ihren Kindern mehr Verantwortung übertragen, was dazu führt, dass sie früher selbstständig werden. Und drittens sei zu vermuten, dass mancher junge Erwachsene sich dem Verantwortungsdruck, die Mutter (oder den Vater) unterstützen zu müssen, durch frühen Auszug entzieht. Umgekehrt schließen wir daraus, dass wir Paare uns offenbar ein bisschen schwerer tun mit dem Loslassen.

Egal, ob es auf Weltreise, in eine Ausbildung oder sogar schon ans Heiraten geht – eure Kinder dürfen nun selbst für sich sorgen. Ob sie allein wohnen wollen oder in einer WG – sie müssen lernen, über ihr Leben weitgehend selbst zu bestimmen und Entscheidungen auch ohne eure Zustimmung zu treffen. Selbst wenn sie andere Werte haben als ihr (was komplett normal ist in dieser Lebensphase) – ihr müsst sie lassen. Seid ihr bereit dafür? Es führt kein Weg daran vorbei.

Wenn ihr euch weiterhin ihre Probleme zu eigen macht, wird euch das gravierend die Freude an eurem leeren Nest vermiesen. Die emotionale Belastung wird euch Kraft rauben, die ihr eigentlich in euer Miteinander investieren könntet. Und machen wir uns nichts vor: Ihr könnt nicht die Entscheidungen eurer Kinder treffen! Jeder muss im Leben seine eigenen Erfahrungen sammeln. Ihr werdet sie nicht vor den Widrigkeiten des Lebens bewahren können. Sie müssen da selbst durch. Wie ihr es doch auch musstet. Es kann sogar sein, sie gehen Wege, die euch peinlich sind. Hört auf, euch dafür zu schämen, was eure Kinder tun. Sie bestimmen über ihr Leben – ihr seid raus.

Es nutzt auch nichts, sich selbst immer wieder Vorwürfe zu machen. „Hätte ich sie doch da besser angeleitet …" „Hätte ich mehr Zeit für ihn gehabt …" „Hätte ich ihn zu mehr Vorsicht gemahnt …" und was man sich noch so alles vorhalten kann. An mancher Stelle ist gewiss Reue angebracht. Und manchmal braucht es auch eine Entschuldigung bei den erwachsenen Kindern. Aber kommt drüber weg und lebt nach vorne. Wir predigen an der Stelle übrigens auch uns selbst.

Sich selbst (wieder) finden

Denjenigen unter euch, die in den vergangenen Jahren sehr in ihrer Elternrolle aufgegangen sind, die immer für ihre Kinder da waren und dabei vielleicht auch ihre eigenen Interessen vernachlässigt haben, fällt das Loslassen bestimmt schwerer. Viele (vor allem Mütter) haben nur Teilzeitjobs ausgeübt oder sich mit Tätigkeiten arrangiert, die eigentlich nicht ihrem Ausbildungsstand entsprachen, aber viel besser mit dem Familienleben vereinbar waren. Und jetzt regt sich der Wunsch: Da müsste doch noch was gehen. Für manche bricht regelrecht der Boden weg, auf dem sie sich bis dahin bewegt haben. „Wofür lebe ich jetzt? Was kann ich jetzt mit meinem Leben anfangen?"

Auf keinen Fall hilfreich wäre es, auf der Stelle zu treten und darauf zu warten, dass endlich die ersten Enkelkinder kommen, um die man sich kümmern kann. Es setzt Töchter und Söhne gewaltig unter Druck, wenn sie das Gefühl haben, hier „liefern" zu müssen. Schön, wenn sie Familie wollen, aber doch nicht, um uns glücklich zu machen!

Falls du dich hier angesprochen fühlst: Begib dich auf die Reise, dich selbst nochmal neu kennenzulernen. Frag dich, was du gerne tun würdest. Was hat dir früher, vor den Kindern, Freude gemacht? Wo könntest du dich engagieren? Wie beruflich vielleicht nochmal weiterentwickeln? Für manche passt das, was sie vor den Kindern gemacht hatten, nicht mehr. Möglicherweise haben sich die Anforderungen in deinem Berufsfeld so verändert, dass du dich ihnen nicht mehr gewachsen fühlst.

Erziehung als Qualifikation

Trau dich, Beratung in Anspruch zu nehmen, zum Beispiel bei der Arbeitsagentur, der IHK oder einem Coach. Es gibt viele Förderprogramme und Qualifizierungsmaßnahmen für Mütter, die wieder ins Berufsleben einsteigen wollen. Vielleicht findest du da was Passendes für dich.

Warum fühlen ausgerechnet Mütter sich oft so unterlegen und trauen sich nicht mehr viel zu in puncto Karriere? Dabei haben sie in der Zeit mit ihren Kindern dermaßen viel geleistet und ein breites Spektrum an Kompetenzen entwickelt. Die Coachin Johanna von Wendt zählt die folgenden auf ihrer Homepage „Moms in Business“ auf[25]:

Kommunikation. Teamfähigkeit. Führungsqualität. Umgang mit Geld/Budget. Effizientes Arbeiten. Umgang mit Konfliktsituationen. Verantwortungsbewusstsein. Zeitmanagement. Bedürfnisorientierung. Stresstoleranz. (Selbst-)Organisation. Priorisierung von Aufgaben. Selbstmotivation. Motivation von anderen.

All diese Fähigkeiten hast du dir in deiner Zeit als Mutter erarbeitet. Da sollte es kein Problem sein, beruflich wieder irgendwo andocken zu können.

Zu den Themenbereichen Wiedereinstieg, Selbstentwicklung und Berufungsfindung werden gute Seminare angeboten, von denen du eines besuchen könntest. Auch der Buchmarkt bietet praktische Unterstützung, zum Beispiel ein Ratgeberbuch von Birgit Schilling: „Berufung finden und leben. Lebensplanung für Frauen".

Natürlich sind auch Männer angesprochen. Es ist ja ein typisches Symptom der Midlife-Crisis, dass man sich die Frage stellt: Ist es das, wo ich mit meinem Leben hinwill? Bin ich schon angekommen am Ende der Leiter, oder gibt es noch Entwicklungspotenzial für mich? Würde ich vielleicht gerne etwas komplett anderes machen? Falls du dich noch in deiner Kraft fühlst und diesen Impuls verspürst, ermuntern wir dich dazu, dich diesen Fragen zu stellen und gegebenenfalls auch nochmal eine Veränderung anzupacken.

Was ist dabei für euch als Paar wichtig? Nehmt einander mit auf eurem Weg und versucht keinen Alleingang. Redet über eure Gedanken und Gefühle, und gebt euch Unterstützung, anstatt euch gegenseitig zu blockieren. Wichtig ist dabei auch, eventuelle Bedenken des anderen ernst zu nehmen.

Und was, wenn sie nicht gehen wollen?

Normalerweise haben erwachsene Kinder selbst den Wunsch, auszuziehen. Aber was ist, wenn das nicht der Fall ist? Natürlich gibt es Sonderfälle, zum Beispiel, wenn Eltern noch lange freiwillig für ihre kranken Kinder sorgen. Wir ziehen den Hut vor denen, die sich diese besondere Aufgabe aufs Herz genommen haben, unter Verzicht auf viele Freiheiten als Paar. Ihr müsst gut mit euren Kräften haushalten und solltet unbedingt immer wieder für Entlastung sorgen, indem ihr andere mit ins Boot nehmt, um mal Abstand zu bekommen und aufzutanken.

Anderen Paaren sind wir begegnet, die sichtlich darunter litten, dass ihre Kinder den Absprung nicht schafften. Aus unterschiedlichsten Gründen: Die einen finden es preiswert und praktisch, bei den Eltern zu leben. Ist doch schön, sich noch ein bisschen länger von Papa und Mama versorgen zu lassen. Der Kühlschrank ist gefüllt, die Wäsche wird gewaschen, die Wohnung geputzt und ein Auto steht in der Garage zur Verfügung. Versicherungen, Internet- und Müllgebühren, alles wird weiterhin von den Eltern geregelt. Na, wenn das das Leben nicht angenehmer macht ...

Viele Eltern kommen irgendwann an den Punkt, wo sie nicht mehr als Allroundversorger für ihre Kinder herhalten wollen und Anstrengungen unternehmen, ihren Kindern den Auszug nahezulegen.

Allerdings nicht alle. Christiane Papastefanou spricht vom „Nesthocker-Phänomen“, bei dem eigentlich alle glücklich und zufrieden sind mit dem Erwachsenen-WG-Leben: „Das überwiegend liberale Erziehungsklima“ lasse „den Auszug weniger dringend erscheinen, die Familienbeziehungen sind meist harmonisch, das Zusammenleben friedlich.“[26]

Den „Nesthocker“-Familien sei hier nochmal ans Herz gelegt, wie wichtig der Schritt in die Eigenständigkeit für junge Menschen ist. Das Zusammenleben mag wohl bei der ein oder anderen Familie gelingen, allerdings sollten die jungen Erwachsenen wenigstens eine Phase des Alleinlebens gehabt haben. Einmal abgelöst, kann man freier wieder zusammenleben. Und tatsächlich gibt es ja auch das Modell, wo erwachsene Kinder bewusst wieder mit ihren alten Eltern zusammenziehen, um diese mitversorgen zu können. Auch das funktioniert viel besser, wenn erst mal eine längere Zeit der Ablösung stattfinden konnte.

Wenn nicht anders möglich, sollte wenigstens durch eindeutige Trennung der Wohnbereiche und klare Verantwortungsteilung ein Zwang zur Eigenständigkeit gewährleistet werden.

Was Kinder zu Hause hält

Es gibt noch weitere, unvermeidbare Gründe für längeres Nesthocken: Viele können sich das Leben auf eigenen Beinen einfach noch nicht leisten. Die Zimmerpreise in deutschen Städten und auch die Lebenshaltungskosten sind teilweise horrend hoch. Da bleibt mittlerweile für viele nur die Alternative, weiterhin zu Hause mietfrei zu wohnen, bis endlich genug eigenes Einkommen aufs Konto kommt.

Manche Söhne und Töchter fühlen sich auch verantwortlich für ihre Eltern. Da ist zum Beispiel der Sohn, der das Gefühl hat, seine Mutter nicht mit dem alkoholabhängigen Vater allein lassen zu können. Oder die Tochter, die meint, wenn sie ginge, würde die Ehe ihrer Eltern wahrscheinlich auseinanderbrechen. Diese Kinder, die eine Beschützerfunktion für ihre Eltern übernehmen, schlüpfen selbst in die Elternrolle. Wenn Kinder aus solchen Gründen bleiben, macht sie das oft psychisch krank.

Wenn sich derartige Konstellationen bei euch abzeichnen, raten wir zu einer Familientherapie. Die kann helfen, dass jeder wieder seinen angemessenen Platz findet.

Prüft aufrichtig, ob es an euch oder an den Kindern liegt, dass sie immer noch bei euch hocken. Und dann fangt an, euch so zu verhalten, dass der Schritt in die Freiheit für beide Seiten erleichtert wird.

Wie aber bekommt man Kinder, die nicht von allein gehen wollen, dazu, das Nest endlich zu verlassen?

- Nehmt ihnen nichts mehr ab. Sie können jetzt selbst ihre Wäsche waschen, aufräumen, sich an den anfallenden Arbeiten in Haus und Garten beteiligen.
- Formuliert eure Erwartungen klar. Solange ihr euch nur beschwert oder nur darüber nachdenkt, was der Sohn oder die Töchter eigentlich an Schritten tun sollte, wird sich nichts ändern. Setzt euch mit ihnen an einen Tisch und redet offen über die Situation.
- Fordert eure Freiräume ein. Wollt ihr zu gewissen Zeiten ungestört sein, dürft ihr das jetzt erwarten.
- Lasst sie sich an den Kosten beteiligen. Es sollte selbstverständlich sein, dass sich Mitbewohner, die selbst Einkünfte haben, an den Ausgaben beteiligen. Einen Beitrag zu den Wohn- und Lebenshaltungskosten solltet ihr jetzt verlangen.

Auf den Punkt gebracht könnte man sagen: Ihr müsst es ihnen ungemütlicher machen. Manchmal muss man aus Liebe konsequent sein.

In Beziehung mit den Kindern bleiben

Egal ob es euch leichtfiel oder eher schmerzlich war: Jetzt habt ihr ein neues Kapitel in der Beziehung zu euren Kindern aufgeschlagen.

Ihr lasst sie zwar ziehen, aber nicht fallen. Selbstverständlich sollt ihr ihnen weiter als Begleiter zur Seite stehen, zum Beispiel wenn sie euch um Rat fragen oder mal eure Hilfe brauchen. So wie auch ihr sie weiterhin fragen könnt, wenn ihr Unterstützung braucht. Für uns war der Wegzug des zweiten Sohns ein harter Einschnitt, denn er ist superhilfsbereit und unser Gartenprofi. Als er noch da war, mähte er den

Rasen, schnitt manchmal die Hecken, baute den Himbeerzaun, kümmerte sich um die Steinmauer zum Nachbargrundstück. Wie oft schon haben wir dem nachgetrauert, denn jetzt müssen wir es meistens selbst machen. Es tut uns aber gut zu wissen, dass da ein paar sehr hilfsbereite junge Menschen – Kinder wie Schwiegerkinder – meist gerne kommen, uns zu unterstützen, wenn's drauf ankommt.

Es darf nur nicht ausufern und in neue Abhängigkeiten führen. Denn auch das haben wir in Familien gesehen: dass Kinder sich den Eltern immer noch verpflichtet fühlen oder dass Eltern und Kinder sich gegenseitig ein schlechtes Gewissen machen: „Du rufst ja nie an." Oder: „Andere können ihre Kinder regelmäßig bei Oma und Opa lassen, und ihr habt nie Zeit für uns."

Gelungene Ablösung bedeutet, dass ihr mit euren erwachsenen Kindern eine Beziehung auf Augenhöhe, in beidseitiger Freiheit und ohne Erwartungsdruck lebt.

Annegret erzählt, dass ihr Sohn ausgezogen sei, obwohl sie nicht weit von seinem Studienort wohnten. Er wollte einfach auf eigenen Beinen stehen und zog zu einem anderen jungen Mann und einer Frau in eine WG.

„Manchmal, wenn ich erst später zur Arbeit muss, fahre ich beim Bäcker vorbei und hole uns Brötchen. Dann besuche ich ihn und wir frühstücken zusammen. Es freut mich so, zu sehen, wie er sich dort eingerichtet hat. Zu Hause war er immer ein extremer Chaot. Ich habe sein Zimmer gar nicht mehr betreten, weil es dort so fürchterlich aussah. Jetzt sehe ich, wie er das auf einmal hinkriegt. In der WG achten alle drauf, dass sie es schön haben. Vor allem sein Mitbewohner legt großen Wert auf Ordnung und Sauberkeit und hat die anderen beiden dazu gebracht, einen gewissen Status quo zu halten. Neulich waren wir am Wochenende einen Tag zusammen Ski fahren. Bei den Abfahrten kann man sich zwar nicht viel unterhalten,

aber auf der langen Fahrt ins Skigebiet hat er mir eine Menge von sich erzählt. So viel haben wir früher nie miteinander geredet, und ich genieße das total.“

Wie bleibt man in Beziehung – in Zeiten, wo die jungen Leute nicht mehr gerne telefonieren?

- Einfach trotzdem mal anrufen. Nicht zu oft, aber gelegentlich. Darüber freuen sich die meisten, denn es zeigt, ihr denkt an sie und interessiert euch für ihr Leben. Immer noch seid ihr wichtige Menschen für sie, auch wenn ihr in die zweite oder dritte Reihe getreten seid. Und wenn sie gerade nicht mit euch reden wollen, gehen sie eh nicht ans Handy.
- Online-Chats: Wir haben, wie viele von euch auch, eine Familiengruppe auf einem Online-Messenger eingerichtet. Dort werden Fotos hin- und hergeschickt und alle über wichtige Neuigkeiten informiert. Auf diese Weise kriegten wir Anteil an den Studentenzimmern der jungen Leute (zumindest dann, wenn die gerade einigermaßen aufgeräumt waren), an ihren Unternehmungen und wichtigen Ereignissen wie dem ersten Ultraschallbild vom Enkelkind.
- Gegenseitige Besuche: Wir haben festgestellt, dass es besonders wertvoll ist, die Besuche mit Unternehmungen zu verbinden. Wandern gehen zum Beispiel. Auf einmal werden wir für all die Jahre entschädigt, in denen wir unsere Kinder nur unter Zwang dazu bewegen konnten, mit uns ins Grüne zu gehen. Heute machen die das selbst gerne und wir genießen die gemeinsame Zeit mit ihnen. Das müssen wir auch, denn bald werden es die Enkel sein, die unsere Form von Bewegungsdrang boykottieren.
- Besondere Unternehmungen mit (einzelnen) erwachsenen Kindern: Eine Bekannte von uns macht ab und

zu ein Wellness-Wochenende mit ihrer Mutter. Ein Verwandter geht mit seinen Töchtern auf Mountainbiketouren. Wir haben begonnen, Großfamilientreffen zu organisieren. Wir mieten uns für ein paar Tage ein großes Haus oder Apartments im Feriendorf und verbringen dort intensive Zeit mit allen.

- Päckchen schicken: Vor allem im Studium bekamen unsere Söhne und Töchter gelegentliche Care-Pakete von Susanne. Sie wollte damit einfach ein „Ich denk an dich"-Signal senden. Die Freude war bei den Kindern jeweils groß. Inzwischen erleben wir es sogar manchmal umgekehrt. Erst neulich kam ein Blumenstrauß bei uns an, den eine unserer Töchter via Blumenversand an ihre Mama schickte. Zum Advent wurden wir schon mehrfach mit Adventskalendern von unserem Nachwuchs bedacht.

Wir spüren, dass wir noch auf der Reise sind und das Thema Ablösung, Loslassen, sie ihren Weg finden lassen, immer mal wieder neu buchstabieren müssen. Wenn unsere erwachsenen Kinder Entscheidungen treffen, die wir so nicht getroffen hätten, oder wenn es einem von ihnen nicht gut geht und wir sie am liebsten wieder unter unsere Fittiche nehmen würden. Wir lieben sie immer noch innig, und wir entscheiden uns, sie stehen und gehen zu lassen mit ihrem Lebensstil und ihrer Art, ihr Leben zu meistern.

Die besondere Herausforderung der Patchworkfamilien

Falls ihr in einer Patchwork-Konstellation lebt, ist dieses „In-Beziehung-bleiben" für euch vermutlich besonders herausfordernd. Ihr wünscht euch zum einen, gemeinsam den Kontakt zu euren Kindern zu halten, dann aber auch jeder für sich zu seinen eigenen Kindern. Wenn Trennungspaare nicht im Frieden auseinandergegangen sind, schwelt hier noch manches an Konflikten und Spannungen.

Stellt euch in dieser Phase als Paar noch einmal ganz bewusst zueinander. So leicht passiert es nämlich, dass sich einer angesichts der Dominanz der Probleme, die aus Vorbeziehungen noch da sind, zurückgesetzt fühlt. Wir haben im Bekanntenkreis gesehen, wie viel Raum die Probleme einnahmen, die eine frühere Partnerin ihrem Ex-Mann machte. Die vier Kinder aus erster Ehe spalteten sich auf in Mama-Kinder und Papa-Kinder, was dem jeweils anderen Partner Öl ins Feuer seines Ärgers schüttete. Fast täglich war der Rosenkrieg Gesprächsthema in der neuen Beziehung.

Diese beiden haben es geschafft, sich dadurch nicht gegeneinander aufbringen zu lassen, sondern den Feind im Außen zu sehen (in dem Fall die Ex-Frau) und sich ganz bewusst füreinander zu positionieren.

Auch wenn es bei euch nicht gleich ein Rosenkrieg ist – anstrengend sind die verflossenen Beziehungen meist dennoch. Sagt euch gegenseitig, wie wichtig euch eure Beziehung ist, und gebt einander Priorität. Dann gesteht einander aber auch zu, dass der andere zu seiner früheren Familie, vor allem zu den Kindern, vielleicht auch noch zu weiteren Verwandten, eine Bindung pflegen darf.

Die Kinder aus früheren Beziehungen sind ebenso wichtig wie eure gemeinsamen. Sie haben Anspruch, eine Beziehung mit jedem ihrer Eltern zu leben. Du tust gut daran, deinen Partner in dieser Sicht zu bestärken, auch wenn es für dich manchmal Verzicht bedeutet. Oder wenn es dich sogar eifersüchtig macht, dass diese dir eigentlich fast fremden Personen so eine wichtige Rolle im Leben deines Liebsten spielen.

Großeltern werden

Für manche kommt nach der Veränderung, dass die Kinder aus dem Haus sind, ein weiterer spannender Wendepunkt im Leben: Großeltern zu werden. Dass es so einen Spaß machen würde, hätten wir uns nicht träumen lassen. Wir sind vernarrt in jedes unserer Enkelkinder und voller Bewunderung für unsere Kinder, wie sie das Leben mit dem Nachwuchs meistern.

Enkel zu haben ist ein großes Glück. Plötzlich ist wieder so viel Jugend und blühendes Leben um uns herum. Wir freuen uns, wenn unsere Kinder uns die Enkel anvertrauen. Es ist schön, noch einmal für jemanden ein so wichtiges Gegenüber sein zu dürfen. Als Großeltern steht uns oft mehr Zeit und Freiraum zur Verfügung als den Eltern. Manches, was uns bei den eigenen Kindern nicht möglich war, dürfen wir hier sogar ein bisschen wiedergutmachen.

Ein paar Regeln solltet ihr beherzigen, wenn ihr wollt, dass die Enkel gerne kommen und eure Kinder sie euch gerne überlassen:

- Seid keine Großeltern, die an ihren Enkeln vorbeischauen, sondern wendet euch ihnen bewusst zu. Setzt euch zu ihnen auf den Boden und seid im Hier und Jetzt mit ihnen.
- Mischt euch nicht ein in die Erziehung eurer Kinder. Sie dürfen das mit ihren Kindern anders machen als ihr und ihren eigenen Weg finden. Vielleicht musst du ab und zu schlucken, weil dir manches nicht gefällt. Nicht deine Baustelle – lass sie ihre Erfahrungen machen. Ihr könnt gemeinsam für sie beten und ihnen den Rücken stärken. Damit tut ihr genug.
- Wenn ihr Ratschläge gebt, dann bitte nur, wenn ihr danach gefragt werdet. Natürlich dürft ihr eure Meinung

sagen und den reichen Schatz eurer Erfahrung teilen, wenn eure Kinder euch um Rat fragen. Haltet ihr euch grundsätzlich zurück mit Besserwisserei, dann werden sie das ziemlich wahrscheinlich immer mal wieder tun.

- Respektiert Wünsche und Grenzen der Eltern. Haben eure Kinder bestimmte Regeln, auf die sie Wert legen, dann solltet ihr das respektieren. Wenn deine Tochter ihren Kindern zum Beispiel keinen Zucker geben will, solltest du keinesfalls versuchen, dich bei den Enkeln beliebt zu machen, indem du diese Regel hintergehst. Begrenzen die Eltern eures Enkelkindes die Bildschirmzeiten, solltet ihr euch auch daran halten. Seid ihr unsicher in manchen Punkten, dann fragt vorsichtshalber nach: „Wie handhabt ihr das? Was ist euch wichtig?“
- Seid großzügig und erwartet nicht zu viel. Wenn eure Enkel zu Besuch kommen, sind sie nicht in ihrem vertrauten Daheim-Umfeld. Vielleicht stresst es sie sogar ein bisschen, bei euch zu sein. Verkneift euch Sätze wie „Komm, gib der Oma ein Küsschen“ oder „Kannst du mal anständig Danke sagen?“ Großeltern, die nie zufrieden sind und herablassend mit den Kindern umgehen, gewinnen damit nicht das Herz ihrer Enkel.
- Nutzt die Zeit mit ihnen. Zeigt euren Enkeln eure Liebe und bietet ihnen Nestwärme. Singt mit ihnen Lieder. Spielt mit ihnen. Nehmt sie an der Hand und leitet sie an in den Fertigkeiten, die ihr liebt. Repariert mit ihnen Dinge, backt zusammen, geht nach draußen und zeigt ihnen die Natur. Lehrt sie Gott und seine Schöpfung zu ehren.

Dann sind da noch die eigenen Eltern

Seit wir den 50. Geburtstag hinter uns gelassen haben, mehren sich im Bekanntenkreis die Geschichten um die eigenen, inzwischen alt gewordenen Eltern. Manches Paar, das glücklich darüber ist, die Kinder aus dem Haus zu haben, sieht sich nun in der Pflicht, sich vermehrt um Eltern und Schwiegereltern zu kümmern. Das Thema können wir hier nur anreißen, wollen es aber auch nicht außer Acht lassen, betrifft es doch viele.

Grundsätzlich halten wir es für richtig, dass wir Verantwortung für unsere alten Eltern übernehmen und sie in der Not nicht im Stich lassen. Das ist das Hauptanliegen im vierten der biblischen Zehn Gebote: „Du sollst deinen Vater und deine Mutter ehren."[27] Hilfreich ist es, wenn ihr mit ihnen schon – bevor der Ernstfall eintritt – darüber gesprochen habt, wie sie sich das Altwerden vorstellen. Was für Wünsche haben sie, und was ist ihr sogenannter „Letzter Wille"? Viele drücken sich darum, das offen anzusprechen, und sind dann überfordert, wenn es so weit ist.

Tritt der Pflegefall ein, dann ist es gut, einen Plan zu haben: Viele Eltern möchten so lange es geht zu Hause in ihren eigenen vier Wänden bleiben. Könnt ihr das leisten? Seid realistisch. Ihr solltet das als Paar besprechen und auch mit den anderen Angehörigen (zum Beispiel Geschwistern), die verfügbar sind.

Eine Bekannte pflegt ihre an Demenz erkrankte Mutter zu Hause, nimmt aber an einem Tag in der Woche einen Tagespflegedienst im nahen Seniorenheim in Anspruch. Zudem kommen zwei Schwestern für jeweils einen halben Tag, um die Pflegende zu unterstützen. Trotzdem muss sie mit ihrem Ehemann immer wieder neu prüfen, ob sie sich den steigenden Belastungen noch gewachsen fühlen. Die massive Anspannung wirkt sich auch auf ihre Paarbeziehung aus, in der der Ton deshalb ab und an rau wird und wenig Raum für traute Zweisamkeit bleibt.

Respekt allen, die sich so aufopfernd um ihre alten Eltern kümmern! Uns selbst graut etwa vor dem Gedanken, selbst einmal in einem Altenheim zu enden. Trotzdem legen wir euch ans Herz, eure eigenen Grenzen zu respektieren. Bevor ihr einen Burn-out erleidet oder körperlich zusammenbrecht, solltet ihr betreutes Wohnen oder eine Unterbringung im Seniorenheim in Erwägung ziehen. Wir wissen, das ist ein schwerer Schritt für alle Beteiligten. Wer geht schon gerne ins Heim? Aber es kann letztlich besser sein, ihr besucht eure Eltern dort regelmäßig, als dass ihr aus Erschöpfung komplett ausfallt.

Nur noch du und ich. Und nun?

Kai konnte mit seinen Kindern, als die noch zu Hause wohnten, seine Begeisterung für Comedyserien teilen. Sie hatten lauter „Insider-Sätze", bei denen einer manchmal nur ein Wort sagte – und sofort wusste jeder von ihnen Bescheid und musste lachen. Phoebe fand nie diesen leidenschaftlichen Zugang zu Stromberg und Co. Sie bastelte dafür Abende lang mit den Töchtern. Und sie mochte es, gelegentlich mit ihren Teenies shoppen zu gehen – eine Tätigkeit, zu der sie Kai bis zum heutigen Tage nur unter Zwangsandrohung bewegen kann.

Jetzt, wo die Kinder weg sind, merken sie, dass sie neue, verbindende Elemente finden müssen. Es gibt auf einmal viel Zeit, die jeder für sich verbringt. Ihr Filmgeschmack unterscheidet sich gravierend. Am Fernseher können sie sich also nicht treffen, um ihre Verbundenheit zu spüren. Sie fangen an, sich wieder zu verabreden. Oft fragt einer den anderen: Machen wir heute Abend was zusammen? Dann gehen sie nach Feierabend gemeinsam spazieren, genießen ein schönes Abendessen oder setzen sich mit einem Spiel an ihren mittlerweile viel zu großen Esstisch. Den lassen sie übrigens stehen, denn wenn die Kinder und Enkel zu Besuch kommen, brauchen sie ihn dringend.

Der Auszug der Kinder, insbesondere des letzten Kindes, das das Nest verlässt, erhöht das Risiko, dass ein Paar sich trennt, signifikant. Das fanden Forscher der Uni Heidelberg in einer Studie heraus. Die Wissenschaftler kommen dabei zu dem Ergebnis, dass die Kinder häufig der Kitt der Paarbeziehung sind. Sind die Kinder weg, dann gibt es für manche offenbar keinen Grund mehr, noch beieinanderzubleiben.[28]

Spätestens wenn die Kinder ausgezogen sind, steht daher dringend eine Bestandsaufnahme an. Man kann nicht einfach weitermachen, als wäre nichts geschehen. Jetzt ist dran, ehrlich hinzuschauen:

- Wie geht es uns jetzt eigentlich?
- Wie viel ist noch da von unserer Liebe, unserer Leidenschaft füreinander?
- Wie gut sind wir noch verbunden – oder waren unsere Kinder der Kitt, der uns zusammengehalten hat?
- Was fehlt unserer Beziehung?
- Was brauchen wir jetzt, damit es mit uns gut weitergehen kann?

Manche leben weiter, als hätte sich nichts geändert. Die Wohnung bleibt, wie sie war. Die Kinderzimmer werden belassen, als wären sie immer noch bewohnt. Man weiß ja nie, wann vielleicht eines der Kinder wieder zurückkommt. Zumindest für deren Besuche sollen die Räume noch zur Verfügung bleiben.

Andere stürzen sich in Aktivismus, um ja kein Vakuum entstehen zu lassen. Tatsächlich ist die Lücke aber da, und wir raten euch: Leistet es euch, den Abschied zu zelebrieren.

Rente oder Weiterarbeiten?

Wir haben seit dem Auszug unserer Jüngsten viel über unsere Beziehung geredet. Wir stimmen uns ab, wie wir unsere Abende und die Wochenenden gestalten wollen. Und immer mal wieder tauschen wir uns darüber aus, wie wir uns unsere gemeinsame Zukunft vorstellen. Wir spüren, dass da noch einiges an Diskussionsbedarf besteht. Während Marcus sich nach langen Berufsjahren ab und zu schon mit dem Gedanken an seinen Ruhestand beschäftigt, will Susanne daran noch kein bisschen denken. Sie hat erst kurz vor ihrem 50. Geburtstag ihre paartherapeutische Praxis eröffnet. Diese Arbeit mag sie so sehr, dass sie sich momentan nicht vorstellen will, damit jemals aufzuhören.

Eine gute Möglichkeit, eine Bestandsaufnahme eurer Beziehungssituation zu machen, bietet der Prepare / Enrich-Test. Für diesen Test gibt es lizensierte Berater, die man über die Homepage des Anbieters findet (www.prepareenrich.eu). Fragen zu unterschiedlichen Bereichen der Beziehung werden von beiden Partnern unabhängig voneinander online bearbeitet. Die Auswertung geht direkt an die Beratungsperson, die im Anschluss mit dem Paar mindestens ein Auswertungsgespräch führt. Darin wird auf die Stärken und Wachstumsbereiche der Beziehung eingegangen. Gleichzeitig erhalten beide Partner eine Zusammenfassung ihres Testergebnisses und konkrete, auf sie zugeschnittene Vorschläge, wie sie ihre

Beziehung verbessern können. Eine fantastische Grundlage, um ganz konkrete Schritte gemeinsam gehen zu können.

Ihr könnt auch ein Buch gemeinsam lesen, das euch auf eurer Reise weiterbringt. Vielleicht macht ihr das sogar gerade mit diesem hier?

Und ihr könnt einmal jeder für sich überlegen und am besten auch gleich aufschreiben und unbedingt im Anschluss in Ruhe darüber reden:

Wie stelle ich mir die kommenden 20 Jahre vor?

- Worauf freue ich mich?
- Was macht mir Sorgen?
- Was wünsche ich mir?
- Wovon träume ich?
- Was möchte ich unbedingt mit dir erleben?
- Worin möchte ich persönlich wachsen / mich weiterentwickeln?
- Wo wünsche ich mir Veränderung?
- Wie könnte diese Veränderung aussehen?
- Was sind mögliche Schritte, die ich für diese Veränderung gehen möchte?

Was wird aus dem Kinderzimmer?

Eure Wohnung gehört jetzt wieder euch allein. Fühlt euch frei, damit zu machen, was ihr wollt. Ihr könntet jetzt, da die jungen Leute weg sind, renovieren und umgestalten. Macht es euch nochmal richtig schön.

Überlegt euch, was ihr mit dem Kinderzimmer machen könntet. Manche Eltern verändern nichts, sondern konservieren es wie ein Mausoleum. Muss es sich nicht merkwürdig anfühlen, wenn euer Sohn mit seiner Ehefrau zu Besuch kommt und von seinem Jugendbett mit ihr auf das Luke-Skywalker-Plakat an der Wand seines ehemaligen Kinderzimmers schaut?

Warum gönnt ihr euch nicht eine Umfunktionierung dieses Raums? Vielleicht nach einer gewissen Abschiedszeit. Manche brauchen eine Weile den Geruch des Kindes im Raum und das Gefühl, dass etwas von ihm noch da ist. Und natürlich freuen sich auch die Kinder, wenn in ihrem ehemaligen Zuhause noch Platz für sie ist, wenn sie zu Besuch kommen.

Unsere Tochter Leonie erzählt, wie sie damals am Flughafen gesessen hatte, auf dem Weg in ihr Freiwilligenjahr in Malawi. Da habe sie per WhatsApp eine Nachricht von der jüngeren Schwester erhalten: Ein Foto, auf dem deutlich erkennbar war, dass ihr Zimmer nicht mehr länger das ihre, sondern umgehend in Beschlag genommen worden war. Wir waren schockiert, denn wir dachten, das müsse Leonie furchtbar gekränkt haben. Stattdessen lachen die beiden Schwestern sich noch heute schief, wenn sie sich an diese Szene zurückerinnern.

Was könntet ihr aus eurem frei gewordenen Kinderzimmer machen? Vielleicht richtet ihr endlich den Fitnessraum ein, den ihr schon so lange gerne hättet? Oder baut euch ein Bastelzimmer, eine Werkstatt, ein schönes Büro, anstatt weiter den Abstellraum dafür zu nutzen. Selbst ein begehbarer Kleiderschrank könnte eine Option sein. Freut euch an dem gewonnenen Platz und gönnt es euch, ihn zu nutzen.

Bei uns muss die von Susanne ersehnte neue Couch leider noch eine Weile warten. Zwar ist Paula jetzt in Hamburg, ihr Kater, den sie zum 10. Geburtstag bekommen hatte, aber noch bei uns. Und da er bereits die Sessel ordentlich zerfranst hat, stellen wir ihm lieber keine neue Couch hin. Er würde sie wo-

möglich auch noch als Kratzbaum benutzen, ohne dass wir ihn daran hindern könnten. Ihm verdanken wir es übrigens, dass wir nachts immer noch regelmäßig aufstehen dürfen. Er scharrt unbeirrt so lange an unserer Türe, bis einer von uns sich erbarmt und ihn nach draußen lässt. Wir verstehen nicht, dass Menschen sich freiwillig ausgerechnet dann Haustiere anschaffen, wenn die Kinder ausgezogen sind. Aber gut – vergleichbar betreuungsintensiv ist so ein Haustier schon.

Manche Paare merken auch, dass ihre vier Wände zu groß geworden sind. Wäre es denkbar, einen Teil der Räume unterzuvermieten? Angesichts der Wohnungsknappheit in den meisten Regionen könntet ihr damit vielleicht jemanden glücklich machen und selbst profitieren, weil ihr Miete einnehmt und euer Haus zudem nicht leer steht, wenn ihr mal unterwegs seid.

Vielleicht würdet ihr auch lieber wo ganz anders wohnen? Möglicherweise sogar noch eine Zeit lang ins Ausland gehen. Das Argument „Das können wir den Kindern nicht antun“ finden wir schwierig. Natürlich ist es schön, wenn es so ein Elternhaus gibt, in das man immer wieder zurückkehren kann. Eines, das Erinnerungen bewahrt und Gefühle von Geborgenheit wieder wachruft, wenn man es betritt. Aber ist das nicht ein Ideal aus vergangenen Jahren? Wir leben in einer anderen Zeit, sind beweglicher geworden. Wohnungen werden gemietet und wieder verlassen. Häuser gekauft und verkauft. Macht doch das, was ihr für richtig haltet, anstatt euch zu viele Gedanken zu machen, womit ihr eure Kinder immer noch beglücken müsst. Die sind jetzt erwachsen und für sich verantwortlich – ihr dürft nach euch schauen.

Und endlich: Das leere Nest genießen

Endlich geschafft. Eure Kinder sind groß, ihr habt sie ins Erwachsensein begleitet. Mission completed. Das muss gefeiert werden! Habt ihr daran gedacht, diesen Tag gebührend zu begehen? Wir haben jedenfalls die Sektkorken knallen lassen.

Genießt die neuen Freiheiten, die sich nach Jahren der Einschränkungen ergeben. Euer Tagesablauf muss sich nicht mehr nach den Schul- und Arbeitszeiten eures Nachwuchses richten. Niemand, der morgens oder spätabends mit Geschirr klappert oder die Dusche zu Zeiten betätigt, wo ihr einfach eure Ruhe haben wollt. Kein langsames Internet mehr, weil alle gleichzeitig daran saugen. Keiner, dem ihr leere Linsen-Cracker-Packungen hinterherräumen müsst. Und niemand, der sich beschwert, dass ihr nicht veganes Essen im Kühlschrank habt.

> **Eure Kinder sind groß, ihr habt sie ins Erwachsensein begleitet. Mission completed. Das muss gefeiert werden!**

Ihr könnt jetzt kommen und gehen, wann ihr wollt. Es wird euch niemand vermissen oder erwarten. Ihr müsst nicht mehr beim Treffen mit Freunden auf die Uhr schauen, damit ihr nicht verpasst, euren Sohn rechtzeitig von der Party abzuholen.

Ihr dürft Reisen planen und müsst dabei nicht mehr überlegen, ob das gebuchte Ferienhaus womöglich zu hellhörig ist, um dort Sex haben zu können, ohne dass die Kinder es mitkriegen. Ihr könnt Gäste einladen und müsst euch keine Gedanken machen wegen neben der Toilette vergessener (benutzter) Damenbinden oder Haaren, die den Abfluss der Dusche verstopfen.

Wir übertreiben – so schlimm war es nicht. Aber ein Quäntchen Wahrheit ist doch dabei. Es fühlt sich tatsächlich wieder freier und unverbindlicher an. Es gibt wieder mehr Luft in der Wohnung und in unserem Leben.

Fürs Gespräch

- Wie geht es dir damit, dass wir jetzt wieder zu zweit sind?
- Was daran findest du gut?
- Was schmerzt dich dabei?
- Wie wirst du mit unserem Kind / unseren Kindern in Kontakt bleiben?

Macht es euch gemütlich. Nehmt Papier und Stifte (gerne auch euer Journal, wenn ihr eines habt) zur Hand.

Lest euch die Fragen oben im Abschnitt „Nur noch du und ich. Und nun?“ noch einmal durch und schreibt erst mal nur für euch Antworten auf, die euch spontan in den Sinn kommen.

Dann tauscht eure Aufschriebe aus und lasst einander lesen, was ihr geschrieben habt.

Anschließend redet noch darüber.

Tauscht euch darüber aus, was euch eure Großeltern bedeutet haben.

- Was hat sich dir positiv von ihnen eingeprägt?
- Wie wollen wir einmal unser Großelternsein gestalten?

- Was ist dir dabei besonders wichtig?

Praktische Aktion

- Falls ihr noch nicht das Empty Nest gefeiert habt: Holt es nach und zelebriert eure neue Freiheit. Überlegt euch, ob ihr vielleicht sogar ein Wochenende wegfahren wollt, um in einem Hotel die neue Lebensphase zu begrüßen.

- Sucht euch ein Projekt in eurem Haus oder Garten, das ihr nur für euch umsetzt: eine Gartenlaube, ein neues Gemüsebeet, einen frischen Anstrich für ein Zimmer, der Einbau einer Sauna, ...
- Verabredet euch mit Freunden, Nachbarn oder Bekannten. Plant Einladungen und Besuche ganz bewusst, um euer soziales Netz neu auf- oder auszubauen.

BOOSTER 5:

Sex (wieder-)entdecken

Was geht in diesem Kapitel? Du erfährst

- wie sich Sex mit den Jahren verändert
- wie „Anzünder“ und „Ausschalter“ funktionieren
- welche praktischen Tipps Sex erfüllender machen

In der Komödie „Wie beim ersten Mal“ spielen Meryl Streep und Tommy Lee Jones ein Midlife-Ehepaar, dessen Sexleben brachliegt. Sie schlafen in getrennten Zimmern, leben unter einem Dach nebeneinanderher, reden kaum miteinander. Kay hält diesen Zustand nicht mehr aus und nötigt ihren Mann Arnold zu einer einwöchigen Intensiv-Paartherapie. Dort zeigt sich: Selbst nach 31 Jahren Ehe sind beide sexuell noch ziemlich unbeholfen. Über Erwartungen und Sehnsüchte zu sprechen, fällt ihnen unendlich schwer. Sich auf die Vorschläge des Therapeuten zu neuer Annäherung einzulassen, wirkt superpeinlich und macht ihnen große Mühe. In mehreren Sitzungen führt ihr Therapeut sie schließlich zur Begegnung mit ihrer jeweils eigenen Lust und öffnet ihren Horizont für neue Erfahrungen miteinander.

Vielen Paare kennen die Flaute im Bett. Im Lauf der Jahre gab es viel Anstrengendes zu bewältigen. Vielleicht die zwei stressigsten Phasen in der Ehe sind die mit Kleinkindern und die mit Teenies.[29] Jetzt sind eure Kinder vermutlich erwachsen, aber zurückgelassen haben sie euch mit der Frage: Wie ging das nochmal mit dem Sex?

Bei anderen ist es das Problem, dass keine Kinder kamen und dass damit das Thema Sex zum Problemfaktor mutiert ist. Allein der ganze Stress um Koitus nach Kalender und demütigenden Situationen im Zusammenhang mit dem Kinderwunsch, das Gefühl nicht vollständig zu sein – vielleicht hat euch all das den Appetit verdorben.

Manche haben sich stillschweigend (schambedingt oder aus Mangel an Kreativität?) Grenzen auferlegt, über die sie sich nicht hinauswagen. Zum Beispiel den immer gleichen Ablauf, nach dem sich das Liebesspiel vollziehen muss. Andere haben resigniert, weil ihnen die Sache zu kompliziert wurde. Sie haben die Hoffnung aufgegeben, dass sie beide hier auf einen grünen Zweig, sprich zur sexuellen Erfüllung kommen könnten. Nicht wenige haben ihr Intimleben auf Eis gelegt.

Fühlst du dich angesprochen? Vermisst du den Pep, den Sex in früheren Jahren in euer Leben brachte? Fragst du dich, ob da nicht doch noch was gehen könnte? Dann ist dieses Kapitel eine Einladung, das Thema aus dem Eisschrank herauszuholen und einen Neustart zu initiieren.

Seid ihr ein Paar, das eigentlich ganz zufrieden ist mit seinem Intimleben? Dann lasst euch überraschen – vielleicht geht da ja noch mehr!

Sex – das Universaltherapeutikum

Sexualität ist für uns ein Geschenk des Schöpfers, das an Genialität kaum zu überbieten ist. Jedes Mal anders, facettenreich, mal wild, mal weich – ist es nicht ein reines Wunder, wie menschliche Körper einander beim Sexualakt Wohlgefühle bereiten können? Schwer beeindruckend, was dabei hormonell in uns in Bewegung gesetzt wird und wie unglaublich gesund Sex ist. Auch das Wunder des Lebens hat hier seinen Ursprung.

Wir nennen mal einige der wissenschaftlich belegten Fakten:

- Sex festigt die Beziehung. Das Bindungshormon Oxytocin wird beim Kuscheln und beim Orgasmus reichlich produziert.
- Sex macht glücklich. Im Gehirn werden Endorphine ausgeschüttet, die berauschend wirken.
- Das intime Beisammensein stärkt intensiv das Immunsystem.
- Sex sorgt für Entspannung und ist somit ein probates Mittel zur Stressreduktion.
- Sex hält körperlich fit.
- Sex verbessert die Durchblutung und wirkt sich damit positiv auf den gesamten Organismus aus.
- Das beim Sex produzierte Testosteron hilft, Herzinfarkten und Arterienverkalkung vorzubeugen.
- Die beim Sex ausgeschütteten Endorphine machen nicht nur glücklich, sondern wirken, ähnlich wie Morphium, schmerzstillend.
- Sex ist ein Antidepressivum, weil dabei Glückshormone produziert werden.
- Sex sorgt für besseren Schlaf, denn beim Orgasmus wird das schlaffördernde Hormon Prolaktin ausgeschüttet.

Na, wenn das keine überzeugenden Argumente sind, das Sexleben vital zu halten und neuen Schwung ins Ehebett zu holen! Gerade in dieser Lebensphase, wo wir doch alle auf unsere Gesundheit achten sollten.

Von der Begierde zum Begehren

Hartnäckig hält sich ein Vorurteil, Sex in der langjährigen Beziehung werde zwangsläufig langweilig und fad oder sei überhaupt nicht mehr existent. Wo es herkommt, darüber lässt sich nur spekulieren. Jedenfalls zeigen uns die Medien überwiegend junge, frische Paare beim Sex und in der Regel sogar nur beim ersten Mal Sex miteinander. Hollywood-Spielfilme, in denen Langzeitpaare noch fröhlichen Sex haben, sind seltener als Strandtouristen in der Antarktis.

Wie das in verbindlichen Beziehungen auf der Langstrecke aussehen könnte – dafür haben wir, zumindest medial, keine Vorbilder. Eheliche Liebe wird meist nur im Hintergrund gezeigt – als Negativ, vor dem sich einer der Partner in eine leidenschaftliche Affäre flüchtet. Die naheliegende Schlussfolgerung daraus: Mit der Ehefrau oder dem Ehemann ist der Ofen aus. Da geht nichts mehr. Offensichtlich braucht hier jemand frischen Wind von außen.

Genuss ohne Verfallsdatum

Blöd, wenn solche Vorurteile zur selbsterfüllenden Prophezeiung werden. Warum verlassen wir uns nicht lieber auf unseren Instinkt und leben unsere Sexualität als Paar auch nach Jahren selbstbewusst aus – Hollywood hin oder her? Körperliche Liebe hat kein Verfallsdatum. „Silver Sex"[30] ist wunderbar, er bringt Genuss und Freude, stärkt das Zusammengehörigkeitsgefühl und ist ein wahrer Jungbrunnen für die Langzeitliebe.

Nach einer Reise zu ihrer Silbernen Hochzeit hat sich im Schlafzimmer von Luise und Jan einiges verändert. Luise hatte Jan nämlich gestanden, wie sehr sie die romantische Leidenschaft des Anfangs vermisste und dass sie gerne wieder mehr Würze in ihr Intimleben bringen würde. Jan gefiel der Gedanke sehr, das Feuer neu zu entfachen, und so wurden sie aktiv. Zuerst flog Jans Schreibtisch aus dem Schlafzimmer. Der fand Platz in dem inzwischen frei gewordenen Kinderzimmer. Auch der Fernseher musste weichen, denn in ihrem neuen Liebesnest sollten keine Nachrichten und endlosen Serien die Zweisamkeit stören. Gemeinsam fuhren sie ins Möbelgeschäft und kauften sich ein neues Bett. Als i-Tüpfelchen fanden sie in der Dekoabteilung ein abstraktes Gemälde eines sinnlichen, verschlungenen Paars, das beiden ins Auge gefallen war. Außerdem gönnten sie sich eine dimmbare Beleuchtung, einen großen Spiegel und eine Infrarotlampe, um es bei Bedarf kuschelig warm zu haben. Beide schwärmen davon, wie diese Umgestaltung ihr Liebesleben wieder beflügelt hat.

Statistiken gibt es viele zum Thema Langzeitliebe. Allerdings halten wir die, die nach der Häufigkeit von Sex fragen, für unnütz. Zum einen wird wohl selten so viel gelogen wie bei Befragungen zum Sexualverhalten. Zudem ist jedes Paar völlig individuell auf seiner sexuellen Reise unterwegs. Was nützen ihm Statistiken an der Stelle? Sie machen nur unnötig Druck oder frustrieren. Also lassen wir das.

Fakt ist, dass sich Sexualität mit zunehmendem Alter verändert. Die schäumende Leidenschaft der ersten Zeit, wo man nicht voneinander lassen konnte, die rastlose Neugier und elektrisierende Faszination des Unbekannten haben sich beruhigt – und das ist gut so. Zumindest entstresst es den Sex – darin liegen neue Möglichkeiten.

Die gute Botschaft dabei ist: Langzeitpaare haben die großartige Chance, ihre sexuellen Gefühle zu vertiefen – dann nämlich, wenn aus sexueller Gier, die egoistisch triebmotiviert ist, ein aufs Du ausgerichtetes Begehren und tiefe intime Begegnung wird. In dieser zweiten Variante steht das Du im Vordergrund: „Weil ich dich liebe, möchte ich dir so nah wie möglich kommen. Ich will mehr von dir erfahren und dich ganz nah spüren. Ich will dich glücklich machen."

Nun ist es kein Geheimnis, dass das Sexualleben von Paaren störungsanfällig ist. In der gemeinsamen Entwicklung kann manches schiefgehen. Bei vielen liegt das Kernproblem darin, dass sie nicht miteinander reden. Selbst nach langen Ehejahren wissen sie erstaunlich wenig Tiefgründiges übereinander. Sexuell haben sie sich nicht weiterentwickelt, weil sie nicht auf die Bedürfnisse des anderen eingehen konnten. Wie sollten sie auch, wenn über diese Bedürfnisse nicht gesprochen wurde?

Wann ist Sex gut?

Richtig guter Sex ist der Sex, der es wert ist, gewollt zu werden („Sex worth wanting"). So formuliert es die kanadische Paarforscherin Peggy Kleinplatz.[31] Ihre These ist, dass wir nicht deshalb keinen Sex wollen, weil wir keine Lust mehr darauf haben. Vielmehr befriedigt uns der Sex nicht, den wir erleben, weshalb wir lieber darauf verzichten.

Mann und Frau liegen nach dem Sex zusammen im Bett. Er fragt. „Und, war das gut?" Sie antwortet: „Oh, muss ich aus deiner Frage schließen, dass das hier eben Sex war?"

Wir leben im Zeitalter der Selbstoptimierung. Menschen vertiefen ihre Kompetenzen durch Weiterbildung und mehren beständig ihr Wissen. Sie gehen ins Fitnessstudio und erleben, wie sie stetig ihre Leistung verbessern können. Kein Wunder, dass manche die Vorstellung haben, sie könnten durch intensives Training auch ihr Sexleben permanent optimieren.

Die Frauenärztin Ute Buth warnt davor, zu hohe Erwartungen zu haben: „Ja, es stimmt, dass der sexuellen Vereinigung das Potenzial innewohnt, dass sie im Laufe der Zeit immer schöner wird. Nein, es stimmt nicht, dass dies automatisch geschieht und dass jede sexuelle Vereinigung schöner als die vorherige ist. Stattdessen kann man sie mit einer Wellenbewegung mit Aufwärtstrend vergleichen."[32]

Bleiben wir kurz beim Bild von den Wellen. Wir stellen uns Surfer vor, die angesichts heranrollender Wellen hoffen, die optimale zu erwischen, die ihnen maximalen Spaß bringen wird. Wenn man dann von einer einfach nur überrollt wird oder eine vermeintlich Großartige letztlich doch ziemlich flach ausfällt, frustriert das für den Moment. Eine unbefriedigende Erfahrung. Allerdings wird ein leidenschaftlicher Surfer dann wohl kaum zusammenpacken und aufgeben. Im Gegenteil: Er wird dranbleiben und vielleicht schon beim nächsten Versuch seine fantastische Welle erwischen.

Sicher habt auch ihr schon beim Sex Wellen erlebt, die ziemlich flach waren. Die euch vielleicht sogar das Gefühl gaben, zurückgeworfen zu sein. Der Vorteil der Langzeitbeziehung ist, dass ihr vermutlich auch auf einige richtig gute Erfahrungen blicken könnt. Ihr hattet schon viel gemeinsame Zeit, und es liegt hoffentlich auch noch viel Zeit vor euch. Befreit euch von dem Druck, dass es jedes Mal der ultimative Kick sein muss.

Stattdessen überlegt euch: Was brauchen wir, um vorwärtszukommen, um auf den Wellen unserer körperlichen

Verbundenheit zu reiten und jede Welle als solche zu genießen? Egal ob sie sich wie der ultimative Kick anfühlt oder einfach nur wie ein sanftes Rollen.

Geteilter Spaß ist doppelter Spaß

Für erfüllten Sex sollte es euch darum gehen, dass beide auf ihre Kosten kommen. Von Männern hören wir: „Wenn meine Frau es nur über sich ergehen lässt, macht es mir auch keinen Spaß." Gerade bei Paaren, die schon eine ganze Weile verheiratet sind, gewinnt das zunehmend an Bedeutung. Bei jüngeren ist der Triebdruck noch so hoch, dass es manchmal in erster Linie um Entlastung geht. Je länger ein Paar dann zusammen ist, umso reifer kann auch die sexuelle Begegnung werden. Es ist nicht egal, wie es dem anderen dabei geht, sondern beide wünschen sich ein gemeinsames, tiefes Erlebnis.

Dabei spielt für Frauen der Orgasmus eine weit geringere Rolle als für Männer. Manche kommen regelmäßig zum Höhepunkt, manche gelegentlich und andere (so gut wie) nie. Was aber nicht heißt, dass die, die keinen Höhepunkt erleben, deshalb frustriert sein müssen. Wichtig ist, dass das Gesamterlebnis für sie positiv ist. Wenn sie tiefe Verbundenheit mit ihrem Mann erlebt und er sich liebevoll um ihre Bedürfnisse kümmert, verbucht sie das durchaus als erfolgreichen, befriedigenden Sex.

Diesen Unterschied müssen Männer begreifen. Sonst endet die verzweifelte Suche nach dem richtigen Knopf, den sie drücken müssen, nie. Wie um alles in der Welt kann er seine Frau in Ekstase versetzen? Konzentriert er sich stattdessen lieber darauf, seiner Frau Wonne zu bereiten, haben beide mehr davon.

Beim Kaffeetrinken erzählte Susanne, typisch Paartherapeutin, ihren Freundinnen begeistert von ihrer neusten Errungenschaft, einem Minivibrator, den sie Marcus zum Geburtstagsgeschenk dazugepackt hatte. Selbstverständlich nicht ohne Eigennutz, muss sie gestehen. Als sie in der Runde von dem Gewinn an Spaß und freudigen Gefühlen im Ehebett berichtete, gingen die Augen und Ohren der Zuhörerinnen weit auf. Sie fragten nach, wo man so ein Teil am besten herkriegt. Susanne hatte sich das kleine Spielzeug in einem Drogeriemarkt besorgt. Und sie ist sicher, dass dort in den folgenden Tagen noch ein paar dieser Teile übers Kassenband liefen.

Guter Sex ist anspruchsvoll

Wenn das mal so einfach wäre, denkt sich der Mann. Meine Frau weiß doch selbst nicht, was sie gut findet. Mal braucht sie ein ewig langes Vorspiel, ein andermal initiiert sie den Quickie. Heute liebt sie es, an den Brustwarzen berührt zu werden, morgen zuckt sie zusammen und fährt mich an, das sei ihr unangenehm oder tue sogar weh.

Stimmt – Frauen sind geheimnisvoll und vielfältig in ihrem sexuellen Erleben. Der systemische Paartherapeut Ulrich Clement sagte in einem Interview mit dem Zeit-Magazin: „Ganz schön schwierig, in der Tat. Nehmen wir zum Beispiel die Klitoris: Einfühlsames Berühren kann grundsätzlich zum Orgasmus führen, hingegen kann falsches Berühren, oder das richtige Berühren zum falschen Zeitpunkt, jede Erregung zum sofortigen Erliegen bringen. Männer können jetzt die Augen verdrehen und denken: Das schaffe ich nie! Oder aber sie begreifen es als interessante Erkundungstour, bei der sie ihre Partnerin kennenlernen, entdecken können und feststellen, dass sie nicht immer so ist, wie sie ist. Heute möglicherweise anders als gestern und anders als morgen. Eigentlich ist das eine schöne Perspektive, wenn man nicht immer weiß, wie sie funktioniert und wie sie auch die restlichen Monate oder Jahre, die ich mit ihr zusammen sein werde, funktionieren wird."[33]

Für den Mann heißt das, dass er sich immer wieder neu auf seine Frau einstellen sollte und erspüren, wohin der Weg führt. Für die Frau bedeutet es, dass sie ihn nicht im Dunkeln tappen lassen sollte. Wie kommt eine Frau auf die Idee, ihr Mann könne erraten, was sie sich ersehnt?

Ladys – ihr seid mitverantwortlich, dass ihr den Sex bekommt, den ihr euch wünscht! Nur hinhalten und hoffen, dass er das schon hinkriegt, ist keine gute Idee. Übernehmt Initiative, lasst ihn spüren, dass ihr ihn begehrt, und helft ihm, indem ihr ihm zeigt, was ihr braucht.

Till und Bettina erleben in einem Hotel ihren sexuellen Durchbruch. Ihre Teenies haben sie zum ersten Mal allein zu Hause gelassen, um eine Nacht rauszukommen und ungestörte Zeit miteinander zu verbringen. Als Till aus dem Bad kommt, liegt Bettina bäuchlings auf dem Bett. Er greift zum Fläschchen mit dem Massageöl, fängt an, ihr zärtlich den Rücken zu massieren. Dann fragt er: „Jetzt sag mal: Was magst du eigentlich am liebsten? Wie gefällt es dir? Wo soll ich dich anfassen?" Und Bettina beginnt, ihm zu erzählen, was ihr hilft, in Stimmung zu kommen, und was sie eher abturnt.

Später fragt sie: „Und du – was magst du?" Seine Antwort: „Ach, du weißt doch – ich will einfach dich, dann bin ich glücklich. Aber wenn ich spüre, dass du heiß auf mich bist und dass du meine Berührungen genießt, das finde ich topp."

Mit diesem Abend ist das Eis gebrochen. Seitdem reden die beiden hin und wieder über ihre intimen Bedürfnisse, was sich höchst positiv auf ihr Sexleben auswirkt.

Gaspedale und Bremsen beim Sex

Nehmt einmal wahr, was euch Lust macht auf Sex und was euch dafür verschließt. Was bringt dich sexuell in Stimmung? Bestimmt kennst du Faktoren, die dich öffnen, die Bereitschaft wecken und Lustgefühle schüren.

Vielleicht noch wichtiger und leider viel zu wenig beachtet sind die blockierenden Faktoren. Was sind die Dinge, die deiner Leidenschaft einen Riegel vorschieben, die aufkeimende Bereitschaft im Keim ersticken und verglimmen lassen? Manche Situationsfaktoren wirken, als hätte dich jemand von einem Moment auf den anderen abgeschaltet. Das geht vor allem bei Frauen ziemlich schnell. Marcus staunt nach 38 Ehejahren immer noch, wie leicht Susanne beim Sex ablenkbar ist und wie viel stimmen muss, damit sie sich sicher fühlt und ganz drauf einlassen kann.

Deshalb ist es so wichtig, darüber zu reden und beim Liebesspiel darauf zu achten, dass diese hemmenden Faktoren möglichst außen vor bleiben. Ihr könnt auch lernen, so mit ihnen zurechtzukommen, dass sie nicht das Aus für euer Lusterleben bedeuten müssen.

Die US-amerikanische Autorin und Sexualtherapeutin Emily Nagosky schreibt über „Gaspedale und Bremsen" beim Sex in ihrem Buch „Come Together. The Science (and Art) of Creating Lasting Sexual Connections". Für Frauen, die viel schmerzhaften, enttäuschenden oder ungewollten Sex hatten, sei er natürlich kein erstrebenswertes Ziel mehr. Auch Stress, Erschöpfung oder Konflikte könnten leicht dazu führen, dass jemand keine Lust mehr auf Sex habe.

Mögliche Faktoren, die die Türe für Sex öffnen:

- Liebevolle Worte, am besten schon tagsüber
- Unterstützung bei der (Haus-)Arbeit bekommen
- Berührungen, die nicht explizit sexuell sind
- Gespräche, in denen ihr einander Gefühle mitteilt
- zärtliche Blicke
- ein romantischer Film
- schöne Musik
- Sicherheit durch die abschließbare Tür
- eine verheißungsvolle SMS, die Vorfreude weckt
- sich gedanklich auf schönen Sex einstimmen
- sich zum Sex verabreden
- die atmosphärische Vorbereitung des Schlafzimmers
- wohltuende Düfte (da hat jede und jeder andere Vorlieben)
- eine Massage, nicht an den explizit erogenen Zonen!
- die Berührung an den erogenen Zonen bei der Frau langsam angehen. Eventuell erstmal nur die Hand dort ruhen lassen.
- beim Mann ruhig fester zufassen – sein Penis mag den Druck vermutlich
- wenn der Partner signalisiert, dass er sich auf das Liebesspiel freut
- sexy Dessous
- sich begehrenswert und vom Partner begehrt fühlen
- ausreichend Zeit
- manchmal auch Zeitdruck (Quickie), wenn Lust auf ein schnelles Abenteuer besteht
- sich gut anfühlende Bettwäsche
- eine angenehme Raumtemperatur
- Gleitmittel, das vor allem die Scheidentrockenheit lindert

(auch zum Beispiel Kokosöl oder Kakaobutter, falls kein Kondom zum Einsatz kommt, denn das könnte davon undicht werden)
- Sexspielzeug (manchmal)
- …

Mögliche Faktoren, die Sex blockieren

- Gefühl von Unsicherheit
- jede Art, sich unter Druck gesetzt zu fühlen
- Stress
- körperliches Unwohlsein
- zu viel Essen im Bauch
- zu viel Alkohol und andere Suchtmittel
- zu schnell zu direkt an den Geschlechtsorganen berührt werden (bei Frauen)
- schwelende Konflikte
- störende Gerüche
- die Sorge, unterbrochen zu werden
- zu wenig emotionale Verbundenheit
- Schmerzen beim Sex (oder auch andere körperliche Schmerzen)
- trockene Scheide
- mangelndes Gefühl, begehrt zu sein
- sich nicht schön fühlen
- traumatische Erfahrungen / Missbrauch
- das Gefühl, nicht im Fokus des anderen zu sein
- Ablenkung
- Sexspielzeug (wenn es Druck macht)
- die Angst vor dem Versagen
- Krankheit und Depressionen
- Sorgen
- …

Viele der Punkte gelten vor allem für Frauen, aber die sind an der Stelle meist auch empfindlicher und lassen sich leichter aus dem Konzept bringen. Männer sind eher auch mal im Frust zur Lust bereit.

Die Pünktchen am Ende stehen deshalb jeweils für die Dinge, um die ihr eure Listen erweitern wollt. Denn wichtig ist ja für euch nicht, was andere Leute anmacht oder abturnt. *Eure* persönlichen Lustbeschleuniger und -abschalter sind für euch spielentscheidend.

Paare, die gut aufeinander achten beim Liebesspiel, lassen sich von Bremsfaktoren nicht unbedingt vom Feld jagen. Ist sie zum Beispiel anfangs noch sehr kitzelig und braucht Zeit, um anzukommen, wird er sich nicht frustriert wegdrehen, sondern sie festhalten, sanft streicheln, sich Zeit lassen – eben genau das geben, wovon er weiß, dass es ihr hilft, auf Temperatur zu kommen.

Störungen haben Vorrang, müssen euch aber nicht davon abhalten, neu anzusetzen und eure gute Zeit zusammen weiterzuführen, sobald die Störung ausgeschaltet ist.

Dazu eine typische Situation aus unserem Eheleben: Susanne kam mitten im Vorspiel plötzlich die Frage in den Sinn, ob das Brot schon aus der Gefriertruhe geholt wurde. Und nicht nur in den Sinn – sie hat sie mitten in der nackten Umarmung laut gestellt! Für sie waren für den Augenblick sexuelle Gefühle komplett zweitrangig. Marcus hingegen war nahe dran, frustriert den Rückzug anzutreten. Allerdings weiß er ja mittlerweile um mögliche Ausschaltmechanismen und beschloss daher, das Ganze nicht so eng zu sehen. Erfahrene Problem-Manager, die wir mittlerweile sind, haben wir kurz nachgeschaut, das Brot fürs Frühstück bereitgelegt und anschließend – gedanklich entlastet – unser Liebesspiel fröhlich fortgesetzt.

Falls ihr mal mitten in eurem Zusammensein merkt, dass ihr eigentlich beide gar nicht bis zum Ziel gehen wollt – dann muss euch das auch nicht mehr aus der Fassung bringen. Ihr habt doch Zeit – dann eben das nächste Mal. Für diesmal genießt ihr es, Arm in Arm einzuschlafen. Auch das war schöner Sex!

Ein schöner Ausklang krönt das Ganze

Beim Aufwärmen waren wir schon. Dazu muss vielleicht noch eins gesagt werden: Je älter ihr werdet, umso wichtiger wird es, dass ihr euch ausreichend Zeit nehmt. Das Vorspiel darf gerne eine halbe Stunde und mehr dauern. Ihr könntet auch mal eine ausgiebige Partnermassage vorschalten. Davon träumen manche. Manche Paare schaffen sich zu diesem Zweck sogar eine Massageliege an. Wenn ihr euch auf dem Gebiet ein bisschen weiterbildet (es gibt Literatur und Kurse), spart ihr euch möglicherweise sogar den Aufwand, für Entspannungsmassagen zur Physiotherapie gehen zu müssen.

Was vielen nicht bewusst ist: Das Nachspiel leistet einen weiteren wichtigen Beitrag zur sexuellen Zufriedenheit. Wie frustrierend, wenn man gerade so innig vereint war – und dann dreht sich der Partner um und schnarcht sogleich selig vor sich hin. Manche Frau fühlt sich da fallen gelassen wie eine heiße Kartoffel. Und weint sich womöglich frustriert in den Schlaf. Paare, die sich nicht sofort nach dem Sex voneinander abwenden, sondern die Begegnung zärtlich ausklingen lassen, einander noch eine Weile festhalten, streicheln, liebkosen, sind mit ihrem Sexleben und mit der Qualität ihrer Paarbeziehung nachweislich zufriedener.[34]

Wie steht's mit Pornografie?

Bilder und Filme, die wir gesehen haben, beeinflussen unser Sexleben möglicherweise mehr, als wir ahnen. Fast niemand kann sich pornografischen Darstellungen komplett entziehen. Wer sie nicht sucht, landet versehentlich dort – beim abendlichen Fernsehen, bei der Suche nach ganz anderen Dingen im Internet, über Werbung, die man ungefragt in sein E-Mail-Postfach bekommt.

Pornos gucken Leute am Anfang aus Neugier, dann, weil es ihnen einen Kick gibt, und schließlich irgendwann, weil ihr Gehirn so darauf getriggert ist, dass sie nicht mehr aufhören können. Es ist wie mit allen Süchten eine Falle, aus der man schwer herauskommt – in der Regel nie allein, nicht ohne Hilfe von Dritten. Das Vertrackte: Es ist keine ganz private Sache, die nur diese Person betrifft. Die meisten Pornosüchtigen masturbieren intensiv, und manchen vergeht dadurch das Bedürfnis nach partnerschaftlichem Sex. Oder sie entwickeln Lust auf bizarre Praktiken und ungewöhnliche Stellungen, bei denen die Partnerin oder der Partner verständlicherweise nicht mitmachen will.

In Ehen führt dieser Kontrollverlust zu weiteren Problemen: Eifersucht seitens der Partnerin oder des Partners – verständlicherweise, auch wenn das, was da konsumiert wird, oft wirklich gar nichts mit demjenigen zu tun hat. Es liegt nicht daran, dass du nicht schön genug bist, nicht attraktiv, dass du nicht genug auf die Beine stellst, um deinen Ehepartner zu faszinieren. Da ist ganz einfach diese Sucht, und eine Sucht gehört in Therapie! Da hilft nur eine Entziehungskur, klare Abmachungen, Verbindlichkeit und dann auch Liebe und Verständnis seitens der Partnerin oder des Partners. Oft müssen Pornosüchtige erst mal umlernen, wieder neu lernen, Erregung am realen Gegenüber und in normalen intimen Situationen zu empfinden.

Das Thema Pornografie ist heute so zentral und verbreitet, es macht auch vor christlichen Ehen nicht halt. Suchst du Hilfe, um da herauszukommen und dir die Freude an Gottes genialem Geschenk nicht länger vermiesen zu lassen, dann nutze seelsorgerliche oder therapeutische Angebote. Hier sind zwei Internetseiten, die Betroffene unterstützen: www.weisses-kreuz.de, www.free-indeed.de.

Die Wechseljahre

Wechseljahre, Menopause, Klimakterium – plötzlich ist vieles im Körper einer Frau anders. Und das hat auch Auswirkungen auf den Sex. Das Ausbleiben der Regelblutung empfinden viele als Erleichterung. Endlich muss man sich keine Gedanken mehr um die Verhütung machen. Aber Achtung: Erst wenn die Regel ein ganzes Jahr am Stück ausgeblieben ist, gibt es Sicherheit, dass die Menopause eingetreten ist. Im Durchschnitt geschieht das mit 50 bis 52 Jahren, Abweichungen nach oben oder unten sind nicht ungewöhnlich. Notiere dir deine Regelblutungen, denn wer nach Ablauf des Jahres noch mal Blutungen hat, sollte das unbedingt gynäkologisch abklären lassen.

Da die Blutungen unregelmäßig werden, bevor sie zum Stillstand kommen, wird das Thema Verhütung erst mal komplizierter. In dieser Zeit solltet ihr euch als Paar gut abstimmen. Die meisten wollen jetzt nicht mehr schwanger werden. Zwar sinkt die Wahrscheinlichkeit, schwanger zu werden, mit den Jahren stetig – bei null liegt sie aber bis zur Menopause nicht. Und späte Schwangerschaften bergen höhere Risiken für Mutter und Kind. Wollt ihr verhüten? Das ist sicher ein Thema, über das ihr euch gemeinsam Gedanken machen solltet. Empfängnisregelung ist nicht allein Sache der Frau – sie geht euch beide an. Unterhaltet euch darüber, holt euch kompetenten fachlichen Rat und entscheidet in Verantwortung vor Gott und füreinander, wie ihr mit diesem Thema umgehen werdet.

Zur Möglichkeit der Sterilisation, die beim Mann unter lokaler Betäubung, bei der Frau mit Vollnarkose durchgeführt wird, schreibt die Gynäkologin Ute Buth: Im Klaren sein sollten sich Paare darüber, „dass eine Sterilisation in aller Regel nicht rückgängig gemacht werden kann."[35] Außerdem könne es in Einzelfällen passieren, dass der Körper durch seine Selbstheilungsfähigkeiten die unterbundenen Samen- oder Eileiter repariere. Damit könnte in (sicher sehr wenigen) Ausnahmefällen doch noch eine Schwangerschaft entstehen.

Hitzewallungen und Schweißausbrüche

Neben dem Ende der Fruchtbarkeit gibt es weitere Wechseljahrs-Phänomene. Durch das Sinken des Östrogenspiegels wird die Haut schlaffer, das Haar trockener. Viele Frauen leiden unter Hitzewallungen. Ute Buth berichtet, dass zwei von drei Frauen diese gepaart mit Schweißausbrüchen erleben. Und jede zweite Frau leide durch die Hormonveränderungen unter Schlafstörungen. Beim Sex macht sich die Trockenheit der Schleimhäute in der Scheide unangenehm bemerkbar. Sie werden dünner und leichter verletzbar. Dazu kommen bei etlichen Frauen Stimmungsschwankungen, Gewichtszunahme, Gelenkschmerzen und Müdigkeit.

Traurige Aussichten? Schönreden kann man es nicht. Da muss Frau durch. Es ist eben auch eine Zeit des Abschieds. Endgültig wird es keine Schwangerschaft mehr geben. Endgültig ist man mit dem Älterwerden konfrontiert. Das steckt keine so locker weg. Hilfreich ist es, wenn der Ehemann seiner Frau in dieser Zeit verständnisvoll zur Seite steht und ihr durch diese Phase hindurchhilft. Unseren Liebes-Booster Nummer 1, die Wertschätzung, braucht sie jetzt ganz besonders.

Die guten Aussichten: Diese Phase ist nach ein paar Monaten oder Jahren überstanden und mündet bei den meisten Frauen in ein Gefühl des Angekommenseins. Viele reife Frauen fühlen sich ausgesprochen wohl in ihrer Haut, selbst wenn sie inzwischen ein paar Pfunde mehr auf den Rippen haben. Manche Frau entwickelt sogar nochmal richtig starke Lustgefühle und genießt den Sex mehr denn je zuvor.

Gibt es männliche Wechseljahre?

Auch für den Mann bringt das Älterwerden deutliche Veränderungen mit sich. Zeugungsfähig bleiben Männer zwar bis zum Ende ihres Lebens (wir lasen von einem 96-jährigen, der angeblich Vater wurde). Ihre Potenz lässt aber mit den Jahren nach. Die meisten bekommen nicht mehr so zuverlässig und anhaltend Erektionen. Außerdem wird das Glied etwas weniger steif als in jungen Jahren. Das macht vielen Männern Not, denn sie sehen in der Zuverlässigkeit ihrer Erektion den Beweis ihrer Männlichkeit. Klappt das einmal nicht, fühlen sie sich als Versager. Sex kann für sie plötzlich zum angstbesetzten Thema werden, das es zu vermeiden gilt. Hilfe findet der Mann beim Urologen, der in der Regel Rat weiß. Er untersucht, ob es sich um eine behebbare Funktionsstörung handelt, und empfiehlt eventuell Hilfsmittel, die dem Mann die Freude am Sex zurückbringen.

Ebenso wie die Männer ihren Frauen mit dem Liebes-Booster Wertschätzung durch die Wechseljahre helfen können, hilft auch Männern die Ermutigung ihrer Frau. Denen macht die mangelhafte Erektion übrigens weniger aus, als Männer befürchten. Manche begrüßen es sogar, wenn der Weg zum Höhepunkt nun etwas länger dauert. Das kommt ihrem Bedürfnis entgegen, die Sache genüsslich anzugehen. Denn zum freudigen Sex gehört für sie so viel mehr als diese eine, nur vermeintliche, Hauptsache.

Erotische Spitzenküche

Die Freiheit, Sex wirklich zu genießen, gewinnen viele erst mit zunehmendem Alter und wachsender Reife. Während junge Paare oft noch triebgesteuert übereinander herfallen, wird man das bei Liebespartnern nach zwanzig Jahren Beziehung eher selten finden. Dafür ist die spätere Liebe buchstäblich gereift, und viele beschreiben ihr Intimleben als besonders schön. Es geht nicht um den schnellen Orgasmus und akrobatischen Leistungssport, sondern um eine tiefe Begegnung, ein „einander Erkennen", wie es die Bibel formuliert. Das ist erotische Haute Cuisine: köstlich, zart, spannend, sinnlich, langsam, betörend, intensiv. Schöner reifer Sex, endlich frei von Leistungsdruck.

Bei Paaren, die schon lange und immer noch verliebt sind, ist so viel zärtliche Wertschätzung auch für die sinnlichen Nuancen des Gegenübers gewachsen. Sie fokussieren sich aufeinander.

„Wenn sie am Schreibtisch sitzt und ihren Kaffee trinkt, dann stehe ich manchmal hinter ihr und sehe die dünnen Härchen an ihrem Hals – da durchströmt mich eine unglaubliche Wärme und ich begehre sie so sehr.«

„Manchmal flüstert sie mir morgens ins Ohr: „Du bist so heiß – ich könnte dich direkt vernaschen." Wow, dass sie mich

immer noch attraktiv findet. Ich fahre dann zur Arbeit und bin der glücklichste Mann der Welt.

„Wenn er kommt und mich von hinten in den Arm nimmt, wenn er mich hin und her wiegt – manchmal tanzt er auch Stehblues mit mir im Wohnzimmer – das finde ich supererotisch."

„Ich liebe es, wenn ich beim Sex beobachten kann, wie sie weich wird und sich öffnet. Dann wünschte ich, das würde ewig anhalten – niemals wollte ich eine andere als sie."

„Sein Geruch ist immer noch mein Lieblingsduft. An seiner nackten Haut kann ich mich nicht sattschnuppern."

„Mich berührt es total, wenn mein Mann zum Höhepunkt kommt und mir dabei in die Augen schaut. Das gibt mir das Gefühl: Jetzt ist er ganz mit mir."

Ist es nicht begeisternd, wie diese Paare der Sinnlichkeit in ihrem Leben Raum geben? Sie genießen sich als sexuelle Wesen und berauschen sich immer noch an der Liebe ihrer Partner, wie es schon in der Bibel im Buch der Sprüche steht: „Freue dich an der Frau, die du jung geheiratet hast! Sie ist wie ein liebes Reh, eine reizende Gazelle. Ihre Brüste sollen dich zu jeder Zeit berauschen. Lass dich von ihrer Liebe immer wieder bezaubern."[36]

Emotionale Tiefe als Ausgangspunkt für sinnliche Höhenflüge

Wollt ihr dahin? Um diesen Booster für euch zu bekommen, müsst ihr das Wagnis eingehen, euch mit euren Gefühlen voll aufeinander einzulassen. Möglicherweise müsst ihr an ein paar Stellen eure Schamgrenze knacken, um über die heißen Themen zu reden. Aber Achtung: Nur wer sich sicher fühlt, kann seelisch die Hüllen fallen lassen. Also sichert einander zu: „Ich verspreche dir, dich nicht auflaufen zu lassen. Bei mir bist du sicher. Du darfst dich öffnen, und ich werde es wertschätzen."

„Sichere emotionale Verbindung fördert guten Sex. Guter Sex erschafft eine tiefere emotionale Verbindung."

Das unterstreicht auch Sue Johnson, die Begründerin der Emotionsfokussierten Paartherapie (EFT). Auf der EFT-Internetseite www.lovie.de schreibt sie über guten Sex: „Sichere emotionale Verbindung fördert guten Sex. Guter Sex erschafft eine tiefere emotionale Verbindung."[37]

Es verwundert uns kein bisschen, dass bei Paaren, die sich emotional nicht mehr verbunden fühlen, der Sex einschläft. Bevor ihr anfangt, euch mit Techniken und Lifehacks zu besserem Sex zu befassen: Fragt, was ihr tun könntet, um einander emotional wieder näherzukommen.

Handlungen, die emotionale Nähe herstellen:

- einander in die Augen schauen
- „Your highest high – your lowest low". Erzählt einander: Was war dein bestes Erlebnis heute? Was war heute dein Tiefpunkt?
- sich gegenseitig eine Hand- oder Fußmassage geben
- dem Herzschlag des anderen lauschen
- dem anderen bei einer Arbeit zur Hand gehen und mithelfen
- Danke sagen
- nachfragen, wenn der andere einen Termin hatte, eine Verabredung, eine wichtige Aufgabe: Wie ist es dir ergangen?
- zusammen beten
- aushalten, wenn der andere weint, und ihm dabei Papiertaschentücher reichen

- Fotoalben zusammen ansehen und dabei erzählen, wie ihr euch in den Situationen/Lebensphasen gefühlt habt
- einander einen Liebesbrief schreiben

Macht es zum Ziel eurer sexuellen Begegnung, euch gegenseitig Wohlbehagen zu schenken und auf die Wünsche des anderen einzugehen.

Der Paartherapeut Holger Kuntze unterscheidet in seinem Buch „Lieben heißt wollen“[38] zwischen Intimität und Leidenschaft. In einem Interview mit der Süddeutschen Zeitung beschreibt er den Unterschied: „Intime Sexualität ist dadurch geprägt, dem anderen seine Bedürfnisse zu erfüllen, dadurch, dass man vor dem Sex über seine Bedürfnisse und Wünsche spricht. Nach zehn Jahren Beziehung fallen wir nicht mehr permanent übereinander her. Die Erfahrung, dass es auch anders geht, ist für viele Paare neu. Beim leidenschaftlichen Sex steht die eigene Lust im Vordergrund, sie ist spontan. Das ist natürlich nichts Schlechtes, aber da diese Leidenschaft mit der Länge der Beziehung abnimmt, muss man eine neue Art der Sexualität schaffen.“[39]

Nur ein Baby hat das Recht, auch ohne Worte verstanden zu werden.

Eine Sprache finden

Für diese Neukreation eurer Sexualität müsst ihr euch aus der Reserve trauen und miteinander reden. Nur ein Baby hat das Recht, auch ohne Worte verstanden zu werden.

„Das vertrauensvolle Gespräch über Wünsche und Vorlieben ist zentral, wenn Sexualität sich über die Jahre immer erfüllender entwickeln soll“, schreibt die Gynäkologin Ute Buth.[40]

Der Paartherapeut Hans Jellouschek sieht bei Paaren, die aufgehört haben, miteinander zu schlafen, nicht immer das stillschweigende Einverständnis dahinter, mit dem beide glücklich sind. „Ich stelle aber immer wieder fest, dass einer oder beide im Stillen Sehnsucht danach haben, dass sie jedoch ihre Sehnsüchte nicht miteinander austauschen, geschweige denn, dass sie darüber miteinander reden würden, wie sie diese für sich allein und in ihrer Fantasie zu stillen versuchen. Vielmehr entwickeln sie eine Vorwurfshaltung gegen den anderen und entfremden sich voneinander."[41]

Ist das nicht bedauerlich? Da wünschen sich zwei eigentlich sehnlichst körperliche Nähe und sinnliche Abenteuer, aber keiner traut sich, das dem anderen mitzuteilen. Oh, wenn es doch nicht so vertrackt schwierig wäre, über solche Dinge zu sprechen! Unsere Generation ist mit der Jugendzeitschrift „Bravo" groß geworden. Wir wurden von Lehrern, Mitschülern, einschlägigen Fernsehbeiträgen und manche schon durchs Internet aufgeklärt. Trotzdem bringen wir es nicht übers Herz, mit unserem Lieblingsmenschen über unsere Sehnsüchte zu reden. Falls ihr es immer noch nicht getan habt, wird es höchste Zeit, die Schweigejahre zu beenden.

Wie aber redet man als Langzeitpaar über Sex, wenn man es bis hierhin nicht geschafft hat?

Simone und Rüdiger haben sich ziemlich lange wortlos durchgewurstelt. Beide hatten es im Elternhaus nicht erlebt, dass man über intime Dinge redet. Im Gegenteil – das ganze Thema Sexualität hatte einen peinlichen Touch. Nach einigen Jahren wird dem Ehepaar klar, dass sie nicht ausschöpfen, was da für sie drin sein könnte. Simone hat oft einfach mitgemacht, es zwar hier und da genossen, aber nicht selten auch nur so getan, als fände sie es berauschend. So richtig klasse fand sie den Sex selten. Rüdiger fühlte sich überfordert. Er merkte, dass er bei seiner Frau oft komplett im Dunkeln stocherte. Was gefiel ihr denn wirklich? Und wenn er mal sichtlich Begeisterung bei ihr auslösen konnte, probierte er natürlich genau dasselbe beim nächsten Mal wieder aus. Mit dem Ergebnis, dass Simone sich diesmal abwandte oder auf andere Weise signalisierte, dass ihr das heute gar nicht gefiel. „Frauen sind einfach zu kompliziert", seufzt Rüdiger manchmal frustriert vor sich hin.

Das trifft den Nagel auf den Kopf: Frauen sind kompliziert. Zumindest ihre Sexualität ist hochkomplex. Wer, liebe Leserin, könnte deinem Mann besser erklären, wie dein Körper funktioniert, als du? Das, wovon wir denken, dass es der andere heiß findet, ist meistens schlicht das, was wir selbst gerne hätten. So wie du bei der Liebessprache nicht davon ausgehen kannst, dass deine Frau oder dein Mann sich auf genau dieselbe Weise geliebt fühlt wie du, ist es bei der sexuellen Liebessprache. Da ticken Mann und Frau so unterschiedlich, dass es nicht ohne ein Hinfühlen und auch Hinhören geht: Was willst eigentlich du?

Traut euch, die Dinge beim Namen zu nennen. Es bringt euch nichts, wenn ihr um den heißen Brei herumdruckst. Um euch den Einstieg in euer intimes Paargespräch zu erleichtern, haben wir hier ein paar erprobte Tipps für euch.

Eisbrecher für euer Sex-Gespräch:

- Findet einen entspannten Rahmen. Spazieren gehen, sich mit einem Glas Wein zusammensetzen, mit gedimmtem Licht und softer Hintergrundmusik auf dem Sofa lümmeln. Wichtig ist: Es muss sich für beide entspannt anfühlen.

- Falls ihr eine große Badewanne oder einen Whirlpool habt, in den ihr gemeinsam sitzen könnt, könnte das ein gutes Ambiente für euren Sex-Talk sein.
- Seid nicht zu verbissen bei der Sache. Ihr dürft es ruhig humorvoll angehen, denn Lachen befreit und entspannt.
- Schenkt einander volle Aufmerksamkeit. Nehmt euch ausreichend Zeit dafür und schaltet eure Handys aus.
- Grabt tief – aber nicht tiefer, als es für den anderen in diesem Moment zuträglich ist. Lasst einander stehen und kritisiert nicht.
- Bedankt euch für die Offenheit beim anderen.

Fragen, die euch weiterbringen:

- Was bedeutet dir Zärtlichkeit?
- Wie schätzt du unser Sexualleben ein?
- Haben wir für dein Gefühl zu viel / zu wenig oder gerade richtig viel Sex?
- Welche Art von körperlicher Nähe ist dir besonders lieb? Was magst du besonders?
- Wie soll ich dich berühren? Streicheln, Massieren, Zupfen, Kneten, ...? Eher ganz sanft oder eher fest?
- Womit kann ich bei dir Lust wecken?
- Was soll ich lassen, weil es dich abturnt?
- Wo wünschst du dir Veränderung?
- Was wollen wir konkret tun, um diese Veränderung zu erreichen?

Unterschiede im Begehren

Es gibt glückliche Paare, die übereingekommen sind, keinen Sex mehr zu wollen. Seid ihr so ein Paar und damit rundum zufrieden? Na wunderbar! Seid ihr trotzdem immer noch beste Freunde, bewundert einander, genießt die Zweisamkeit – aber bitte ohne anstrengende Verrenkungen und zu viel Intimität? Dann freut euch und lasst es gut sein. Niemand hat euch unter Druck zu setzen oder euch zu etwas zu bewegen, wonach euch schon längst nicht mehr der Sinn steht. Allerdings ist es doch öfter so, dass Paare sich in ihren Sehnsüchten unterscheiden, es ihnen aber schwerfällt, offen darüber zu sprechen.

Für viele Paare bleibt es ein Problem: unterschiedliches sexuelles Verlangen und verschiedene Vorstellungen darüber, was eine angemessene Frequenz für Intimverkehr ist. Tendenziell beobachten wir mehr Interesse bei den Männern. Das variiert aber von Paar zu Paar. Die Zahl der Frauen, die sich mehr intime Aktivitäten erhoffen, während ihr Partner sich zurückzieht, nimmt zu.

Die Gründe für den Libidoverlust sind vielfältig: Stress, Erschöpfung, medizinische Probleme, hormonelle Schwankungen, traumatische Vorerfahrungen, psychische Erkrankungen, häufiger Pornokonsum ...

Die Kluft im sexuellen Begehren führt zu Unzufriedenheit und Konflikten. Schließlich ist Sexualität ein starker Motor und Teil der Identität. Wer immer wieder im Bett abgewiesen wird, entwickelt Frustgefühle und fühlt sich manchmal sogar persönlich abgewertet. Allerdings gerät auch die Person, die weniger Lust hat, unter Druck. Viele plagt ein schlechtes Gewissen, wenn sie nicht auf das Drängen des anderen eingehen. Sie fühlen sich möglicherweise auf ihren Körper reduziert und als Ehepartner ungenügend. Wenn dann Sex regelrecht eingefordert oder einzig aus Angst vor Ablehnung ertragen wird, hilft das der Liebe auf keiner Seite weiter.

Was sind gute Strategien, um mit diesen unterschiedlichen Bedürfnissen umzugehen?

Kannst du deinem Mann oder deiner Frau, wenn er oder sie gerade keinen Sex will, trotzdem Wertschätzung und Liebe ausdrücken?

- „Auch wenn du meine Sehnsüchte gerade nicht befriedigen kannst, liebe und achte ich dich."
- „Auch wenn mir deine sexuelle Energie manchmal zu heftig ist, glaube ich dir, dass du mich als Person liebst und es dir nicht nur ums Körperliche geht."
- „Ich respektiere deine größere Lust und kann sie als Ausdruck deiner Leidenschaft für mich annehmen."
- „›Nein, nicht heute‹ bedeutet nicht, dass ich dich nicht liebe. Es liegt nicht an deiner Attraktivität und deinem Wert."

Zugegeben, das klingt idyllisch, und manchmal ist es ein schmerzlicher Weg, bis Paare dahin kommen. Einige schaffen es nicht ohne therapeutische Hilfe. Die Moderation einer dritten Person und der neutrale, wohlwollende Blick von außen können hilfreich sein, um gute Lösungen zu finden.

Sex ist nicht alles

Wie steht es um eure Paarbeziehung insgesamt? Paare, die Probleme im sexuellen Bereich haben, sollten viel Zeit in andere Aktivitäten investieren, die beiden guttun: zum Beispiel gemeinsame Hobbys, Ausflüge, ehrenamtliches Engagement, sportliche Aktivitäten. Wer auf dem sexuellen Pfad so gar nicht weiterkommt, muss Druck rausnehmen. Es hilft nicht, wenn einer dem anderen permanent ein schlechtes Gewissen macht. Vielleicht ist es für den sehr an Sex interessierten Partner auch dran, Selbstbeherrschung zu lernen und sich bei der geliebten Person weniger auf den Körper als vielmehr auf die inneren Werte zu konzentrieren.

Manche Paare gehen einander regelrecht aus dem Weg, um ja nicht in die Situation zu geraten, nach Sex gefragt zu werden. Da kann es helfen, zu vereinbaren, das Thema für eine gewisse Zeit ganz ruhen zu lassen und sich stattdessen bewusst auf andere Gemeinsamkeiten zu fokussieren.

Gott um Hilfe bitten

Einige Christen tun sich schwer, Gott in das Thema Sexualität einzubeziehen. Aber auch so eine „fleischliche Angelegenheit" wie sexuelle Unzufriedenheit ist etwas, womit man sich direkt an den Schöpfer wenden darf. Immerhin war das mit dem „Ein-Fleisch-werden" seine Idee! Wer sonst wüsste am besten, welche Wege einem Paar zu mehr Freiheit und Zufriedenheit verhelfen könnten? Wer leidet, darf Gott um Hilfe bitten. Am besten gemeinsam, laut und im Vertrauen, dass er Wege kennt, wo wir noch keinen Ausweg sehen. Aber auch dein persönliches Gebet wird nicht unerhört bleiben.

Die Lust anregen

Oft leidet der Partner mit geringerer Libido darunter und würde eigentlich dem anderen zuliebe, aber auch für sich selbst, gerne mehr sexuelle Intensität entwickeln. Die Forschung sagt: Menschen, die öfter Sex haben, empfinden auch ein höheres Maß an Lust auf Sex und wollen öfter intim werden. Ist Sex eine gute Erfahrung, möchte man sie häufiger machen.

Bist du der Partner mit der geringeren Libido? Hast du mal probiert, dich aktiv in Stimmung zu bringen? Man kann sich gedanklich auf Lust programmieren, indem man im Lauf des Tages immer wieder bewusst seine Geschlechtsorgane wahrnimmt, den Beckenboden durch Anspannen trainiert, hübsche Unterwäsche trägt, in der man sich schön fühlt. Angenehme erotische Anspielungen des Partners, schmeichelnde Bemerkungen und zärtliche Berührungen im Alltag können luststeigernd wirken. Manchen hilft es, Termine für Sex zu setzen. Was für manche befremdlich klingt, hilft anderen, weil sie sich kontrolliert auf diese Paar-Zeit vorbereiten und intensiv darauf einstellen können.

Sich auf die unterschiedlichen Empfindungen einlassen

Es klingt ein bisschen verrückt, aber tatsächlich: Der Appetit kommt mit dem Essen. Befriedigender, lustvoller und erfüllender Sex steigert die Lust auf Wiederholung. Enttäuschende Erfahrungen beim körperlichen Zusammensein haben gegenteilige Wirkung. Das heißt auch: Der Partner mit der stärkeren Lusterfahrung sollte intensiver danach fragen, wie Sex für den anderen zu einem beglückenderen Erlebnis werden könnte.

Vor allem Frauen haben oft nicht spontan Lust auf Sex, können aber durch liebevolles Werben des Partners und durch erotische Berührungen, die sie mögen, dafür gewonnen werden. Hier ist Kommunikation besonders wichtig! Viele Partner wissen nämlich gar nicht, was sich für den anderen tatsächlich gut anfühlt und was der andere erotisch findet. Auch ändert sich das im Verlauf des Zyklus einer Frau stark. Was in einem Stadium elektrisiert, kann an anderen Tagen weh tun und abschrecken. Ein bisschen ist Sex eben wie ein Tanz: Einer fordert auf, der andere lässt sich ein, beide finden in den Rhythmus, und erst nach einigen Takten ist die Harmonie hergestellt.

Kompromisse aushandeln

Wenn die Erwartungen an die Häufigkeit der sexuellen Begegnungen stark abweichen, können Paare versuchen, Kompromisse auszuhandeln. Vielleicht hätte er gerne am liebsten täglich Sex, während ihr alle drei bis vier Wochen vollkommen ausreichte. Wie wäre es, wenn die beiden sich zum Beispiel auf einmal wöchentlich oder alle zwei Wochen einigen? Dann sind die Parameter klar, und beide können sich darauf einstellen und diese Begegnungen bewusst gestalten.

Beim Ringen um die Frage, wer beim Liebesspiel den ersten Schritt macht, kann auch eine einfache Abmachung Abhilfe schaffen: Diesmal bin ich dran, nächstes Mal du.

Sicher wird es nicht für alle die vollkommen zufriedenstellende Lösung geben. Einige körperliche oder hormonelle Ursachen sind zwar medikamentös behandelbar, aber manchmal kommt die Medizin an ihre Grenzen. Nebenwirkungen von Medikamenten hemmen teilweise die Lust und machen es schwer bis unmöglich, sexuelle Leidenschaft zu entwickeln. Auch psychische Belastungen wie Stress oder Depressionen können nicht einfach durch einfühlsame Kommunikation überwunden werden.

Aber auch solche Paare können Wege finden, wie sie einander dennoch nah bleiben: Zärtlichkeiten müssen nicht immer im Beischlaf enden, sorgen aber für die Ausschüttung von Glücks- und Bindungshormonen und stärken damit das Wohlbefinden. Alternative Formen von Intimität ohne Penetration können helfen, dass der lustbetonte Partner trotzdem auf seine Kosten kommt.

Sex ist so viel mehr

Dann gibt es aber auch Paare, die eigentlich schon noch daran interessiert wären. Aber sie müssen mit Hindernissen kämpfen, die Sex schwierig bis unmöglich machen. Präziser gesagt: Genitalverkehr mit Eindringen des männlichen Glieds in die Scheide seiner Frau und Orgasmus (von einem oder beiden) geht nicht mehr. Körperliche Beschwerden können zur sexuellen Funktionsstörung führen oder verschiedene Medikamente die Libido massiv beeinträchtigen. Manchen Paaren verbauen auch erlebte Traumata oder Schmerzen im Genitalbereich den Weg.

Habt ihr das Gefühl, dass bei euch solche Funktionsstörungen vorhanden sind, solltet ihr den Gang zum Arzt (Urologe/Gynäkologin) nicht scheuen. Die sind mit solchen Fragen tagtäglich konfrontiert – daran muss euch nichts peinlich sein. Es gibt für viele Störungen Therapiemöglichkeiten – Hormone, Medikamente, Hilfsmittel, Psychotherapie. Gut möglich, dass eure Fachärzte euch weiterhelfen können. Da wäre es doch schade drum, wenn ihr es unversucht lasst.

Toni nimmt nach einer schweren psychischen Krise seit einigen Jahren Psychopharmaka. Die helfen ihm dabei, seinen Alltag bewältigen zu können, und bewahren ihn vor psychischen Einbrüchen. Durch die Medikamente hat sich sein Körper verändert. Er hat ziemlich an Gewicht zugelegt und fühlt sich schwerfällig. Außerdem ist er oft müde. Eine Erektion hatte er schon lange nicht mehr. Seine Frau Irina würde gerne mal wieder „richtig" mit ihrem Mann schlafen. Sie vermisst die sexuelle Vereinigung und Intensität. Trotzdem haben die beiden einen Weg für sich gefunden: Sie nennen das ihre „Kuschelzeiten". Beide legen sich regelmäßig nackt nebeneinander ins Bett und halten sich fest. Dann streicheln sie sich gegenseitig am ganzen Körper. Manchmal befriedigt Toni Irina auch noch mit der Hand oder dem Mund. Das musste er erst lernen. Genauer: Irina musste ihm erst zeigen, wie es ihr gefällt. Aber nun liebt Toni es, seiner Frau auf diese Weise Freude zu bereiten.

Da sind wir auch schon wieder beim Thema Kommunikation. Es ist nun einmal so: Nur wenn wir uns einander öffnen und auch über diese Dinge reden, können wir den Weg finden, der für beide passt.

Vielleicht seid ihr in folgender Denkweise gefangen: „Sex, wie wir ihn uns vorstellen, ist nicht mehr möglich, also lassen wir es ganz bleiben." Aber ist das wirklich die Antwort?

Gelebte Sexualität ist so viel mehr als Penetration. Auch wenn kein Koitus (mehr) möglich ist, bleiben wir sexuelle, körperliche, lustvolle Wesen. Sex ist intime Begegnung, Spüren, Nähe, Berührung, nackt beisammen sein, dem Körper des anderen Zärtlichkeit schenken, einander verwöhnen auf vielfältigste Weise ...

Da fließen Bindungs- und Glückshormone. Da festigt sich Verbundenheit. Da gebt ihr einander Geborgenheit. Da seid ihr „ein Fleisch" im biblischen Sinne. Lasst euch das nicht nehmen. Niemals!

Großzügigkeit

Rituale und Gewohnheiten sehen wir grundsätzlich sehr positiv. Auch beim Sex kann man wunderbare Rituale pflegen, zum Beispiel den festen Abend, der zum Kuscheln reserviert wird – ein liebevoll zubereiteter Cocktail, den man zum Auftakt im Schlafzimmer genießt – eine besondere Beleuchtung, die immer zum Liebesspiel angezündet wird – Wäsche, die nur dafür zum Einsatz kommt – Liebesworte, die nur ihr beide kennt, …

Problematisch wird es, wenn es zur Gewohnheit geworden ist, einander kurzzuhalten. So hindert der regelmäßige Streit um den ersten Schritt manches Paar daran, zum Liebestanz zu kommen. „Immer muss ich den Anfang machen. Ich fühle mich wie ein bettelnder Hund. Als ob ich es immer nötig hätte, und du machst eben aus Erbarmen mit."

Andersrum kann es sein, dass der interessiertere Partner sich angewöhnt hat, Druck aufzubauen: „Wenn du mich wirklich liebtest, dann würdest du mir geben, was ich mir so ersehne, und mich nicht mit meinem Bedürfnis hängen lassen."

Weitere Varianten sexblockierender Reaktionen: „Lass mich in Ruhe. Hast du eigentlich immer nur Sex im Kopf?" oder: „Erledige du erst mal das, was du mir versprochen hast, dann sehen wir weiter."

Lasst Großzügigkeit euren Umgang miteinander bestimmen. Hat einer Lust, die andere ist gerade nicht in Stimmung – warum sollte sie es nicht auf einen Versuch ankommen lassen?

Andersrum: Wenn du spürst, dein Mann oder deine Frau ist gerade nicht dafür zu haben – warum bist du nicht großzügig und machst ihm oder ihr stattdessen ein Alternativangebot? Anstatt dich abzuwenden, könntest du zum Beispiel eine Wellnessmassage anbieten oder einen Spieleabend.

Oder dem erschöpften Partner Tee kochen und zusammen mit einer Wärmflasche ans Bett bringen. Braucht er oder sie einfach mal Ruhe, dann gönn sie ihm von Herzen.

Selbstverständlich solltest du deine Großzügigkeit weder mit Bedingungen noch mit Erwartungen verknüpfen. Und trotzdem wirst du wahrscheinlich erleben: Wenn du wohlwollend und liebevoll mit deinem Gegenüber umgehst, erhöht das die Wahrscheinlichkeit, dass der andere beim nächsten Mal auf dich zukommt und deinen Bedürfnissen mit demselben Wohlwollen begegnet.

Experimentieren empfohlen

Regt euren sexuellen Appetit an! Der Paarberater Hans Jellouschek empfiehlt: „Experimentierfreude. Ausprobieren. Auch Hilfsmittel wie Viagra, Erektionshilfen oder Gleitcremes als Möglichkeit zulassen. Es gibt keine Verbote. Das Paar muss sich auf einen experimentellen Weg begeben ohne Tabus. Es geht nur darum, womit sich die Partner wohlfühlen.“[42] Der letzte Satz scheint uns der entscheidende zu sein.

Großzügigkeit wünschen wir uns generell in unserer Beziehung. Sie ist das Gegenteil von Geiz. Deshalb: Seid beim Thema Sex nicht geizig, sondern verschwenderisch. Freut euch daran, dass es dem anderen dabei gut geht. Und zeigt ihm zugleich verständlich den Weg, der euch selbst zu höherem Genuss und tieferem Gefühl führt. So schwingt ihr euch auch nach vielen Jahren immer besser aufeinander ein. Der beste Sex ist der, der beide glücklich macht. Das ist ein verheißungsvolles Ziel.

Konnten wir euch Lust darauf machen, den Liebes-Booster Sex für euch (neu) zu entdecken? Lasst keine Langeweile in euer Leben einkehren, sondern bleibt offen, kreativ und gönnt euch den Genuss der körperlichen Zweisamkeit. Wie das bei euch aussehen soll, wisst ihr selbst jetzt vermutlich am besten. Wie oft, wie lange, wie überhaupt? Wählt für euch den Weg, der bei beiden am meisten gute Gefühle hervorruft. Und erfreut euch hoffentlich noch lange an der Frau und am Mann eurer Jugend.

Fürs Gespräch

1. Bereitet euch beide auf das Gespräch vor mit folgender Selbstreflexion: Erinnere dich an eine intime Begegnung, die ihr beide irgendwann hattet und die du besonders schön fandest. Schreib einige konkrete Dinge auf.

Dann sprecht miteinander über das, was ihr notiert habt, anhand folgender Fragen:

- Was daran mochtest du besonders?
- Was fandest du dabei erotisch?
- Wie hast du dich gefühlt?
- Was hast du gedacht oder getan, das dich in Stimmung versetzt hat? Was hat dein Partner gesagt oder getan, das dich in Stimmung brachte?

2. Schreibt jeder einige Dinge auf, die ihr beim Sex gerne mögt:

- Ich liebe es, wenn du ...
- Ich mag besonders, folgendermaßen berührt werden ...
- Diese Stelle an meinem Körper ist eine erogene Zone, die du vielleicht noch gar nicht kennst: ....

Anschließend tauscht eure Aufschriebe aus oder lest euch gegenseitig vor, was ihr geschrieben habt.

3. Wie hat sich unser Sexleben in den vergangenen Jahren verändert?
Was daran ist positiv? Was fällt dir schwer?

4. Welche Faktoren hindern dich, beim Sex zu entspannen und dich fallen zu lassen? Was kann ich tun oder lassen, um es dir schöner zu machen?
Was kannst du selbst tun oder lassen, um es mehr genießen zu können?

5. Geht gemeinsam die Listen der Lustbeschleuniger und Lustbremsen durch und besprecht, welche für euch relevant sind.

Aktivitäten

1. Tut etwas für eure körperliche Fitness. Fahrt zusammen Rad, geht wandern, klettern, in die Sauna und spürt, wie die Aktivität euren Körpern guttut.

2. Holt Romantik und Leichtigkeit zurück in eure Zweisamkeit:

- Packt euch einen schönen Picknickkorb und macht ein Sonnenuntergangs-Date zusammen.
- Kuschelt zusammen an einem ungewöhnlichen Platz in eurer Wohnung (Zum Beispiel vor dem Kamin im Wohnzimmer oder mit einer weichen Decke auf dem Fußboden. Geht gemeinsam die Listen der Lustbeschleuniger und Lustbremsen auf Seite 138 und 139 durch).
- Zündet viele Kerzen an und macht euch Kuschelrock-Musik an.

- Tanzt mal wieder miteinander – und wenn es ein Discofox in eurem Wohnzimmer ist. Dabei stört euch ja jetzt keiner mehr.
- Macht euch richtig schick füreinander und geht in euer Lieblingsrestaurant.

3. Nehmt euch 90 Minuten Zeit für diese Übung. Ihr entscheidet, ob nackt oder in Unterwäsche. Sorgt für ein angenehm warmes Zimmer und gedimmtes Licht oder Kerzenschein.

Jeder schenkt dem anderen 30 Minuten ungeteilte Zuwendung mit Streicheln, Kneten, Massieren, Reiben, Klopfen, ...

Lasst bewusst die Geschlechtsorgane aus und gebt einander die Möglichkeit einfach mal ganz hinzuspüren, was sich besonders schön anfühlt und wo die Berührungen euch Lust spüren lassen.

Wenn beide dran waren, könnt ihr euch erzählen, was besonders gut war und was jeder von beiden bei der Übung empfunden hat.

4. Wenn ihr das nächste Mal Sex habt, könnt ihr eine ähnliche Aktion wie die vorige Übung mit explizit erotischen Berührungen machen. Gebt einander, während ihr vom anderen berührt werdet, Feedback. Stell dir vor, ihr geht zusammen durch ein Labyrinth, und nur du weißt den Weg und musst deinem Schatz, der dir blindlings folgt, den Weg zeigen. Achtet dabei auch gut auf signalisierte Stopps und respektiert eure Grenzen.

BOOSTER 6:
Lifehacks nutzen

Was geht in diesem Kapitel? Du erfährst

- worauf es bei der Arbeitsteilung in der Beziehung wirklich ankommt
- wie sich der Streit ums Geld beenden lässt
- wie ihr Konflikte leichter bewältigt
- welche Mini-Booster du von heute an einsetzen kannst

Mit dem Finger schnippen, und alles wird gut. Einen magischen Satz sagen, und die Krise verschwindet. So einfach hätten wir es gerne, so einfach ist es nur leider nicht. Andererseits muss deshalb noch lange nicht alles kompliziert sein. In dem sechsten Booster widmen wir uns Lifehacks für die Liebe. Lifehacks sind Kniffe, Tipps und Tricks, wie wir Alltagsprobleme leicht lösen. Und so etwas gibt es nicht nur für das Zusammenlegen von Bettwäsche, das Kochen eines Drei-Gänge-Menüs in 30 Minuten oder das Verstauen des Handykabels – es gibt sie auch für die Langzeitbeziehung.

Da es um Alltägliches geht, knöpfen wir uns hier auch Alltagssituationen vor. Hier trifft Beziehung auf Realität.

Deshalb liegt hier auch unsere Priorität: Ist der Alltag gut, ist die Ehe gut. Und gerade im Alltag geht noch so viel mehr ...

Das bisschen Haushalt ...

Es ist eigentlich erstaunlich, dass es bei der Verteilung der Hausarbeit nach Jahrzehnten noch Auseinandersetzungen geben kann. Man sollte meinen, das habe sich eingespielt und sei für beide irgendwann okay. Ist es aber nicht. Das liegt auch daran, dass sich Lebenssituationen immer wieder ändern. Die Mehrzahl der Frauen wählt die Elternzeit, wenn ein Baby gekommen ist, während ihr Mann weiterhin seinem Job nachgeht. Da liegt es in der Natur der Sache, dass die Zuhausegebliebene auch mehr im Haushalt macht. Das ist dann allerdings neu zu verhandeln, wenn beide berufstätig sind – gleichwohl wir aus Umfragen wissen, dass in der Großzahl der Ehen Frauen weiterhin viel mehr im Haushalt tun als Männer.

Wann ist die Hausarbeit optimal aufgeteilt? Die Antwort ist einfach: wenn beide damit zufrieden sind.

Das mag zum einen an Macho-Bildern liegen, die manchmal beide (!) in die Beziehung gebracht haben. Unterschiedliche Ansprüche können ebenfalls Ursache sein, was hier konkret heißt: Der Mann erreicht bei der Hausarbeit nicht das Niveau, das die Frau haben will – also macht sie es eben selbst. Ob es die Sauberkeit der Toilette, die Qualität des Mittagessens oder die Glätte gebügelter Wäsche ist – nicht immer haben er und sie identische Vorstellungen davon, wie das am Ende auszusehen hat.

Wann ist die Hausarbeit optimal aufgeteilt? Die Antwort ist einfach: wenn beide damit zufrieden sind. Das heißt vermutlich in den seltensten Fällen 50:50. Der eine hat einfach Spaß am Kochen und findet es überhaupt nicht unfair, dass er meistens in der Küche steht. Die andere liebt die Gartenarbeit und fände es irrsinnig, wenn der Partner die Hälfte des Rasens zu mähen hätte, nur damit es „fair" zugeht.

Wenn ihr also beide mit eurer Aufgabenteilung zufrieden seid, könnt ihr die nächsten Absätze überspringen und zum Abschnitt über Finanzen hüpfen. Wenn nicht, dann lasst uns gemeinsam überlegen, wie wir bei dem Thema weiterkommen.

Dreck machen beide

Die Claims sind in einer Langzeitbeziehung häufig präzise verteilt. Oft sind die Männer dafür zuständig, dass die Technik im Haus funktioniert und Dinge repariert werden. Frauen kümmern sich häufiger um die Wäsche und ums Putzen. Aber sie sind nicht immer zufrieden mit der Situation. Dreck machen beide – warum also soll nur eine fürs Beseitigen zuständig sein?

Auf diesem Gebiet besteht mehr Spaltpotenzial, als man zunächst vermutet. In den USA hat der Blogger Matthew Fray Geschichte geschrieben mit einem Artikel unter der Überschrift „Sie hat sich von mir scheiden lassen, weil ich das Geschirr neben dem Spülbecken stehen ließ."[43] Die Publizistin Jancee Dunn griff das in der New York Times auf[44] und berichtete von Auseinandersetzungen mit ihrem Mann Tom, weil dieser notorisch Dinge im Haus liegen ließ und sie ihm ständig hinterherräumen musste.

Jancee Dunn recherchierte zu dieser Zeit für ihr Buch „How Not To Hate Your Husband After Kids" („Wie man seinen Ehemann nicht hasst, nachdem Kinder da sind"). Sie hatten schon einige Konflikte in ihrer Ehe gehabt, viele davon auch gelöst. Die Spur von Unordnung und Chaos, die Tom folgte, gehörte nicht dazu. Und das passte zum Thema „unsichtbare Arbeit“, mit dem sich Jancee bei ihrer Recherche beschäftigte.

„Was ist schon dabei?“, sagte Tom oft. „Im Großen und Ganzen ist es doch egal, wenn ich Dinge herumliegen lasse.“ Das machte sie so verzweifelt, dass sie begann zu zählen, um wie viele Dinge es eigentlich ging. Sie kam an einem einzigen Tag auf 50 Gegenstände. „Das sind 350 Dinge pro Woche, die du von deiner To-do-Liste nimmst und auf meine schreibst“, schleuderte sie ihm entgegen.

Der Konflikt liegt natürlich tiefer. Am Ende geht es weder um das eine Glas am Spültisch noch um 50 liegen gelassene Sachen. Was zählt, ist, wie wir einander wahrnehmen. Welche Gefühle diese Art des Umgangs beim anderen auslöst. Das Signal beider Männer an ihre Frauen war Missachtung. Die unausgesprochene Botschaft: „Es ist mir egal, wie viel unnötige Arbeit ich dir zusätzlich mache.“ Und da wird es gefährlich.

Die Sache mit dem Biomüll

Wie sieht es bei euch mit der Aufgabenverteilung aus? Das Thema gehört in ein Paargespräch. Wenn wir einen Konflikt nicht ansprechen, ist er kaum zu lösen. Im Mittelpunkt stehen dabei die ungeliebten Arbeiten, die also keiner gerne macht.

In unserer Ehe war es das Ausleeren des Eimers mit Biomüll auf den Kompost im Garten. Der Weg dorthin ist weit, wenn man dafür im Winter das warme Haus verlassen muss. Der Inhalt ist oft eklig. Und wenn es dann noch regnet oder sogar Schnee liegt, reißt sich wirklich niemand um diesen Job.

Biomüll hat allerdings die Eigenschaft, schon nach kurzer Zeit einen unangenehmen Geruch zu verbreiten. Und in einer stinkenden Küche will auch keiner arbeiten. Weil Susannes Nase hier deutlich empfindlicher ist, war es immer sie, die den Biomüll-Eimer in den Garten gebracht hat. Irgendwann gelang es ihr, das Thema anzusprechen. Marcus musste einräumen, dass ihm das Problem überhaupt nicht bewusst gewesen war. Als sie ihre Sicht geschildert hatte, sagte er: „Gib mir einfach Bescheid, wenn ich ihn rausbringen soll, dann mach ich's." Das hat funktioniert. Und obwohl Susanne im Alltag weiterhin viel häufiger durch den Garten zum Kompost geht, weiß sie, dass sie nicht allein dafür zuständig ist und (fast) jederzeit ihren Mann zum Leeren des Biomülls schicken kann. Schon dieses Wissen hat zur Entspannung des Konflikts beigetragen.

Klare Regeln können ein Lifehack für den Partnerschaftsfrieden sein, etwa: Jeder räumt sein Geschirr selbst ab und steckt es in die Spülmaschine. Wer im Lebensmittelschrank eine Packung leert, wirft sie auch ins Altpapier. Fürs Fensterputzen ist er zuständig, für die Steuererklärung sie. Es bleibt bei der Hauptregel: Beide müssen damit zufrieden sein.

In einer liebevollen Beziehung wird auch niemand auf eine knallharte Arbeitsteilung in Haus und Garten pochen. Wenn der eine im Stress ist – Überstunden im Büro, Mitarbeit in einem ehrenamtlichen Großprojekt –, wird der andere einspringen und sagen: „Lass mal liegen, ich kümmere mich nachher darum". Schließlich haben wir geheiratet, um einander das Leben schöner und auch leichter zu machen.

Der Streit um die Hausarbeit ist ein lösbares Problem! Der tägliche Kleinkrieg lohnt sich nicht. Die Vorstellungen von dem, was „fair" ist, lassen sich verhandeln. Mit etwas Nachsicht und Geduld und der Bereitschaft, sich aufeinander zuzubewegen, kommt hier eine Langzeitbeziehung wieder in ein gutes Fahrwasser. Wenn das in deiner Ehe ein Konfliktthema ist, sprich es an! Verbesserungen auf diesem Gebiet werden den Alltag unendlich erleichtern.

Der Zoff um den Zaster

Stell dir vor, ihr beide als Paar hättet plötzlich 30 Prozent mehr Einkommen. Einfach so. Wenn ihr derzeit gemeinsam netto 3 000 Euro im Monat einnehmt, dann wären es künftig fast 4 000. Endlich hätten die Auseinandersetzungen ums Geld ein Ende, endlich könntet ihr euch die Dinge leisten, auf die ihr bislang verzichten musstet. Endlich kein Zoff um den Zaster mehr.

Doch das ist ein Irrtum. Der Streit ums Geld ist keine Frage der Einkommenshöhe. Auch bei den Betuchten wird darum gestritten. Das zeigt: Beim Geld geht es keineswegs nur darum, eine begrenzte Ressource gerecht und optimal zu nutzen. Dahinter steckt viel mehr.

Viele Paare, die wir begleitet haben, sind schon in Sachen Geld aneinandergeraten. Bei Scheidungen stehen unversöhnliche Positionen bei den Finanzen unter den drei häufigsten Gründen. Wir reden hier also nicht über Bagatellen.

Wer dieses Minenfeld in seiner Ehe abräumen möchte, sollte ganz vorne anfangen. Wie wir über Geld denken, speist sich meistens aus zwei Quellen: dem Elternhaus und unseren Erfahrungen. Wo der Vater und die Mutter knausrig waren, um vorzusorgen und finanziell auf Nummer sicher zu gehen, wird es das Kind häufig auch sein. Wo die Eltern großzügig, vielleicht sogar riskant bestellt, gekauft oder verschenkt haben, gibt oft auch die Tochter oder der Sohn das Geld freigiebiger aus.

Erschwerend kommt hinzu, dass es ausgerechnet diese gegensätzlichen Typen sind, die sich ineinander verlieben. Der Buchhalter entflammt für die Traumtänzerin, weil ihn ihre locker-leichte Lebensart so fasziniert. Und sie wiederum begehrt ihn, weil er so bodenständig, akkurat und zuverlässig ist – Eigenschaften, die ihr fehlen. Die romantischen Anziehungskräfte der ersten Monate versperren den Blick für die zu erwartenden Konflikte.

Darüber müsste man als Paar mal reden. „Was löst das bei dir aus, wenn ich beim Einkaufen einfach eine Flasche Wein für 30 Euro dazulege?“ – „Wie wichtig ist dir die Sicherheit, dass wir auch ein paar Monate gut überstehen, wenn wir vom Arbeitslosengeld leben müssten?“ Solche Fragen eben: Sparsamkeit und Sicherheit kontra Großzügigkeit oder gar einem Hang zur Verschwendung. Das lehrt Verständnis und hilft beim Rücksichtnehmen.

Beim Geld geht es oft noch um etwas ganz anderes: Macht und Kontrolle. Wenn der Hauptverdiener – bis heute häufiger der Mann – „Haushaltsgeld“ zuteilt, dann sitzt er am längeren Hebel. Es soll sogar Ehen geben, in denen die Frau nicht einmal Zugang zum Konto hat. Damit bleibt klar, wer bestimmt. Doch eine solche Konstruktion ist hochgradig demütigend und hat nichts mit einer Beziehung auf Augenhöhe zu tun.

Wie kann es besser funktionieren? Aus der Paar- und Schuldnerberatung kommen dazu zwei Vorschläge:

1. Haushaltsbuch

Oft ist den Paaren nicht klar, wo ihre Euros versickern. Und jeder hat den anderen im Verdacht, dafür verantwortlich zu sein, dass am Ende des Geldes noch so viel Monat übrig ist. Ein Haushaltsbuch listet auf, wie viel für Miete, Essen und Trinken, Strom und Wasser, Schuhe und Benzin ausgegeben wird. Übrigens: In der Regel reicht es, das drei Monate lang zu betreiben – damit ergeben sich schon gute Mittelwerte, die fürs weitere Budgetieren helfen.

2. Das 3-Konten-System

Es gibt ein gemeinsames Konto, aus dem die gemeinsamen laufenden Ausgaben und eventuell auch vereinbarte Spar-

oder Anlageprojekte bestritten werden. Was am Ende übrig bleibt, geht fair geteilt auf das jeweils eigene Konto der Ehepartner – und damit kann jeder machen, was er will.

Allerdings zeigen Studien, dass ein gemeinsames Bankkonto Beziehungen stärkt. Paare, die ihre Finanzen gemeinsam regeln, sind in ihrer Partnerschaft zufriedener und fühlen sich verbundener.[45]

Randnotiz: Dasselbe gilt für Paare, die einen gemeinsamen Nachnamen wählen und schon damit zum Ausdruck bringen, dass sie zusammengehören. Aber in diesem Punkt haben die meisten unserer Leserinnen und Leser wahrscheinlich ihre Entscheidung ohnehin längst getroffen.

In christlichen Ehen wird vermutlich genauso oft um Geld gestritten, was besonders schade ist. Denn wenn Menschen Jesus angehören, sollte für sie das Materielle deutlich weniger Gewicht haben. Ob Bürgergeld oder Traumgehalt: Immer gilt, dass unsere Einnahmen letztlich ein Mittel sind, mit dem Gott uns versorgt. Deshalb wollen wir an dieser Stelle drei „Finanz-Tipps“ an unsere christlichen Leser weitergeben:

- Geld bietet keine Sicherheit: Das Gefühl, mit dem eigenen Häuschen und einigen Tausend Euro Sparguthaben auf der sicheren Seite zu sein, ist trügerisch. Es können immer Dinge im Leben passieren, die diese „Sicherheit“ von heute auf morgen vernichten. Jesus erzählt deshalb das Gleichnis vom reichen Kornbauern.[46] Wer angemessene materielle Vorräte anlegt, handelt durchaus klug. Wer sich auf diese Vorräte verlässt, ist töricht.
- Finanzen gehören ins Gebet: Jesus verspricht, dass sich sein Vater um alle Lebensbelange der Glaubenden kümmert. Und Petrus ermahnt, dass wir alle Sorgen auf Gott werfen sollen, weil er für uns sorgt.[47] Damit lassen sich

wundervolle Erfahrungen machen, das haben wir selbst in der Ehe und Familie vielfach erlebt.

- Christen geben gerne: Wir ermutigen Paare, einen Teil ihrer Einnahmen zu spenden. Und zwar, wenn das Geld reinkommt, und nicht erst, wenn im günstigsten Fall am Monatsende noch etwas übrig bleibt. Die alttestamentliche Vorgabe des „Zehnten", also zehn Prozent vom Einkommen, ist ein nützlicher Richtwert. Zumal der Prophet Maleachi damit große Verheißungen verbindet: „Bringt aber die Zehnten in voller Höhe in mein Vorratshaus, auf dass in meinem Hause Speise sei, und prüft mich hiermit, spricht der HERR Zebaoth, ob ich euch dann nicht des Himmels Fenster auftun werde und Segen herabschütten die Fülle."[48] Wer spendet, wird also nicht ärmer, sondern reicher. Und Ehepaare schweißt es zusammen, wenn sie im Engagement für missionarische oder karitative Werke übereinkommen, etwas von ihrem Geld abzugeben. Damit kein Missverständnis aufkommt: Christen sind vom Gesetz befreit, der Zehnte ist kein „Muss". Andererseits gehört Teilen zum Auftrag Jesu – und da dürften es bei den vielen wohlständischen Christen in den Industrieländern durchaus auch mehr sein als zehn Prozent.

Ist es nicht bedauerlich, dass gerade der „schnöde Mammon" zum Dauerquälgeist vieler Paare wird? Mit einem neuen geistlichen Blick auf das Geld als Gabe Gottes stehen die Chancen deutlich besser, dass die Finanzen endlich von der Ehestreitliste verschwinden.

Warum man bei einem gewonnenen Streit verliert

Altgediente Paare sollten eigentlich wissen, wie man streitet. Sie hatten schließlich lange genug Zeit zum Üben. Dass du, liebe Leserin, lieber Leser, schon einige Auseinandersetzungen überlebt und durchgestanden hast, dazu können wir nur gratulieren. Vielleicht kannst du dich sogar an Konflikte erinnern, aus denen ihr gestärkt hervorgegangen seid. Dann habt ihr die Premiumklasse erreicht!

Viele Paare schaffen es allerdings auch nach Jahren nicht, sich über unterschiedliche Positionen konstruktiv auszutauschen. Erstaunlicherweise ändern sich die Muster nicht. Jedes Mal kommt es zur Eskalation, zu lauten Worten, zu Beleidigungen und manchmal sogar – was ein absolutes Tabu ist! – zu Handgreiflichkeiten. Der andere muss nur den richtigen Trigger auslösen, und schon sind wir auf 180.

Bei Jochen und Petra geht es im Streit häufig um die Frage, wer Recht hat. Die beiden befinden sich auf dem Weg zu einem See, den sie wandernd umrunden wollen. Während der Autofahrt erinnert sich Petra, dass sie auf dieser Route schon einmal in einem dicken Stau gelandet war, und bittet Jochen deshalb, die Ausweichstrecke zu wählen. Der antwortet: „Das ist der totale Umweg. Wenn da Stau wäre, hätten sie das doch im Verkehrsfunk gemeldet. Heute fahre ich, also entscheide ich auch, wo wir langfahren."

Petra schnaubt: „Du bist so ein Sturkopf! Ich sag's dir, da werden wir im Stau stehen, und dann können wir den schönen Ausflugstag gleich vergessen. Ich kann mir wirklich bessere Arten vorstellen, den Tag zu verbringen." Nach ein paar weiteren Wortwechseln wird Jochen laut und schnauzt Petra an: „Was für eine Schnapsidee, wir könnten einen Ausflug miteinander machen. Mit dir gibt es doch immer Stress. Am liebsten würde ich direkt umdrehen und wieder nach Hause fahren.“

Dass diese beiden noch einen guten Tag haben, kann man sich kaum vorstellen.

Bei anderen Paaren hat einer der beiden resigniert. Er oder sie geht jedem Streit aus dem Weg. Droht doch einmal eine Auseinandersetzung, wird schnell klein beigegeben. Manche halten das für christliche Demut. Wir halten es für einen Pflasterstein auf dem Weg zur Trennung. Denn fast niemand verkraftet es, ständig dominiert und in seinen Ansichten kleingehalten zu werden. Eine Zeit lang lässt man sich das gefallen, hält still, vielleicht um der Kinder willen. Aber irgendwann wird der Druck im Kessel zu hoch.

Genau das ist das Risiko nach ein paar Jahren. In einem Alter, wo man plötzlich noch Chancen außerhalb der eigenen Beziehung sieht, also etwa in der der Midlifekrise, verstärkt sich die Gefahr. Wenn sich der „demütige“ Partner dann plötzlich verabschiedet, fällt der andere aus allen Wolken. „Wir hatten doch so eine harmonische Beziehung.“ Wie es dem Ehe- oder Lebenspartner wirklich ging, hat er nie mitbekommen.

Standardregeln fürs Streiten

Nichtstreiten ist also keine Lösung. Mit Krawall streiten oder mit unfairen Mitteln gewinnen wollen, ebenfalls nicht. Bevor wir uns den speziellen Herausforderungen von Paaren in der Midlifekrise zuwenden, nennen wir ein paar Standardregeln, über die wir in unserem Buch „Das EMMA-Prinzip“ ausführlicher geschrieben haben.

Zunächst heißt es: Aussteigen aus dem Kampfmodus. Wenn man spürt, dass man seine Gefühle nicht mehr kontrollieren kann, ist es Zeit, Stopp zu sagen. Und zwar laut. Wir sollten deutlich machen, dass wir im Moment dieser Auseinandersetzung emotional nicht gewachsen sind und dass es zu hässlichen Szenen kommen könnte, wenn man jetzt weitermacht. Beide haben das Recht, Stopp zu sagen, und der andere sollte das schon um seiner selbst willen respektieren.

Damit ist der Konflikt natürlich nicht aus der Welt, sondern nur aufgeschoben. Und das ist okay, solange beide im Bewusstsein haben, dass sie zeitnah – am besten binnen 24 Stunden – ein vernünftiges Gespräch zu dem umstrittenen Thema führen wollen. Wichtige Sachen müssen auf den Tisch! Verdrängung führt nur dazu, dass das Ganze im ungünstigsten Moment doch wieder hochschwappt wie ein unter Wasser gehaltener Plastikball. Und dann wird die Szene vielleicht noch hässlicher, als sie es beim ersten Mal geworden wäre, als man sich fürs Stopp und fürs Verschieben entschieden hatte.

Streiten kann sich lohnen

Und es gibt ja Dinge, über die sich zu streiten lohnt und wo man unbedingt zu einem Agreement kommen sollte. Bei dem bereits behandelten Thema Geld etwa. Es kann nicht sein, dass einer von beiden ständig über die finanziellen Verhältnisse lebt und damit eine Ehe, eine Beziehung oder gar eine Familie wirtschaftlich zugrunde richtet. Auch Erziehung braucht Konsens. Wenn die Mutter streng ist und der Vater alles erlaubt, wissen die Kinder nicht, woran sie sind – und spielen die Eltern gegeneinander aus. Hier geht es also um die fundamentale Frage, was das Beste für Kinder ist, aber auch darum, wie wir Erziehungskonflikte vor den Kindern vermeiden.

Was sind eure Beispiele? Streitet ihr darum, in welchen Klamotten der Partner rumläuft? Kämpft ihr um die Fernbedienung? Um das Ziel des nächsten gemeinsamen Urlaubs (sie will ans Meer, er in die Berge)? Manche Themen sind einen Streit nicht wert, bei manchen lässt sich auch leicht ein Kompromiss finden (zum Beispiel ein Urlaubsziel, wo Meer und Berge dicht beieinanderliegen). Aber das ist nicht immer so.

Worauf kommt's nun an beim fairen Streiten?

1. Grundhaltung

Gehe in ein Gespräch mit der Einstellung, dass du wirklich eine für beide tragfähige Lösung finden willst. Erwäge sogar die für dich völlig irrsinnige Vorstellung, dass deine Partnerin oder dein Partner in der Sache recht haben könnte, auch wenn du das im Moment noch für ausgeschlossen hältst. Vermeide die Einstellung, dass du am Schluss gewinnen musst.

2. Zuhören

Genau zu erfassen, was die Position des anderen ist, gehört essenziell zum fairen Streiten dazu. Damit tun wir uns häufig am schwersten. Wir wollen unsere Position klarmachen. Unser Gegenüber soll endlich kapieren, warum wir zu einer Sache stehen, wie wir stehen. Da geht das Zuhören schon mal unter. Der Theologe Paul Tillich setzt dem entgegen: „Die erste Liebespflicht ist es zuzuhören.“[49]

Zuhören kann man üben. Wo es (noch) gar nicht klappt, helfen formelle Regeln. Etwa diese: Jeder darf seine Position erklären – und der andere darf dabei nicht unterbrechen. Danach fasst der andere das Gehörte noch einmal in eigenen Worten zusammen und fragt, ob er das so richtig verstanden hat. Dann ist Zeit für die Gegenrede. Manchmal lässt sich in diesem Verfahren schon die Schärfe aus dem Konflikt nehmen, weil man zum ersten Mal kapiert, worum es dem Partner wirklich geht.

3. Bei sich bleiben

Typische Formulierungen im Streit sind „Du machst immer …“, „Du tust nie …“ Das sind angriffige Sätze, die das Gegenüber sofort in die Position der Rechtfertigung drängen. Dabei kommt am Ende nichts heraus außer Frust. Verheißungsvoller ist es, bei sich zu bleiben: „Wenn du am Wochenende die meiste Zeit unterwegs bist, fühle ich mich einsam und alleingelassen. Es wirkt auf mich, als wäre dir unsere Zweisamkeit gar nicht wichtig.“ Oder: „Ich verstehe, dass du uns diesen großartigen Urlaub gönnen möchtest. Aber beim Blick auf unsere Bankauszüge bekomme ich immer Beklemmungen und sorge mich, wie wir den Herbst überleben sollen. Wir müssen uns doch auch noch nach einem neuen Auto umsehen. Deshalb hielte ich es für vernünftiger, wenn wir uns mit einem günstigeren Urlaub begnügen und dafür entspannter in den Rest des Jahres gehen.“ Bei solchen Aussagen kann der Partner nun seine Sicht der Dinge darstellen, und die Chancen verbessern sich, dass man übereinkommt.

4. Die Außenperspektive einnehmen

Das ist vielleicht der beste Lifehack von allen zum Thema Streiten. Der US-Psychologe Eli Finkel hat in einer Versuchsreihe nachgewiesen, dass sich das Niveau einer Paarbeziehung halten lässt, wenn wir ab und zu die Außenperspektive einnehmen.[50] Konkret lautet die Frage, die wir uns stellen sollten: Was würde ein außenstehender Beobachter zu unserem Streit sagen? Wie würde jemand, der keine Aktien in unserer Beziehung hat, die Qualität und die Standpunkte unseres Konflikts beurteilen?

Dazu die lustige Beobachtung, die wir in unserer eigenen Ehe gemacht haben. Kurz nach Veröffentlichung des „EMMA-Prinzips“, wo wir Finkels Empfehlung weitergeben, geriet Marcus in eine Situation, in der er Streitlust verspürte (was glücklicherweise nicht so häufig vorkommt). Tatsächlich wissen wir heute nicht einmal mehr, um welche Sache es ging. Doch damals merkte er, hier entsteht gerade etwas, was in einen ordentlichen Streit mit Susanne führen kann.

Dann erinnerte er sich an Finkels Frage: Wie würde ein außenstehender Beobachter diesen Konflikt einschätzen? Marcus kam zu dem für ihn zunächst ungünstigen Ergebnis: „Der Beobachter würde dir sagen, du hast nicht alle Tassen im Schrank, wegen so etwas einen Streit anzuzetteln." Marcus beugte sich dem Urteil des fiktiven Beobachters und ließ es. Als er bei einem Vortrag davon erzählte, war Susanne erstaunt – sie hatte von der aufkeimenden Auseinandersetzung nichts bemerkt.

Die besten Konflikte sind die, die gar nicht erst entstehen. Aber nicht die, die wir willentlich oder unwillentlich unter den Teppich gekehrt haben – denn die sind ja da, auch wenn wir sie aus dem Blickfeld schieben. Unser Beispiel illustriert allerdings, dass nicht jedes Thema es wert ist, in die Auseinandersetzung zu gehen.

„Wenn bei einem Streit einer der Sieger ist, hat der andere verloren – und dann haben beide verloren."

„Wenn bei einem Streit einer der Sieger ist, hat der andere verloren – und dann haben beide verloren."

Wie sieht das nun in Langzeitbeziehungen aus? Streiten altgediente Paare anders? Oder überhaupt noch? Vermutlich kannst du die Frage selbst beantworten. Und wenn ihr nie streitet, setzt euch bitte mit uns in Verbindung – wir möchten schon aus purem Eigennutz gerne euer Geheimnis erfahren.

Reifen mit den Jahren wenigstens auch die Themen, über die Paare streiten? Leider können wir nicht einmal das bestätigen. Auch nach langer Zeit schaffen es zwei so eng Verbundene, sich über Kleinkram zu zoffen. Dinge, über die ein

„außenstehender Beobachter“ (siehe oben) sagen würde: Seid ihr eigentlich komplett bescheuert, deshalb die Boxhandschuhe auszupacken? Muss der andere in diesem Punkt wirklich haargenau so ticken wie ich? Ihr wisst schon – der Streit, ob man mit einem ungewaschenen Auto zum Familienfest fahren kann, ob man das Essbesteck auf beiden Seiten des Tellers oder nur auf einer platziert und – der Klassiker – ob eine neue Klorolle mit dem losen Blatt nach vorne oder nach hinten einzuhängen ist.

Wir beide, Susanne und Marcus, haben etwa unterschiedliche Vorstellungen darüber, wie man eine Geschirrspülmaschine einräumt. Früher, als sich Marcus noch kaum mit Haushaltsdingen beschäftigt hatte, bemerkte er es gar nicht, in welch chaotischem Durcheinander seine Frau Tassen, Teller und Gläser platziert. Seit er selbst etwas mehr Hand anlegt, staunt er nur kopfschüttelnd, wie viel Platz man in einer Geschirrspülmaschine vergeuden kann – zumal Susanne in anderen Bereichen deutlich ordentlicher und aufgeräumter ist als er. Deshalb streiten? Marcus nimmt sich beim Anblick des Wirrwarrs einfach kurz die Zeit, um das Geschirr nach ökonomischen Kriterien in der Spülmaschine einzuordnen.

Klar kann man über solche Dinge reden und seine Präferenzen äußern. Aber streiten? Ernsthaft? Wir haben die Sorge, dass heftige Auseinandersetzungen zu banalen Fragen eher ein Symptom für tieferliegende Konflikte sind. Dann aber sollte man an die rangehen und die Bagatellen liegen lassen.

Die Länge der Liste mit Streitthemen geht gegen unendlich. Kannst du in der Küche nicht endlich mal Ordnung halten? – Du hast ernsthaft schon wieder teure Blumen gekauft? – Könntest du bitte aufhören, diese ekelhaften und ungesunden Chips in dich hineinzumampfen? – Würdest du dich heute mal etwas früher schminken, damit wir nicht wieder unpünktlich sind?

Es geht auch eine Nummer größer. Wie lange willst du noch das Streichen unseres Hausflurs hinausschieben? – Bei aller Liebe, wir können keine 1 000 Euro für Weihnachtsgeschenke ausgeben. – Du hast versprochen, die Steuererklärung zu erledigen, und jetzt kam vom Finanzamt schon die zweite Mahnung. – Es geht mir auf den Keks, dass du mehr Zeit in deiner Freikirche als mit mir verbringst.

Was steht auf eurer Liste?

Während die einen Paare über die Jahre milder miteinander umgehen (das sind die glücklicheren), entwickeln sich andere in die Gegenrichtung: Der Ton wird rauer, teilweise richtig derb. Bei denen wundern wir uns, wie sie den harschen Umgang miteinander aushalten. Doch wie sagte einer von Susannes paartherapeutischen Ausbildern einmal? „Jede Paarbeziehung braucht Intensität." Und wenn ein Paar sich keine Intensität durch Spaß und Zuneigung geben mag, dann wenigstens durch zünftiges Streiten – auch so kann man einander spüren.

Probier's mal mit Demut

Wenn beide mit heftigem Streiten kein Problem haben, kann man das eventuell so stehen lassen. Aber normal ist das nicht. Wer lässt sich schon gerne mit Schimpfwörtern und Beleidigungen überziehen? Eigentlich müsste solches Verhalten tabu sein. In einer Liebesbeziehung sollten sich beide Partner darauf fokussieren, den anderen aufzubauen, zu ermutigen – und nicht in seinem Selbstwertgefühl zu beschädigen.

In der Bibel gibt der Apostel Paulus den Mitgliedern der jungen christlichen Gemeinden folgenden Rat für ein harmonisches Miteinander: „In Demut achte einer den anderen höher als sich selbst."[51] Das ist ein vorzügliches Leitwort auch für die Ehe. Diese Grundhaltung meint nicht Unterwürfigkeit oder gar ein Ja zur Unterdrückung. Sie versetzt mich vielmehr in die Position, mein Gegenüber zu achten, auf seine Wünsche, Ansichten und Argumente zu hören und dann gemeinsam eine für beide Seiten gute Lösung zu finden.

Was löst die Empfehlung des Paulus bei dir aus? Fühlst du dich ertappt, dass du eigentlich immer der „Gewinner" sein willst? Hattest du nach Auseinandersetzungen schon mal den Eindruck (zumindest mit etwas zeitlichem Abstand), dass der andere gar nicht so falschlag und du es mit deinem Eifer für deine Sache etwas übertreibst? Dann könnte dir – wie uns allen – mehr Demut durchaus guttun.

Oder erlebst du so viele Demütigungen in der Beziehung, dass du das „Höherachten" des Partners nicht mehr ertragen kannst? In den alltäglichen Streitsituationen von Paaren geht es häufig letztlich um die Frage, wer Recht hat, wer besser ist, wer von beiden oben stehen darf auf dem Podest.

Dahinter stecken tiefe Defiziterfahrungen. Oft sind das Lebensthemen, die jemanden schon lange begleiten: „Ich fühle mich nicht gesehen in meinen Bedürfnissen. Ich werde nicht verstanden. Ich möchte gehört werden. Ich will mitbestimmen." Solche Defizitgefühle verschwinden nicht einfach, nur weil man einige Jahre zusammen ist. In manchen Beziehungen verstärken sie sich sogar, weil der andere – entweder aus mangelnder Sensibilität, im schlimmsten Fall mit voller Absicht – immer wieder und präzise in diese Kerbe hineinhaut.

Eine verblüffende Methode

Zum Ende dieses Abschnitts noch ein verblüffender Ansatz, wie ihr einen Streit zu Ende bringt – und auch noch gestärkt daraus hervorgeht. Gefunden haben wir ihn in dem Weltbestseller „12 Rules for Life“ des kanadischen Psychologieprofessors Jordan B. Peterson. Im Nachwort schildert er, wie seine Frau und er mit beziehungszerstörenden Meinungsverschiedenheiten umgehen (frei übersetzt):

„Wir kamen überein, ... uns für einen kurzen Moment zu trennen: Sie geht in ein Zimmer, ich in ein anderes. ... Allein und versuchend, uns zu beruhigen, stellen wir uns selbst diese eine Frage: Was hat jeder von uns selbst zu der Situation beigetragen, in der wir uns nun streiten? Egal wie klein, egal wie entlegen ... jeder von uns hat sich irgendwo geirrt. Danach kommen wir wieder zusammen und teilen uns die Ergebnisse der Selbstbefragung mit: „An diesem Punkt hatte ich unrecht ...“

Das Problem damit, sich selbst so eine Frage zu stellen, ist: Du musst wirklich eine Antwort wollen. Und dabei wiederum ist das Problem: Du wirst die Antwort nicht mögen ... Du musst entscheiden, ob du Recht haben oder Frieden haben möchtest. Du musst entscheiden, ob du auf der absoluten Korrektheit deines Standpunkts beharrst – oder ob du zuhörst und verhandelst. Frieden bekommst du nicht durch Rechthaben.“ [52]

Wir behaupten nicht, dass an jedem Streit immer beide schuld sind. Die Lebenserfahrung zeigt allerdings, dass fast immer zu jedem Streit beide etwas beigetragen haben. Vielleicht sprechen wir zwar zu Recht ein Problem an, aber auf eine extrem unsensible Weise.

Ein Beispiel: Dein Partner hat gerade einen Riesenärger mit seinem Chef, und du wirfst ihm am Abend vor, dass er viel zu selten seine Eltern anruft und mit dem Vater schon über einen Monat nicht mehr gesprochen hat. Auch wenn es stimmt, hättest du das ermutigend und nicht kritisierend einbringen können. Wenn dir das in der Stille bewusst wird, kannst du um Entschuldigung bitten und es das nächste Mal besser machen.

Guten Rat holen – beim Partner!

Übrigens gibt es noch eine interessante Methode, das Streitpotenzial zu verringern. Sie lautet: Den anderen um Rat fragen. Allein die Tatsache, dass ich die Meinung oder Einschätzung meines Partners hören möchte, vertieft die Bindung. Verkäufer nutzen das als Masche, indem sie Umfragen verschicken oder potenzielle Kunden um Hilfe bei der Entwicklung eines Produkts bitten. Jemand anderem einen Rat zu geben, versetzt eine Person in einen Zustand der „Verschmelzung“ mit dem anderen – ein erstaunliches psychologisches Phänomen[53], das von Benjamin Franklin aber mit einem Augenzwinkern ganz gut erklärt wird: „Wir alle bewundern die Weisheit derer, die uns um Rat gefragt haben.“

Natürlich muss das in einer Partnerschaft ernst gemeint sein und darf nicht als plumper Trick angewendet werden. Wenn ich mit dem Hintergedanken nach Rat frage, dass ich es ohnehin schon besser weiß und meine Entscheidung in einer Sache feststeht, wird das Ganze eher Schaden anrichten. Tatsächlich kann aber die gemeinsame Beratung helfen, einen Streit zu verhindern. Wir erfahren, wie der andere tickt, können seine Argumente berücksichtigen und in einem guten Gespräch auch unseren Standpunkt klarmachen – egal ob es um die Anschaffung eines neuen TV-Geräts, das Herausreißen einer Hecke im Garten oder die Übernahme eines Ehrenamts geht.

Hilfe, mein Partner hat sich verändert!

Einer der meistgelesenen Blogartikel auf unserer Internetseite (www.geliebtes-leben.de) befasst sich unter der Überschrift „Hilfe, mein Partner hat sich verändert!" mit der Frage, wie wir damit umgehen, wenn uns der Mensch an unserer Seite fremd geworden ist. Das ist genau die Frage, die sich Menschen nach vielen gemeinsamen Jahren stellen: Was soll ich tun, wenn mein Partner „anders" geworden ist? Sie googlen danach – und landen auf unserem Blog.

„Wenn wir heiraten, übernehmen wir ein versiegeltes Schreiben, dessen Inhalt wir erst erfahren, wenn wir auf hoher See sind." (Schottisches Sprichwort). Diesen Satz würde wohl keiner am Traualtar unterschreiben. Doch es steckt viel Wahrheit drin. Wir entscheiden uns zu einem bestimmten Zeitpunkt für einen bestimmten Partner, oder vielleicht noch genauer: für ein bestimmtes Bild, das wir von unserem Partner haben. Und dann kommen einige „Stunden der Wahrheit", mit denen man nicht gerechnet hat.

Reden wir jetzt nicht über die kleinen Veränderungen. Nicht darüber, wie sich manche Marotten erst im Laufe der Zeit offenbaren oder wie der Stress des Alltags auch weniger schöne Seiten des Temperaments zum Vorschein bringt. Reden wir über schwerwiegende Themen, die einen zu dem Gedanken bringen: „Das ist nicht mehr der Mensch, den ich geheiratet habe."

Für auffällige Verhaltensänderungen kann es sehr viele Gründe geben: Krankheiten, die sich auch auf die Sexualität auswirken, seelische Störungen, traumatische Erlebnisse, Sucht, Arbeitslosigkeit, exzessiver Pornokonsum, der Auszug des jüngsten Kindes (Empty-Nest-Syndrom)und vieles mehr. Manchmal radikalisiert sich ein Partner, glaubt plötzlich an Verschwörungstheorien, wird in seinen religiösen

Überzeugungen auf eine ungesunde Weise extrem oder wittert hinter jedem Zeitungsbericht den Einfluss finsterer Mächte.

Die Folgen: Dieser Partner oder die Partnerin kümmert sich nicht mehr um die Beziehung, zeigt sogar offen Gleichgültigkeit, vernachlässigt vielleicht auch Kernbereiche des Zusammenlebens (Kinder, Mitarbeit im Haushalt, Finanzen, persönliche Zuwendung, Sex).

Plötzlich steht man selbst vor der Frage: Will ich mit diesem Menschen wirklich so weitermachen? Den Rest meines Lebens mit ihm teilen? So wie der gerade drauf ist? Die Frage ist total verständlich. Wir können sie für niemanden beantworten. Wir warnen nur erneut davor, zu schnell zu handeln. Denn einerseits sind gewisse Verhaltensänderungen völlig normal, andererseits kann es sich bei der Veränderung auch nur um eine Phase handeln.

Nehmen wir die Midlifekrise des Mannes. Sie tritt häufig zwischen 40 und 50 auf. Der Mann steht nach vielen Ehe- und Familienjahren plötzlich vor dem Gedanken: „War's das schon? Habe ich nicht Wesentliches in meinem Leben verpasst?" Und dann macht er einen auf jugendlich, interessiert sich für Sportlederjacken, flotte Autos und im schlimmsten Fall auch noch für eine jüngere Freundin.

So hart das klingt: Diese Krise tritt so häufig auf, dass wir sie als normal bezeichnen müssen. Damit soll nicht jede Handlung gerechtfertigt werden (insbesondere nicht die jüngere Freundin). Aber es soll deutlich machen, dass bestimmte Muster in vielen Leben auftauchen. Die gute Botschaft hier ist: Diese Phase geht fast immer auch vorbei. Irgendwann akzeptieren die meisten Männer, dass sie sich auf diese Weise nicht die ewige Jugend sichern können – und sie verstehen auch wieder, was sie an ihrem seitherigen Leben in stabiler Ehe und Familie haben.

Im Übrigen kann die Veränderung des Partners auch einen ganz anderen, verblüffenden Grund haben: Nicht er hat sich geändert, sondern ich. Da kommt mir als Mann meine Frau plötzlich langweilig, uninteressiert, sexuell unattraktiv vor. Und am Ende liegt es daran, dass ich sie mit anderen Frauen vergleiche – die jung sind, die nie ein Kind geboren haben, die noch nicht das leisten mussten, was die Ehefrau leistet. Oder ich messe meine Frau an Models (oder Pornodarstellerinnen), die meine Lust ankurbeln, aber im Gegensatz zu meiner Frau keinen Beitrag zu einem für mich guten Leben erbracht haben.

Du siehst: Dein Ehepartner hat sich nur scheinbar verändert, aber das dahinterliegende Muster ist nicht immer auf den ersten Blick zu verstehen.

Wie lässt sich das Problem lösen? Immerhin seid ihr schon viele Jahre zusammen, habt vielleicht gemeinsame Kinder und habt auch schon richtig gute Zeiten miteinander gehabt. Alles aufgeben? Das kann wirklich nur der allerletzte Schritt sein.

Zuerst ein paar Gedanken dazu, was nicht funktioniert:

1. Schweigen: Wenn dich die Verhaltensänderung deines Partners sehr stört, musst du es auf den Tisch bringen.
2. Ignorieren: Es kann zwar sein, dass es sich nur um eine Phase handelt, die vorübergeht (siehe oben), aber verlassen kannst du dich darauf nicht. Wenn es für dich ein gravierendes Problem darstellt, bleibe nicht bei der Tagesordnung, sondern ändere sie.
3. „Erziehen“: Der Ansatz „Der andere muss sich unbedingt (wieder) ändern“ ist grundfalsch. Jeder hat ein Recht auf seine eigene, individuelle Entwicklung. Die Vorstellung „Den erziehe ich mir“ (die manche schon bei der Hochzeit haben) haut nicht hin. Der Paartherapeut Arnold

Retzer warnt sogar in der Süddeutschen Zeitung: „Je mehr man versucht, den Partner zu ändern, desto weniger verändert der sich."[54]

4. Seitensprung: Wenn dir dein Partner nicht gibt, was du brauchst, ist es höchst schädlich, sich das bei einem anderen zu holen. Fremdgehen birgt das höchste Trennungsrisiko überhaupt.

Und nun zur Frage, was funktionieren kann:

1. Im Gespräch bleiben: Das scheint uns das Wichtigste. Du solltest deinen Partner erst einmal verstehen – auch in seinen Veränderungen. Noch hilfreicher ist es, diese Art der Kommunikation über ein ganzes Eheleben lebendig zu halten. In der Krise wird sie allerdings doppelt notwendig. Vielleicht kannst du durchs Gespräch die Probleme deines Partners erkennen und – möglicherweise sogar mühelos – gegensteuern. Vielleicht verstehst du dadurch, dass seine Veränderung gar nicht gegen dich gerichtet ist, sondern ganz andere Ursachen hat.
2. Die Gefühle füreinander am Brennen halten: Das ist eine Daueraufgabe! In der Langzeitehe ist es keine Selbstverständlichkeit, dass wir das Auseinanderleben bekämpfen. Dabei gibt es so viele Möglichkeiten, das Feuer der Liebe zu schüren – auch nach Jahrzehnten. Die brennende Liebe verhindert, dass sich Änderungen im Verhalten so weit ausdehnen, dass sie die Beziehung zerstören. Wir werden dazu in weiteren Kapiteln noch nützliche Anregungen geben.
3. Grenzen setzen und Freiheit geben: Wer schwer unter der Veränderung seines Partners leidet, sollte seine eigenen Grenzen verteidigen: Niemand muss sich missbrauchen lassen. Spätestens wenn Gewalt oder eine andere Form der Erniedrigung ins Spiel kommt, sollte klar

kommuniziert werden: „Das mache ich nicht mit!“ Häufig braucht derjenige, dessen Grenzen ignoriert wurden, Hilfe von außen, um den richtigen Weg zu seinem Selbstschutz zu finden. Eine Verhaltensänderung kann andererseits auch eine Anfrage an meine Toleranz sein. Darf mein Partner in einem gewissen Rahmen eigene Wege gehen? Gestehe ich meiner Frau beispielsweise zu, dass sie auch mal ein Wochenende mit ihren Freundinnen unterwegs ist? Wer seinen Partner zu stark festhält, kann ihn verlieren. Nähe und Distanz müssen – siehe oben – flexibel austariert werden.

4. Paartherapie: Es ist keine Schande, sich professionelle Hilfe zu holen. Wir tun das in so vielen Lebensbereichen, aber bei Partnerschaftskrisen betrachten wir es erstaunlicherweise als persönliche Niederlage. Warum eigentlich? Paartherapie hat schon zahllosen Ehen geholfen. Wenn ihr eure Beziehung nicht aufgeben wollt, solltet ihr dem eine Chance geben.

Veränderung ist – in einem gewissen Rahmen – normal. Er oder sie hat sogar das Recht dazu, so wie auch du dich verändern darfst. Veränderung bedeutet: Ihr lebt! Wenn du dabei Seiten an deinem Partner entdeckst, die dich enttäuschen, dann hat selbst das eine gute Seite. Du lernst mehr darüber, wie er wirklich ist und was in ihm steckt, was du möglicherweise bislang ignoriert hast. Das in dem schottischen Sprichwort beschriebene „Siegel“ ist aufgebrochen.

Wie gesagt, das bedeutet nicht, dass du alle Veränderungen einfach so hinnehmen musst. Wenn du sehr darunter leidest, musst du unbedingt mit deinem Partner darüber sprechen. Du musst dich erklären, dein Partner muss sich erklären. Erst dadurch erfährst du, wie ihr gut miteinander weiterleben könnt.

Gib in dieser Situation nicht auf! Wir kennen so viele Langzeitpaare, die wegen Verhaltensänderungen an den Rand ihrer Beziehung kamen. Sie bissen sich durch und haben heute eine bessere Ehe denn je. Insofern kann die Krise die Durchgangsstation vom sechsten in den siebten Himmel sein.

Der Gesundheit auf die Sprünge helfen

Wir hatten es im Eingangskapitel bereits angeschnitten: Verheiratete sind laut allen Studien, die wir kennen, statistisch gesünder als Unverheiratete. Insbesondere Männer profitieren von der lebenslangen Gemeinschaft. Dafür gibt es gleich mehrere Faktoren.

Da sich Frauen in der Regel gesünder ernähren und sie auch häufiger für den Speiseplan zuständig sind, kommen die Ehemänner in den Genuss von mehr Vitaminen und weniger Junkfood. Für unsere Ehe gilt das in jedem Fall. Marcus lernte erst mit den Jahren, wie genussvoll ein guter Salat sein kann. Vor der Ehe hat er das Grünzeug allenfalls aus Höflichkeit verdrückt.

Zudem üben Paare in einem guten Sinn eine Art Kontrolle über das Verhalten des Partners aus. Deshalb sind Alkoholexzesse und andere Suchtkrankheiten in Ehen seltener als in anderen Lebensformen. Klar, es gibt sie auch bei Verheirateten, aber statistisch eben weniger. Bei Krankheiten sind Verheiratete emotional sicherer durch den Partner, der ihnen zur Seite steht. Und bei beunruhigenden Symptomen ist es nicht selten der Partner, der einen in die Arztpraxis schickt oder gleich einen Termin ausmacht, während der andere das Ganze am liebsten ausgesessen hätte.

Und noch ein Faktor: Ehepaare schaffen es laut Statistik zu

mehr Wohlstand als Unverheiratete. Eine gewisse materielle Absicherung ist ebenfalls ein Gesundheitsfaktor. Arme Menschen sind häufiger von Krankheiten betroffen als Menschen mit ausreichenden Gütern (wir sprechen nicht von Reichtum).

Das heißt also: Mit einem Ehering am Finger hat man ohnehin schon bessere Voraussetzungen, gesund und munter ins Rentenalter zu gelangen.

Wenn die Krankenkassen diesen Zusammenhang endlich ernst nähmen, würden sie Ehekurse in ihren Leistungskatalog aufnehmen. Das könnte ihnen eine Menge Geld sparen. Aber so weit sind wir offensichtlich noch nicht.

Der Lebensstil bleibt natürlich ein entscheidender Schlüssel zu nachhaltiger Gesundheit. Zwei Faktoren sind zentral: Ernährung und Bewegung. Auch hier bietet die Ehe einen fantastischen Rahmen, um das Leben zu verbessern.

Ernährung ist nicht alles

Die Grundlagen für eine gesunde Ernährung dürften allseits bekannt sein. Viel Obst und Gemüse, wenig Fett und Salz, wenig oder keinen Alkohol. Manche nehmen dann noch das eine oder andere „Superfood" dazu – eine exotische Pflanze wie die Acai-Beere, ein wirkungsvolles Heilkraut wie Artemisia –, und auch das dürfte helfen. Gleichzeitig warnen wir davor, die Hoffnung allein auf die Nahrungsmittel zu setzen oder in permanenter Angst vor „Vergiftung" zu leben. Man sollte das Thema entspannt angehen. Für die Gesundheit ist emotionale Stabilität und soziale Eingebundenheit noch entscheidender. Forscher haben ausgerechnet, dass beispielsweise Einsamkeit für die Gesundheit eines Menschen so gefährlich ist wie das Rauchen von 15 Zigaretten am Tag.

Damit wird das, was Ernährung leisten kann, vielleicht etwas eingeordnet.

Spannender ist außerdem das Thema Bewegung. Denn die fällt mit dem Älterwerden vielen schwerer. Der jugendliche Drang zum Joggen ist verflogen, der Alltag verlangt immer weniger körperliche Betätigung. Hier kann es für Paare sehr sinnvoll sein, sich neue Ziele zu setzen.

Eine einfache Methode, die wir Autoren praktizieren: Wir ermuntern einander zu einem Feierabendspaziergang. Am frühen Abend (meistens gegen 18 Uhr) gehen wir miteinander eine Runde von rund 45 Minuten. Das hat nicht nur den Vorteil, die Muskeln zu betätigen, sondern gibt uns auch Zeit zum Gespräch darüber, was uns an diesem Tag bewegt. Win-win, sozusagen.

Nun haben wir es in diesem Punkt auch leichter, weil wir in einer wunderschönen Gegend auf der Schwäbischen Alb wohnen. Das sieht in einer Hochhauswohnung in Berlin-Hellersdorf anders aus. Dennoch: Falls eine Spazierstrecke vor der Haustüre oder in wenigen Minuten mit Auto oder S-Bahn erreichbar ist, sollte man diese Bewegungsvariante prüfen.

Mögt ihr gemeinsamen Sport? Tennis zum Beispiel? Auch das ist eine Variante, die sich sommers wie winters (in der Halle) praktizieren lässt. Wandertouren eignen sich ebenfalls, lassen sich allerdings unter der Woche kaum unterbringen und bleiben deshalb den Wochenenden vorbehalten.

Tanzkurs gefällig?

Eine für Ehepaare besonders wertvolle Mobilisierung ist das gemeinsame Tanzen. Hier erlebst du Anstrengung, körperliche Nähe und das Einschwingen in ein harmonisches Miteinander. Das haben wir selbst erlebt, aber auch bei vielen

Paaren beobachtet – sogar bei solchen, die dem Tanz zunächst sehr skeptisch gegenüberstanden. Die gemeinsame Bewegung im Takt kann einen wundervollen Beitrag zum gesunden Älterwerden leisten.

Selbstverständlich lässt sich auch in den eigenen vier Wänden einiges tun, um die Muskeln zu mobilisieren. YouTube steckt voller Trainingsvideos für Gymnastik, Theraband oder Zimmertrampolin. Gerade das kleine Trampolin ist ein erstklassiges Instrument, weil es bei den verschiedenen Hüpfvarianten unglaublich viele Bereiche des Körpers in Spannung bringt. Wir empfehlen hier die Anschaffung eines wertigen Modells mit Gummizug-Aufhängung (nicht mit Metallfedern), weil dadurch die Bewegungsabläufe geschmeidiger werden. Disclaimer: Frauen mit Beckenbodenschwäche sollten die Nutzung dieses wundervollen Geräts vorab mit der Gynäkologin abklären.

Beten und meditieren

Unterschätzen sollte man nicht das geistige und geistliche „Training". Damit meinen wir das, was unter dem weitreichenden Begriff „Meditation" zusammengefasst wird. Für den einen können das Atemübungen sein. Für die andere ein paar Minuten der Dankbarkeit, die darauf fokussieren, was alles gut im eigenen Leben ist. Für uns bedeutet es, täglich einen Abschnitt in der Bibel zu lesen – meistens allein, einmal in der Woche gemeinsam als Ehepaar –, um über unser eigenes Leben zu reflektieren und dann unseren Dank und unsere Sorgen im Gebet zu Gott zu bringen. Meditation hat einen messbaren gesundheitlichen Effekt! Wenn ihr das noch nicht in eurer Tagesroutine habt, nehmt es unbedingt auf.

Zur Prophylaxe kann es zudem sinnvoll sein, regelmäßig die angebotenen Vorsorgeuntersuchungen in Anspruch zu nehmen. Wir sind keine Mediziner, deshalb lehnen wir uns hier nicht aus dem Fenster. Manche Angebote sind umstritten, etwa das häufige Mammografie- oder Prostata-Screening. Dazu muss sich jeder eine eigene Meinung bilden. Spätestens aber, wenn man Abweichungen von der Gesundheitsnorm feststellt, ist ein Arztbesuch dringend zu empfehlen. Auch das regelmäßige Abchecken des Blutdrucks zu Hause kann Hinweise geben.

Gesundheitsfaktor Sex

Ach ja, Sex darf nicht ungenannt bleiben. Der gesundheitliche Nutzen des Miteinanderschlafens ist vielfach belegt. Sex stärkt das Herz und führt zur Ausschüttung von Hormonen, die uns glücklicher machen, besser schlafen lassen und die Bindung stärken. Hier gibt es einen Kreislauf: Wer sich fit fühlt, hat mehr Lust auf Sex und wird noch fitter. Wer die Fitness herunterkommen lässt, verringert seine Libido und verliert auch an sexueller Aktivität – und damit einen der angenehmsten Gesundheitsfaktoren. Wie der Sex nach vielen gemeinsamen Jahren prickelnd bleibt, habt ihr bereits im vorigen Kapitel gelesen.

Mini-Booster mit Maxi-Wirkung

Wem das oben Beschriebene bereits zu ausführlich war und wer lieber die ultimativen schnellen Lifehacks für seine Paarbeziehung sucht, dem stellen wir sie hier zusammen.

- Danke sagen

Die Wirkung des häufigen Dankesagens haben wir erklärt. Die Konsequenz: Sagt einander so oft wie möglich Danke. Auch für die kleinen Dinge, ja selbst für Banales. „Danke, dass du den Installateur wegen der Heizung angerufen hast." „Danke, dass du für mich den Topf von der Herdplatte genommen hast." „Danke, dass du noch schnell für uns eingekauft hast."

Vielleicht kommst du dir am Anfang dabei komisch vor. Macht nichts. Danken verändert die Atmosphäre in einer Beziehung so schnell und effektiv wie kein anderer Booster. Dein Partner fühlt sich gesehen, wertgeschätzt und geliebt.

- Der 60-Sekunden-Rückblick

Der Paartherapeut David Wilchfort empfiehlt, täglich eine Minute lang auf die zurückliegenden 24 Stunden zu schauen mit der Frage: Was war heute ein schöner Moment in unserer Beziehung? Worüber habe ich mich an meinem Partner gefreut?[55] Der Effekt: Man nimmt die schönen Seiten der Partnerschaft bewusster wahr. Oft werden einem sogar mehr als ein positiver Moment einfallen. Unsere Grundhaltung verschiebt sich wieder auf die gute Seite des Miteinanders.

- Berührungen

Suche jeden Tag Augenblicke der körperlichen Nähe: der Begrüßungs- und der Abschiedskuss, eine kleine Umarmung bei der Begegnung in der Küche, das Kraulen des Nackens beim gemeinsamen Fernsehen. Körperliche Berührungen schaffen Nähe, schütten Bindungshormone aus und tun uns einfach gut. Sie verstärken das Gefühl von Sicherheit und Geborgenheit, was für eine glückliche Beziehung enorm wichtig ist.

- Den Blick von außen einnehmen

Konflikte sind unvermeidbar. Von geradezu unfassbarem Nutzen ist es, nach einer Auseinandersetzung den Vorgang noch einmal zu analysieren – und zwar aus der Sicht eines Außenstehenden. Wie würde ein unbeteiligter Dritter die Auseinandersetzung beschreiben, wo würde er dir und wo deinem Partner recht geben? Eli J. Finkel hat das mit Paaren ausprobiert und behauptet: Wer das dreimal im Jahr sieben Minuten lang übt, kann damit seine Ehe auf bestem Niveau halten. 21 Minuten im Jahr!

- Das EMMA-Prinzip anwenden

EMMA heißt (wie wir schon erklärt haben): Einer muss mal anfangen. Das lässt sich in nahezu jeder Situation anbringen. Wenn ihr ein Problem habt, lautet die Frage an dich: Welchen Schritt kannst du gehen, welchen Beitrag leisten, um dieses Problem zu entschärfen? Aber selbst wenn es euch derzeit super geht, wirkt EMMA: Was kannst du heute dafür tun, dass es morgen auch noch gut ist? Was lässt sich vorausschauend bewerkstelligen, um mögliche Gefahren für die Paarbeziehung zu beseitigen?

Welchen Schritt kannst du gehen, welchen Beitrag leisten, um dieses Problem zu entschärfen?

Keine Angst, dass bei Anwendung des EMMA-Prinzips das Gelingen der Beziehung nur noch auf deinen Schultern ruht. Deine Partnerin, dein Partner wird es wahrnehmen, wie du dich für die Beziehung einsetzt. Das bringt fast immer eine Dynamik in Gang, die auch den anderen zu mehr Engagement für das Miteinander bewegt. Ein echter Liebesbooster!

Fürs Gespräch

1. Fünf Life-Hacks habt ihr in diesem Kapitel kennen gelernt: Verantwortung teilen – fairer Umgang mit Finanzen – eine gute Streitkultur pflegen – der liebende Blick auf Veränderungen – Körperlich und seelisch fit bleiben.

Gebt zunächst jeder für sich zu jedem Lifehack ein Voting ab: Von eins (sehr gut) bis sechs (schlecht): Wie gut sind wir in den einzelnen Bereichen?

Anschließend sucht euch den Lifehack, der am schlechtesten abgeschnitten hat, und beratet darüber, was jeder von euch beitragen kann, damit es bei euch in diesem Bereich aufwärtsgeht.

2. Unterhaltet euch über folgende Fragen:

- Wie zufrieden bist du mit der Aufgabenverteilung in unserem Haushalt? Was sollten wir deiner Meinung nach ändern?
- Was könnten wir beide tun, um unsere körperliche Fitness zu stärken? Welchen Sport könnten wir gemeinsam machen?
- Welche positiven Veränderungen nimmst du an mir wahr, seit wir uns kennengelernt haben?
- Siehst du auch Veränderungen, die dir nicht gefallen oder die dir Sorge machen?

Praktische Übung

1. Macht die „Rosine des Tages"-Übung und notiert abends kurz in ein Heft, was an diesem Tag schön war an eurem Miteinander.

Am Wochenende könnt ihr euch dann eure Rosinensammlung gegenseitig vorlesen.

2. Für eure Budget-Planung:

Notiert einen Monat lang alle wesentlichen Ausgaben, am besten gleich getrennt nach Rubriken: Lebensmittel, laufende Kosten, Freizeit, Geschenke, Persönliches (getrennt nach er und sie), ...

Verschafft euch so den Überblick, wo euer Geld hinfließt.

Entscheidet dann gemeinsam, welches Budget ihr wofür in Zukunft veranschlagen wollt.

3. Plant eine gemeinsame Vertiefungszeit für eure seelische Fitness: eine Retreat, ein Seminar, das ihr gemeinsam besucht, ein Wochenende in einem Kloster, eine Online-Vortragsreihe, ein geistliches Buch, das ihr gemeinsam lesen und durcharbeiten werdet ...

BOOSTER 7:

Die Zukunft zimmern

Was geht in diesem Kapitel? Du erfährst

- wie beglückend es ist, eine gemeinsame Vision zu entwickeln
- worauf es bei der Altersvorsorge für Paare ankommt
- wie ihr die Beziehung und den Glauben vertieft
- warum ein intaktes soziales Netz auch für Langzeitpaare wichtig ist

Unsere Gesellschaft lebt in einem seltsamen Spagat: Alle wollen alt werden, aber niemand will alt sein. In der Werbung tauchen Seniorinnen und Senioren in der Regel nur auf, wenn es um Arthrose oder Pillen gegen Demenz geht. Ansonsten herrscht nach wie vor das Jugendideal. Das hat Auswirkungen auf uns selbst. Wir tun uns schwer mit nachlassender Kraft, zunehmenden Falten und dem, was man die Zipperlein des Alters nennt. Wir werden uns unserer Endlichkeit bewusst. Ja, eines Tages werden wir sterben. Aber wer mag daran schon jeden Tag beim Blick in den Spiegel erinnert werden?

Das Älterwerden wirkt sich selbstverständlich auch auf die Paarbeziehung aus. Die Partnerin, der Partner verändert sich als Folge des Alterungsprozesses. Brüste und Hintern verlieren an Festigkeit, Krähenfüße und Augenringe schleichen sich ins Gesicht. Auch robuste Menschen sehen sich hier und da mit Krankheiten konfrontiert, gegen die sie sich immun glaubten.

In diesem Kapitel sprechen wir die unbequemen Dinge an, mit denen sich ein Paar im Blick auf die Zukunft befassen sollte. Deshalb sind wir überzeugt, dass sich auch Paare in der Midlifekrise oder kurz danach schon fragen sollten, wie sie sich ihre Zukunft wünschen. Das empfiehlt nicht nur der Bankberater, sondern auch der Arzt – und die Pfarrerin oder der Pfarrer.

> **„Werde alt mit mir. Das Beste steht uns noch bevor.“ Robert Browning, englischer Dichter**

Doch das Thema Zukunft umfasst nicht nur Krisenvorsorge und Notfallpläne. Genauso wichtig sind gemeinsame Ziele, ist die gemeinsame Vision. So vieles lässt sich bedenken, vorbereiten, anstreben, um als Paar im Blick auf die kommenden Jahre verbunden zu bleiben. Das kann ein durchaus beglückender Prozess sein, gemeinsam auf den Horizont zu schauen und sich vielleicht sogar Gedanken dazu zu machen, wie man den Raum hinter dem Horizont – eine Zeit also, die jetzt noch völlig verborgen liegt – gestalten möchte.

Eine gemeinsame Vision entwickeln

Eigentlich ist es eine Aufgabe für ein Paar jeden Alters, nach vorne zu schauen und gemeinsam zu überlegen, was man im Leben miteinander erreichen möchte. Bei den jungen Paaren liegen die Herausforderungen eher auf der Hand: Berufsabschluss, Karriere, vielleicht bald ein erstes Kind. Und schnell gerät man in die völlig normale Tretmühle eines stressigen Alltags, der den Blick in die weite Zukunft einengt. In diesem Abschnitt wenden wir uns deshalb der Frage zu, wie Langzeitpaare konkret eine gemeinsame Vision entwickeln können, die sie begeistert und in ihrer Gemeinschaft und ihrem Zusammenwirken stärkt.

Vom alten Seneca ist das Zitat überliefert: „Wer den Hafen nicht kennt, in den er segeln will, für den ist kein Wind der richtige." Will heißen: Ohne klare Ziele vor Augen können wir die Kräfte, die um uns wirken, gar nicht in die richtigen Bahnen lenken. Ein anschauliches Beispiel ist der Immobilienerwerb. Wenn sich zwei darauf geeinigt haben, eine Wohnung zu kaufen oder ein eigenes Haus zu bauen, hat das gravierende finanzielle Auswirkungen. Eingenommenes Geld wird nicht mehr beliebig ausgegeben, ein Großteil muss für die Investition zurückgelegt oder für einen Kredit zurückbezahlt werden. Das ist auch kein Problem, wenn man gemeinsam von den Vorteilen des Besitzes von Wohnraum (und im günstigeren Fall auch noch etwas Garten) überzeugt ist.

Paare in der Midlifekrise zeichnet allerdings gerade das aus: Sie haben einige frühe Ziele schon erreicht, ein paar weitere wie das Abbezahlen von Schulden scheinen unveränderbar – was hat die Beziehung jetzt noch zu bieten? Gibt es da draußen denn überhaupt noch „Häfen", die sie gemeinsam ansteuern wollen?

Dabei gilt für den Einzelnen wie für ein Paar: Das Annehmen und Meistern von Herausforderungen ist einer der wichtigsten Glücksfaktoren überhaupt. Ein Ziel anzustreben und es zu erreichen, hebt das emotionale Level, macht zufrieden und stolz und spornt an, noch mehr aus seinem Leben zu machen. Ohne vernünftige (manchmal sogar unvernünftige) Ziele wird alles grau. Man lebt in dem Gefühl, dass jede weitere Anstrengung eigentlich egal ist, es macht ja ohnehin alles keinen großen Unterschied.

Manche großen Ziele ergeben sich nahezu von selbst. Ein Kind großziehen, zum Beispiel. Das ist eine Herkulesaufgabe, die für knapp zwei Jahrzehnte erhebliche Ressourcen beansprucht und mit dem Eintritt des Nachwuchses in die Volljährigkeit noch nicht zu Ende geht. Ein Ziel mit meistens beglückendem Ergebnis, wenn man dann sieht, wie die jungen Menschen ihren eigenen Weg finden und die Verbundenheit bleibt. Ausnahmen bestätigen die Regel.

Andere Ziele müssen erst gesucht werden. Genau darin liegt ein verheißungsvoller Prozess. Eine gemeinsame Vision verhindert, dass die Zeit nur so dahinplätschert, ein Jahr wie das vorherige vergeht – ohne großen Grund zu feiern und ohne Anlass, stolz zurückzublicken.

Marcus hat vor Jahren mit zwei Freunden aus der Coaching- und Beraterszene ein sehr erfolgreiches Buch geschrieben: „Dem Leben Richtung geben“ (Campus-Verlag). Untertitel: „In drei Schritten zu einer selbstbestimmten Zukunft“. Dass es ein Bestseller wurde, hätte niemand vorhersagen können. Aber es legt den Finger präzise in die Wunde unserer Zeit – in das Gefühl, nicht zu leben, sondern gelebt zu werden. In den Gemütszustand, dass alle anderen die Richtung meines Lebens bestimmen und ich selbst dabei nichts mehr zu melden habe.

Deshalb der Appell an euch als Paar: Holt euch euer Leben zurück! Weint nicht im Rückblick, wo denn die ganze

Zeit geblieben ist. Sondern errichtet Meilensteine, die ihr erreicht habt und die euch mit Stolz und Glücksgefühlen erfüllen. Setzt den Zufall als König eures Lebens ab und ersetzt ihn mit einer gemeinsamen Vision, die ihr Hand in Hand verwirklichen wollt. Das Versprechen: Ihr werdet eure Gemeinschaft vertiefen und ein höheres Level an Zufriedenheit erreichen.

Im Folgenden schlagen wir einen Prozess vor, wie ihr zu dieser gemeinsamen Vision gelangt. Er ist in seiner Vorgehensweise so allgemein, dass er auf jedes Paar passen sollte – so unterschiedlich die Vorstellungen vom Leben auch sein mögen. Für den Prozess braucht es Schreibwerkzeug. Vielen hilft es zudem, wenn sie Fotos, Grafiken und Illustrationen zu ihrer Vision finden. Früher hätte man dazu in bunten Magazinen herumgeschnippelt, heute hält das Internet mehr als genug davon parat.

Das persönliche Potenzial erkennen

Es gehört zur Ehrlichkeit dazu, sich über die eigenen, individuellen Ziele im Klaren zu werden – auch innerhalb der Partnerschaft. Was zwei wollen, ist selten völlig deckungsgleich. Während der eine die Safari in Südafrika auf seine Bucket-List schreibt, möchte die andere ihr Sozialleben auf ein festes Fundament stellen – etwa durch regelmäßige Familientreffen und gemeinsame Unternehmungen mit Freunden. Während die eine unbedingt noch den Tauchschein erwerben will, plant der andere neue Bastelprojekte in einer immer besser ausgestatteten Werkstatt zu Hause.

Bevor man also gemeinsam an einer Vision bastelt, ist es sinnvoll, individuell ein paar wichtigen Fragen nachzugehen:

- Was möchte ich im Leben unbedingt noch erreichen?
- Was ist ein Traum geblieben, den ich in den nächsten Jahren noch erfüllen könnte?
- Was will ich unbedingt noch lernen – eine Sprache, ein Fachgebiet, ein Handwerk?
- Welches Land möchte ich gesehen haben? Oder noch einmal sehen?
- Welcher finanzielle Status schwebt mir für die Zukunft vor?
- Welche meiner Begabungen und Ausbildungen ist bislang kaum zur Entfaltung gekommen – und sollte künftig mehr Raum haben?
- Welchen Mehrwert will und kann ich für andere schaffen – etwa für Flüchtlingsfamilien, Schwangere in Not oder einsame Seniorinnen und Senioren?
- Will ich mein familiäres und soziales Netzwerk ausbauen – oder eher eingrenzen?
- Welches sportliche Ziel will ich erreichen, welches Fitnesslevel halten?
- Wie sollen meine Glaubensüberzeugungen in Zukunft stärker in den Alltag umgesetzt werden?
- Wie soll meine Ehe oder Partnerschaft in zwei, fünf oder zwanzig Jahren aussehen?
- Möchte ich ein Erbe hinterlassen? Woraus soll dieses Erbe bestehen – ideell und materiell?

Wer unerschrocken der Frage nach seiner Bestimmung nachgehen möchte, kann auch eine heftige Übung absolvieren: die eigene Grabrede schreiben. Stell dir vor, du bist gestorben, und viele Menschen versammeln sich um deinen Sarg. Was sollen diese Menschen über dich sagen? Was sollen der Partner äußern, die Kinder, eine Kollegin aus der Firma, ein Nachbar, eine Vertreterin der Glaubensgemeinschaft, zu der du gehörtest? Es geht hier nicht um Lobhudelei, sondern darum zu erspüren, was mir im Leben wirklich wichtig ist und was daran für andere sichtbar und erlebbar wird. Was dort (nach meinen Wunschvorstellungen) gesagt wird, gibt mir wertvolle Hinweise zu dem, was ich für meine Lebensbestimmung halte.

Bei manchen der Fragen oben steigt vielleicht schnell der Zweifel auf: Bin ich dazu denn nicht schon zu alt? Für eine Karriere als Fußballprofi dürfte das in jedem Fall stimmen, für viele andere Bereiche nicht.

Susanne hatte nach dem Abitur eine Ausbildung im gehobenen Beamtendienst begonnen, kurz vor Abschluss dann aber abgebrochen, weil sich das erste Kind ankündigte. Dann kamen viele weitere Kinder (am Ende waren es acht) – und der Traum von einer Berufstätigkeit, die den eigenen Gaben entspricht, dämmerte dahin. Das war für Susanne nicht frustrierend, weil sie sich in ihren Herausforderungen als Ehefrau, Mutter und Hauswirtschafterin pudelwohl fühlte. Sie hatte ein volles Ja dazu. Zudem engagierte sie sich vielfältig, insbesondere in der örtlichen Kirchengemeinde.

Und doch blieb in ihrem Unterbewusstsein der Gedanke: „Da steckt noch mehr in mir, was zur Entfaltung kommen soll.“ Als schließlich die Jüngste in die Schule kam, startete Susanne in Sachen Ausbildung voll durch – da war sie schon über 40. Sie studierte Psychologie an der Fernuniversität Hagen und schloss mit einem Bachelor-Titel ab. Danach absolvierte sie intensive Kurse für systemische Beratung und Paartherapie und ließ sich erfolgreich zur Heilpraktikerin für Psychotherapie prüfen. Heute hat sie eine gut laufende Beratungspraxis.

Wir haben daraus gelernt: Von Lebensträumen sollte man sich nicht zu schnell verabschieden. Manchmal müssen wir sie für etwas Besseres ein paar Jahre beiseiteschieben. In dieser Zeit können sie aber auch reifen und vielleicht eine noch passendere Form annehmen. Natürlich gibt es auch das Extrem, dass Menschen einem Traum noch hinterherrennen, wenn er wirklich nicht mehr erfüllbar ist. Aber dazwischen ist Platz. Viel Platz.

Was sind deine Lebensträume? Wenn du das anhand der oben gestellten Fragen für dich beantwortet hast, ist es an der Zeit, als Paar zusammenzukommen und die Wünsche und Visionen neben- und übereinanderzulegen.

Zu einer gemeinsamen Vision finden

Um das Foto der Zukunft als Paar zu entwickeln, braucht es Zeit zu reden. Das lässt sich schwer zwischen Abendessen und Tagesschau pressen. Wir kennen Paare, die ziehen sich jährlich zu einem „Dreamday" zurück, zum Beispiel in ein Wellnesshotel. Da nehmen sie sich viele Stunden, um das bisher Erreichte zu feiern, einander von ihren Träumen zu erzählen, konkrete Pläne zu schmieden, was sie in den kommenden Monaten und Jahren anstreben wollen. Die andere Umgebung jenseits von Hausarbeit und Alltagsproblemen weitet den Blick, lässt Platz für kreative Ideen und ein bisschen „Herumspinnen", was sich vielleicht noch alles erreichen ließe. Notfalls geht ein „Dreamday" aber auch an einem ruhigen Tag zu Hause.

Wie sieht das also konkret aus, wenn Paare ihre gemeinsame Vision entwickeln wollen? Zuerst erzählt jeder von dem, was er zuvor für sich selbst aufgeschrieben hat. Vieles dürfte dem Partner oder der Partnerin schon bekannt sein, man lebt ja schließlich seit Jahren zusammen. Und doch können auch Punkte auftauchen, die überraschen. Möglicherweise dachte man, der andere habe dieses oder jenes längst begraben – und siehe da, es lebt und sehnt sich danach, ausgelebt zu werden. Das kann der Plan sein, noch einmal die Stelle zu wechseln, einen Roman zu schreiben, im Garten ein Selbstversorgungsprojekt zu starten oder den Roadtrip durch die USA zu machen. Schon allein das Reden über die jeweiligen Wünsche und Visionen kann die Beziehung vertiefen, weil man einander auch nach Jahren wieder besser kennenlernt.

Wichtig: Der Zuhörer darf nicht kommentieren und werten. Selbst wenn ein präsentierter Gedanke aus meiner Sicht absolut utopisch ist – die Idee ist nun mal da und hat offenbar mehr Bedeutung für den Partner, als ich ahnte. Das kann und muss ich erst mal stehen lassen. Eine Abwertung wirkt in dem Moment, wo sich jemand öffnet und sein Inneres nach außen kehrt, immer verletzend. Mache diesen kostbaren Augenblick nicht kaputt!

Jeder weiß ja auch, dass ein Traum selten von heute auf morgen umgesetzt wird. Er ist eingefügt in ein Raster von Pflichten und Notwendigkeiten. Auch wenn ich von einer dreimonatigen Wandertour durch Patagonien schwärme, werde ich das vorerst ruhen lassen, wenn noch Kinder zu Hause wohnen oder das Bankkonto tiefrot aufleuchtet. Aber wer weiß, eines Tages vielleicht ist es gar nicht mehr so utopisch ...

Auch das andere kann passieren: Man ist näher dran, ein Ziel umzusetzen – und es hat seinen Charme verloren.

Günther und Bettina zum Beispiel erzählen in einem Video[56]*, das zur Marriage Week 2024 („Woche der Ehepaare", jährlich 7. bis 14. Februar) veröffentlicht wurde, dass sie über viele Jahre den Plan hegten, ihren Ruhestand in Südfrankreich zu verbringen. Als sich die Berufszeit dem Ende zuneigte, merkten sie, dass sich ihre Prioritäten inzwischen verschoben hatten. In der Nähe ihrer erwachsenen Kinder in Deutschland zu sein, bedeutete ihnen nun viel mehr als der Reiz von Sonne* *und Meer. Einmütig haben sie diese Vision, die sie lange prägte, eines Tages über Bord geworfen.*

Wir betonen das deshalb, weil große Visionen und kühne Träume dem Partner auch Angst machen können. Hier raten wir zu Gelassenheit. Träumen ist erlaubt. Die Umsetzung ist dann eine ganz eigene Herausforderung. Das gilt umso mehr, wenn die Liebe zum Partner die höchste Priorität hat. Wer will schon seine großen Pläne umsetzen und dabei die Beziehung riskieren? Deshalb: Gelassen bleiben, auch verrückte Ideen mit Neugierde anhören – und den Mut haben, bei den eigenen Visionen und Zielen über den Tellerrand hinauszublicken.

Nun geht es daran, die individuellen Pläne zu überlagern. Der Fokus liegt auf den Dingen, die man gemeinsam erreichen möchte. Wo sind die Schnittmengen? Davon werden sich in der Regel einige finden. Da man in einer Langzeitbeziehung schon viele Urlaube miteinander gemacht hat, dürfte etwa das Finden von gemeinsamen Reisezielen – auch etwas ambitionierteren jenseits des Bodensees – eine erfreuliche Aufgabe sein. Aber auch das ist nicht bei allen Paaren gleich.

Förderlich ist es, wenn man sich einige der oben genannten Fragen nochmal gezielt als Paar stellt.

- Was möchten wir gemeinsam unbedingt noch erreichen?
- Was ist ein Traum geblieben, den wir uns in den nächsten Jahren noch erfüllen könnten?
- Wollen wir gemeinsam noch etwas lernen?
- Auf welche materielle Zukunft wollen wir zuarbeiten? Wie soll es uns finanziell in 10 oder 20 Jahren gehen?
- Können wir als Paar Mehrwert für andere schaffen? Wofür würden wir uns gerne gemeinsam engagieren?

- Welchen Stellenwert sollen Familie und soziale Netze in Zukunft bekommen?
- Wenn wir einen gemeinsamen Glauben haben: Wie wollen wir ihn zusammen ausleben und uns gegenseitig darin unterstützen?
- Wie soll das Erbe aussehen, das wir gemeinsam hinterlassen?

Ihr merkt: Es gibt hier sehr viel miteinander zu besprechen. Einzelne Positionen können auch zu Auseinandersetzungen führen. Das Ziel ist aber, dass ihr so viel Einheit wie möglich sucht. Lässt sie sich nicht erzielen, müsst ihr das erst mal tolerieren. Nun wisst ihr wenigstens präziser, wie der andere tickt und auf welchem gedanklichen Hintergrund er oder sie bestimmte Entscheidungen trifft.

Da, wo ihr an einem Strang zieht, setzen sich wundersame Kräfte frei. Das ist das Geniale an diesem Prozess. Alltagsentscheidungen werden künftig in die Richtung lenken, die euch euer gemeinsam gefundenes Ziel vorgibt. Das funktioniert dann oft wie von selbst.

Visualisierungen können dabei helfen. Wenn sich ein Paar vorgenommen hat, eine Immobilie zu erwerben, sollte es sich im Hausflur ein Foto von der Wunschwohnung oder dem erträumten Haus aufhängen. Das wird zur permanenten Erinnerung, dass man das Geld zusammenhalten sollte, um die Vision vom eigenen Wohnraum Wirklichkeit werden zu lassen. Plant man einen Kurzeinsatz für ein Hilfs- oder Missionswerk, können Bilder vom Zielland die Vorfreude steigern und im Alltag dazu ermahnen, bereits früh Ressourcen für diese Zeit in einem anderen Land aufzutreiben.

Bei den kostenintensiven und zeitraubenden Visionen sollte man allerdings nicht stehen bleiben. Gerade als Paar ist dieser „Dreamday“ die Gelegenheit, auch das Miteinander zu reflektieren und sich darüber auszutauschen, wie man sich die Zukunft der Beziehung vorstellt. Da kann es um folgende Fragen gehen:

- Wie sieht der ideale Tag für dich in unserer Ehe/Partnerschaft aus?
- Was möchtest du gemeinsam mit mir noch erleben?
- Wo brauchen wir mehr Nähe, wo mehr Distanz?
- Was müssten wir tun, damit wir uns (noch) glücklicher in unserer Zweisamkeit fühlen?

Macht euch auch hierzu Notizen und sucht Bilder, die das darstellen, was ihr euch gemeinsam wünscht. Vielleicht ist schon ein Tanzkurs genau das Richtige für mehr Nähe (manche Männer werden uns für diesen Vorschlag hassen, aber viele genießen es am Ende überraschenderweise trotzdem). Oder das Bild von einer Gartenlaube, die den Rasen vor eurem Haus erheblich aufwerten wird. Es müssen also nicht immer Megaprojekte sein, an denen man sich über viele Jahre abarbeitet. Manchmal sind es vergleichsweise kleine Dinge, die zum wichtigen Baustein einer Vision werden können.

Für solche Dreamdays gibt es keine Altersgrenze. Man kann nicht früh genug damit anfangen – und sollte nie damit aufhören. Letzteres sagen wir den Senioren, deren Leben sich nach der Pensionierung nur noch zwischen Sofa, Garten und Busreise abspielt. Es gibt noch so vieles zu entdecken, zu lernen und zu erleben. Wagt euch noch an eine Fremdsprache, unterstützt die örtliche Hausaufgabenhilfe für Kinder, öffnet euch durch eine organisierte Tour oder lokale Begegnungen für andere Kulturen. „Ruhe"-Stand ist ein hässliches Wort, weil Ruhe meist mit Untätigkeit gleichgesetzt wird. Dabei verheißt auch im Alter das Erreichen von Zielen und das Annehmen von Herausforderungen die meisten Glücksgefühle.

Damit die gemeinsame Vision für ein Paar nicht mittelfristig zu einer frustrierenden Erfahrung wird, braucht es noch den dritten Schritt.

Die Umsetzung planen

Visionen malen das große Bild. Der Alltag ist klein. Die Kunst besteht darin, das Große mit dem Kleinen zu verbinden. Dazu ist es hilfreich, die großen Ziele genauer anzuschauen. Mit einem einzigen Schritt lassen sie sich nicht erreichen. Es braucht viele kleine Schritte, um ihnen näherzukommen. Genau das ist die Aufgabe: Große Ziele herunterbrechen auf kleine, machbare Ziele, die einen der Vision näherbringen.

Ein Beispiel: Nehmen wir an, wir beide sehnen uns danach, einmal in unserem Leben vor Hawaii auf dem Surfbrett zu stehen. Die Insel ist unser Sehnsuchtsort. Gleichzeitig wissen wir, dass so ein Trip ganz schön teuer ist und unser Budget heftig strapazieren wird. Also machen wir eine Rechnung auf: Die Reise wird uns beide mit Flug, Hotel und Surfkurs 10 000 Euro kosten. So viel können wir in einem Jahr nicht beiseitelegen. In vier Jahren schon. Wenn also unser Ziel diese Hawaiireise ist, müssen wir pro Jahr 2 500 Euro sparen, das sind etwas mehr als 200 Euro pro Monat. Das ist zwar immer noch viel Geld, klingt aber für viele vermutlich machbar. Das Gute ist: Wir einigen uns auf das Ziel und können jeden Monat messen, ob wir es erreichen werden. Auf diese Weise wird etwas scheinbar Unerreichbares etwas zu Bewältigendes. Ja, vier Jahre sind nicht wenig (und uns fielen noch ein paar andere Dinge ein, die man mit 10 000 Euro anstellen könnte) – aber: Wenn damit ein Traum in Erfüllung geht, sollte man heute damit anfangen.

Ein zweites Beispiel: Unser Traum ist ein harmonisches Miteinander in Familie und Freundeskreis. Diese Vision ist erst mal nicht viel mehr als ein Gefühl. Wie lässt sich das umsetzen? Beispielsweise dadurch, dass wir regelmäßig (!) den Kontakt zu den ausgezogenen Kindern suchen. Oder dass wir mindestens einmal im Monat Freunde zum Abendessen einladen. Der Blick in den Kalender zeigt uns dann, ob wir unserem Ziel nähergekommen sind oder ob Wunsch und Wirklichkeit auseinanderklaffen.

Ein drittes Beispiel: Wir wollen einen Beitrag für die Gemeinschaft leisten, etwa in unserer Kirche. Aber wir wissen nicht, wie das aussehen könnte. Dann könnte ein erster Schritt sein, einen Termin mit den Verantwortlichen auszumachen und mit ihnen darüber zu sprechen, welche Begabungen und Vorstellungen wir mitbringen und was zurzeit in der Gemeinde gebraucht wird. Meistens findet sich schnell ein Bereich, in dem man zur Hand gehen kann. Oder man bringt spezifische Fertigkeiten mit, die die Gemeinde ermutigen, mit einem neuen Angebot anzufangen.

Grundsätzlich geht es bei der Umsetzung auf dem Weg zum Erreichen der Vision um die Frage: Was ist der nächste Schritt? Das wichtigste Kriterium für Ziele ist ihre Messbarkeit. Ich muss zu einem bestimmten Zeitpunkt sagen können, ob ich ein Ziel erreicht habe oder nicht. Hier zeigt sich das Problem von großen Visionen: Sie schwimmen irgendwo in weiter Ferne und drohen, sich im Nirwana aufzulösen. Deshalb sind die Zwischenziele so wichtig. Sie zeigen, ob wir noch auf Kurs sind oder uns de facto längst von dem visionären Bild in unserem Hausflur verabschiedet haben.

Deshalb: Wenn die Vision ohne konkrete Pläne im Raum stehen bleibt, wie du an das gewünschte Ziel kommst, dann ist sie so haltbar wie eine Sandburg in der Sturmflut. Im Klein-Klein täglicher Entscheidungen wird die Vision meistens verlieren. Wenn sie dagegen durch zu bewältigende Etappenziele Gestalt annimmt, kommt ihr Schritt für Schritt näher. Das steigert die Vorfreude und die Gewissheit: Wir werden das miteinander schaffen.

Wer die Umsetzung seiner Pläne und Ziele effektiv boostern möchte, braucht dazu eine wichtige Zutat: Schriftlichkeit. Es reicht definitiv nicht, in einer heimeligen Stunde oder an einem romantischen See über eine attraktive Zukunft geredet zu haben. Geschriebener Text ist der Schlüssel, am besten ergänzt durch Bilder. Das gilt generell fürs Zielesetzen, deshalb auch für den Weg zur Paarvision.

Schriftlichkeit zwingt zu gedanklicher Klarheit. Und sie verstärkt enorm, wie sehr wir uns auf vereinbarte Ziele verpflichten. Das US-Unternehmen „Amway" lässt alle seine Verkaufsmitarbeiter individuelle Ziele aufschreiben und unterschreiben. „Es steckt etwas Magisches im Aufschreiben", heißt es in den Unternehmensunterlagen.[57] Die Mitarbeiterinnen und Mitarbeiter strengen sich deutlich mehr an, wenn sie sich selbst das Erreichen bestimmter Verkaufszahlen verordnet haben. „Commitment" nennt man das auf Neudeutsch.

Dieses „Commitment" stellt sich bei Paaren ein, die gemeinsam nach vorne kommen wollen. Nur ein aufgezeichneter, aufgeschriebener Plan ist ein wirkungsvoller Plan mit besten Chancen auf Verwirklichung. Deshalb gehören zu einem „Dreamday" immer viel Papier und mindestens zwei Stifte. In die elektronische Welt, etwa in den Kalender auf dem Smartphone, lassen sich die vereinbarten Ergebnisse auch später noch übertragen.

Ein abschließender Gedanke: Der Visionsprozess darf keine einmalige Veranstaltung bleiben. Wünsche, Pläne und Sehnsüchte verändern sich im Lauf eines Lebens. Was mit 30 absolut begehrenswert erschien, kommt einem mit 50 vielleicht läppisch vor. Darum gehören die persönliche und die gemeinsame Vision regelmäßig auf den Prüfstand, um an unsere Entwicklung angepasst zu werden. Womit wir wieder beim jährlichen Dreamday wären.

Finanzielle Vorsorge

Geld ist immer ein Thema. Genau genommen kann man nicht früh genug anfangen, sich damit zu beschäftigen. Wann ist der beste Zeitpunkt, seine Vorsorge zu planen? Vor zwanzig Jahren. Der zweitbeste Zeitpunkt ist heute. Wie wir bereits im Kapitel zum 6. Booster „Lifehacks nutzen" beschrieben haben, sind die Finanzen ein häufiger Streitpunkt bei Paaren. Wir bedauern das und glauben, das müsste nicht sein. In jedem Fall ist es sinnvoll, sich nicht nur über die monatlichen Ausgaben Gedanken zu machen, sondern auch über die Frage: Wie wollen wir in Zukunft finanziell aufgestellt sein? Und wie bereiten wir uns materiell auf den Ruhestand vor?

Natürlich ersetzt dieser Abschnitt keine qualifizierte Finanzberatung.[58] Wir haben einige Informationen eingeholt, aber die Lebenssituationen der Menschen sind einfach zu verschieden, um das erschöpfend zu behandeln. Allerdings können wir einige Anregungen geben, was bei diesem Thema zu beachten ist.

Eine unserer Überzeugungen ist: Sparen lohnt sich. Über die eigenen Verhältnisse zu leben, schadet. Tatsächlich haben wir, Susanne und Marcus, das getan, als wir schon mehrere Kinder hatten und das Einkommen noch gering war. Aber das war ein Fehler, aus dem wir gelernt haben, denn wir bereuen es im Rückblick, bei schmalem Verdienst den Banken auch noch hohe Dispozinsen hinterhergeworfen zu haben.

Paare sind nach zehn oder mehr Jahren gemeinsamen Lebens häufig finanziell stabil. Die Einkommenslage hat sich normalerweise verbessert, und man weiß, was man zum Leben braucht. Die Frage ist nun, wie viel man an Rücklagen bilden kann und wo man das Geld am besten „parkt".

Bevor man Erspartes anlegt, sollte man prüfen, ob man für besondere Situationen liquide genug ist. Müsste man das Konto schon wieder überziehen, nur weil die Waschmaschine ersetzt werden muss? Experten empfehlen, mindestens zwei Netto-Monatsgehälter beispielsweise auf dem Giro- oder Tagesgeldkonto parat zu haben, um für solche Situationen gerüstet zu sein.

Wenn dieser Sockelbetrag da ist, geht es ans Anlegen. Hier bietet sich ein breites Spektrum an Möglichkeiten an. Dabei gilt die Faustregel: Geringes Risiko, geringer Ertrag – hohes Risiko, hoher Ertrag (oder auch mal Verlust). Anlegen ist allerdings Pflicht, denn wer sein Geld nur auf dem Konto ruhen lässt, verliert in jedem Fall aufgrund der Inflation. Bei einer Inflationsrate von vier Prozent sind 100 Euro in einem Jahr nur noch 96 Euro wert.

Als eines der einfachsten und gleichzeitig effektivsten Anlagemöglichkeiten haben sich sogenannte ETFs (Exchange Traded Funds) erwiesen. Sie funktionieren ähnlich wie Aktienfonds, verlangen aber deutlich weniger (zum Teil überhaupt keine) Gebühren für das Halten der Anteile. Das Risiko ist gestreut, weil in diesen Fonds Hunderte, manchmal Tausende Unternehmen enthalten sind. Das heißt: Wenn eine dieser Firmen pleitegeht, sind immer noch viele Unternehmen mit Gewinnen vertreten. ETFs sind ideale Anlagen für Menschen, die sich nicht viele Gedanken machen und die möglichst wenig Geld für das Führen eines Investmentkontos ausgeben wollen.

Wobei: Über ethische Fragen, welche Unternehmen man durch sein Investment unterstützt, sollte man schon ein bisschen nachdenken. Gewinnmaximierung kann schließlich nicht das einzige Ziel sein. Vielleicht interessiert ihr euch mehr für „grüne" und nachhaltige Fonds? Auch da ist nicht immer alles lupenrein – man suche im Netz nur mal nach dem Begriff „greenwashing" für Produkte, die bei näherer Betrachtung gar nicht so ökologisch sind. Ein bisschen Recherche kann jedenfalls nicht schaden.

Sinnvoll ist es dabei, einen Sparplan anzulegen – also einen Betrag, der monatlich in eine Anlageform investiert wird. Da lohnen sich schon kleine Beträge, weil sie sich im Lauf der Jahrzehnte ordentlich aufsummieren und dabei noch Gewinne bringen – für Menschen mit schmalem Geldbeutel also ideal.

Erwägenswert ist auch die Anschaffung einer eigenen Immobilie – gerade im Blick auf den Ruhestand. Denn das eigene Haus oder die eigene Wohnung hat einen entscheidenden Vorteil: Ist das Ganze bis zum Eintritt in den Ruhestand abbezahlt, wohnt man mietfrei. Das spielt angesichts vergleichsweise geringer Renten eine entscheidende Rolle. Gerade dann, wenn man nur noch geringe Einnahmen hat, muss man kein Geld mehr für eines der wichtigsten Grundbedürfnisse – das Wohnen – ausgeben (wobei die Instandhaltungskosten im Blick zu behalten sind).

Über weitere Anlagemöglichkeiten lassen wir uns hier nicht aus. Die einen schwören auf Edelmetalle, andere sehen ungeahnte Möglichkeiten in Bitcoins und weiteren Kryptowährungen, wieder andere rühmen die Chancen von Immobilienfonds. Hier lohnt sich in jedem Fall das Gespräch mit einem unabhängigen Finanzberater, dessen Auskünfte man allerdings noch einmal kritisch hinterfragen sollte, da viele eben nur ihre eigenen Produkte verkaufen wollen.

Und auch das lässt sich mit wachsendem Vermögen tun: Geben mit „warmer Hand". Anstatt ein dickes Erbe für die

Kinder vorzubereiten, kann man ihnen – je nach Vermögenslage – schon zu eigenen Lebzeiten unter die Arme greifen. Wenn etwa eine wachsende Enkelschar die Anschaffung eines größeren Autos verlangt. Oder wenn das Eigenkapital der Kinder nicht reicht, um sich an den Erwerb einer Immobilie heranzuwagen.

So oder so bleibt uns die Rechnung nicht erspart: Werden wir genug haben, wenn wir in den Ruhestand gehen? Es wäre blauäugig, auf den Tag der Rente hinzuleben und zu hoffen, dass es schon reichen wird. Ein Blick auf den jährlichen Bescheid der Rentenversicherung müsste genügen, um sich der Frage zu stellen: Werden wir mit diesem Betrag auskommen?

Eine finanzielle Reserve ist ja nicht nur für einen fröhlichen Alltag als 70-Jähriger erforderlich, sondern auch für erwartbare Situationen wie aufwendige Zahnreparaturen oder Pflegebedürftigkeit mit Mitte 80. Der Aufenthalt in einem Heim ist sehr kostspielig. Wenn man seinen Kindern (so es welche gibt) diese finanzielle Last nicht zumuten möchte, muss man selbst vorbereitet sein. Auch deshalb ist es für ein Paar wichtig, solche Szenarien einmal durchzuspielen.

Und noch etwas: Sorgt dafür, dass beide Partner vollen Zugriff auf alle Vermögenswerte haben – selbst beim bereits erwähnten Drei-Konten-Modell. Führt rechtlich ausschließlich gemeinsame Konten. Dokumentiert, wo ihr überall Geld „geparkt" habt. Legt etwa eine Datei mit einer Finanzübersicht an, die ihr regelmäßig aktualisiert. Druckt das aus, damit der Mensch an eurer Seite das an einem sicheren Ort zurücklegen kann. Wozu? Damit deine Partnerin oder dein Partner in einem Krisenfall mühelos die Informationen zur Hand hat. Stellt euch den Ausnahmezustand vor, wenn du nach einem Unfall bewusstlos im Krankenhaus liegst. Und dein Ehepartner hat keinen Schimmer, wo wie viel Geld liegt, mit dem vielleicht Rechnungen zu bezahlen sind. Es sind viele Szenarien denkbar, in denen es darauf ankommt, dass der geliebte Mensch schnell den vollen Überblick über die finanzielle Situation bekommt. Sorgt vor, damit das nicht zu einer weiteren Strapaze für ihn wird.

Wir werden älter – gut so!

Wir werden knackiger. Nicht vom Aussehen her, eher bei den Geräuschen in unseren Gelenken. Älterwerden ist eine gewünschte Erfahrung. Wer will schon früh sterben? Einher geht es aber mit Veränderungen, die nicht immer leicht zu akzeptieren sind. Die einem – je nach Persönlichkeit – mitunter schwer zu schaffen machen.

Da der Prozess schleichend ist, kann man sich an die Veränderungen auch langsam gewöhnen. Die Leistungsfähigkeit des Körpers lässt nach, und es wird zum Kraftaufwand, auch nur das Level zu halten. Und das gilt bei den meisten auch für das geistige Vermögen. Vergesslichkeit und Konzentrationsschwäche pirschen sich heran, ohne dass das gleich ein Anzeichen einer Demenzerkrankung sein muss. Die zahllosen Pillen und Tropfen, die uns abends vor den TV-Nachrichten angepriesen werden, zeigen, wie groß das Problem ist und wie gewaltig der Markt, der die Probleme des Älterwerdens zu bekämpfen verspricht.

Die Zeichen des Alters lassen sich in einem begrenzten Ausmaß bekämpfen, zu gewinnen ist der Kampf letztlich nicht. Also steckt mehr Verheißung darin, sich mit diesen Veränderungen zu versöhnen und sie zu akzeptieren. Es ist, wie es ist. Den Lauf der Natur können wir nicht umkehren.

Dieser Alterungsprozess wirkt sich selbstverständlich auf die Paarbeziehung aus. Der Adonis, für den wir uns einmal entschieden haben, bekommt hängende Wangen und wird seinen erworbenen Bauch nicht mehr los. Die Aphrodite versammelt Falten um die Augen und über der Lippe, und ihre wunderbaren Rundungen geraten außer Form.

Für ein Paar, das in einer Langzeitbeziehung schon tiefer zueinandergefunden hat, sind diese äußeren Veränderungen nicht tragisch. Sie haben im Lauf der Zeit die innere Schönheit ihrer Frau, ihres Mannes kennengelernt – und die bedeutet sehr viel mehr als die äußere. Selbst die sexuelle Attraktion speist sich nicht mehr nur aus äußerlichen Reizen. Die vertraute Nähe der Haut des anderen und die erworbenen Fertigkeiten, dessen Körper mit Glücksgefühlen zu fluten, macht manchen optischen Verlust mehr als wett.

Älterwerden bedeutet zudem, sich seiner Defizite bewusst zu werden. Man konnte vermutlich nicht alles im Leben erreichen, was man eigentlich hatte erreichen wollen. Wir haben das oben im Abschnitt zur gemeinsamen Vision etwas breiter erläutert.

Die Kunst des Älterwerdens besteht aus unserer Sicht in einem Spagat: Machen, was (noch) geht – oft geht erstaunlich viel! Und andererseits lassen, was definitiv nicht mehr geht. Es ist ein fruchtloses Unterfangen, sich an eine „ewige Jugend“ zu klammern. Und es schürt nur die Unzufriedenheit, weiter an Zielen zu kleben, die einfach nicht mehr erreichbar sind. Doch das kann wehtun.

Langzeitpaare haben es in diesem Prozess dennoch grundsätzlich leichter. Sie können den anderen emotional auffangen, wenn Unerreichbares Phantomschmerzen verursacht. Sie können den Blick auf die Dinge lenken, die beiden gemeinsam wichtig geworden sind und die weiterhin im Leben tragen werden. Sie können sich miteinander auf das fokussieren, was zukunftsfähig für die Beziehung ist und für das, was wirklich in den kommenden Jahren zählen wird.

Das soziale Netz stärken

In glücklichen Zeiten können Paare sehr genügsam sein. Die zwei haben einander – mehr braucht es nicht. Nach unserer Beobachtung sind es vorwiegend Männer, die außerhalb ihrer Liebesbeziehung kaum noch tiefgehende Kontakte pflegen, während Frauen in der Regel aus dem Stegreif zwei oder drei beste Freundinnen aufzählen können. Wie gesagt, für die glücklichen Zeiten funktioniert das. Dennoch birgt es auch ein wenig Leichtsinn, Wohl und Wehe ausschließlich (!) in die Hände der Partnerin oder des Partners zu legen. Dieser Mensch kann aus verschiedensten Gründen „ausfallen". Verfügen wir dann über ein soziales Netz, das uns auffängt?

Die Selbstgenügsamkeit zufriedener Paare hat also eine Schattenseite. Sie kann dazu führen, dass man Freundschaften vernachlässigt. Einzelne ziehen sich sogar aus der weiteren Familie zurück. Ist das die Vision, die ihr gemeinsam fürs Alter habt?

> **Die Rechenaufgaben „1 + 1" kann und sollte bei Paaren mehr als 2 ergeben**

Sinnvoller erscheint es, in die Beziehungen zu anderen Menschen zu investieren. Und das nicht nur aus dem egoistischen Grund, weil man diese Menschen irgendwann mal brauchen könnte. Sondern auch, um durch die Kraft und Stärke der eigenen Paarbeziehung anderen zur Hilfe, anderen zum Segen zu werden. Die Rechenaufgaben „1 + 1" kann und sollte bei Paaren mehr als 2 ergeben – nicht nur im Blick auf mögliche Kinder, sondern auch in dem, was man für andere tun kann. Und, ja, man profitiert am Ende selbst davon.

Wir werben deshalb dafür, das soziale Netz nicht zu vernachlässigen – selbst wenn man denkt, dass man es gerade nicht braucht. Vielleicht sind es die anderen, die einen im

Moment brauchen. Können wir dann helfen? Die Verbindung nach draußen bewahrt uns vor einem Paar-Egoismus, aber auch davor, dass der Partner wirklich für die Stillung all meiner Bedürfnisse verantwortlich ist.

Konkret bedeutet das, dass wir jedem Paar jeden Alters empfehlen, Freundschaften außerhalb der Liebesbeziehung zu pflegen und am Leben zu erhalten. Triff dich zur Männerrunde oder zum Frauenabend, unternehmt mit anderen Menschen etwas, steht Freunden zur Seite, wenn sie – beispielsweise bei einem Umzug – auf Unterstützung angewiesen sind. Das alles ist nicht als Konkurrenz zu Ehe und Partnerschaft gedacht, sondern als Ergänzung.

Für heterosexuelle Paare beinhaltet das grundsätzlich die Einschränkung, dass tiefere Freundschaften nur zum eigenen Geschlecht zu suchen sind. Eine innige Beziehung zu einem Menschen, der auch als Geschlechtspartner infrage käme, birgt erhebliche Risiken. Selbst wenn die Freundschaft eines Ehemannes zu einer Arbeitskollegin am Anfang ganz unschuldig daherkommt, entwickelt sich gar nicht so selten mehr daraus – insbesondere, wenn es im eigenen Nest gerade etwas kalt ist und die Ehe nicht so gut läuft. Wer Seitensprung-Prävention betreiben will, sollte deshalb solchen Optionen von vorneherein einen Riegel vorschieben.

Generell gilt aber: Ehe und ein gut gepflegtes soziales Netz sind keine Gegensätze, sondern eine Ergänzung. Gute Freundschaften können die Ehe unterstützen. In einem Essay für die New York Times[59] verweist Rhaina Cohen auf eine Studie, die das Stresshormon Cortisol bei Verheirateten unter die Lupe nahm. Die Erkenntnis: Partner, die mit der sozialen Unterstützung aus ihrem Umfeld zufrieden waren, haben mit ihren ehelichen Alltagskonflikten deutlich weniger Stress als die, denen der Support fehlt. Cohen bemüht ein Bild aus der Wirtschaft und legt es auf die Ehe an: „Wie bei den Finanzen ist es in unserem Sozialleben weise, unser Portfolio zu diversifizieren." Dem schließen wir uns mit den oben genannten Einschränkungen an.

Leichter als die Freundschaftspflege dürfte den meisten das Halten der familiären Verbindung fallen. Aber auch das ist kein Selbstläufer. Wenn die Eltern weit weg wohnen, kann der Draht zu ihnen schnell reißen. Dasselbe gilt für ausgezogene Kinder – vielleicht sogar noch mehr, weil diese nicht selten das Bedürfnis haben, sich vom Elternhaus erst mal zu lösen und ihr eigenes Leben aufzubauen.

Bekämpft diese Kontaktarmut gezielt und strategisch. Schreibt euch den wöchentlichen Anruf bei Eltern, Kindern oder Geschwistern in den Terminkalender. Nehmt Familientermine sehr ernst, etwa die Einschulung, die Kommunion oder Konfirmation, den 50. Geburtstag des Bruders. Kappt die Familienbande nicht aus Bequemlichkeit. Verwandtschaftliche Beziehungen besitzen einen Wert in sich, der sich zwar in den Jahren verändert, manchmal aber auch nach langer Zeit wieder an Bedeutung gewinnt. Das Familiennetz ist schon da! Warum zulassen, dass es Risse bekommt?

Und wenn's ans Sterben geht?

Der Tod bleibt leider das sicherste Datum unseres Lebens. Wir blenden das gerne aus, an dem Faktum ändert das freilich nichts. Paare sollten sich schon in jüngeren Jahren Gedanken dazu machen. Das gilt für den Regelfall, dass einer der beiden vor dem anderen diesen Planeten verlassen muss. Es gilt auch für den Sonderfall, dass beide gemeinsam aus dem Leben gerissen werden. Woran sollte man gemeinsam denken, selbst wenn das traurige Ereignis so unendlich weit entfernt scheint? Um es mit einem Gebet aus der Bibel zu sagen: „Herr, lehre uns bedenken, dass wir sterben müssen, damit wir klug werden."[60]

Unglücke und schwere Krankheiten können jeden Menschen treffen. Jederzeit. Der Verkehrsunfall, die Herzattacke, der Schlaganfall. Eine gesunde Lebensweise und ein vorsichtiger Lebensstil wirken präventiv, sind aber keine Sicherheitsgarantie. Vernünftig ist der Mensch, der solche Szenarien nicht ausblendet. Vermutlich hat jeder in seinem Bekannten- und Verwandtenkreis Schicksale vor Augen, wo jemand völlig überraschend aus einem blühenden Leben in den Tod oder in eine schwere Krankheit gerissen wurde.

Geklärt sein sollte dann, was man sich für den Fall wünscht, in dem man für sich keine Entscheidungen mehr treffen kann, weil man beispielsweise im Koma liegt. Die meisten Menschen denken, dass dann natürlicherweise der Ehepartner diese schwere Aufgabe übernimmt. Irgendwer muss ja im schlimmsten Fall die Frage beantworten, ob eine lebenserhaltende Maschine abgeschaltet wird. Allerdings: Ohne die entsprechenden Verfügungen und Vollmachten funktioniert das nicht. Dann wird üblicherweise ein Gericht einen Betreuer bestellen, der die Entscheidungen trifft. Vermutlich ist den allermeisten wohler bei dem Gedanken, wenn diese Bestellung nicht erforderlich wäre.

Deshalb der Hinweis: Dieses unangenehme Thema betrifft keineswegs nur alte Menschen. Die Katastrophen sind bei Jüngeren seltener, doch es gibt sie. Schon Frischvermählte sollten der Herausforderung von Krisenszenarien nicht ausweichen. Manche Dinge regelt man am besten, wenn noch überhaupt kein Regelungsbedarf absehbar ist.

Zwei Dokumente helfen hier: die Patientenverfügung und die Vorsorgevollmacht. Bei der Patientenverfügung bestimme ich selbst, wie ich medizinisch zu behandeln bin, wenn ich mich nicht mehr äußern kann. Mit der Vorsorgevollmacht übertrage ich diese Aufgabe an eine Person meines Vertrauens – meistens also an die Partnerin oder den Partner. Seit 2023 gibt es in Deutschland auch die Möglichkeit, aufgrund gesetzlicher Regelung im Bereich Gesundheit für den Ehegatten oder eingetragenen Lebenspartner zu handeln. Diese Möglichkeit besteht allerdings nur sechs Monate lang, erfordert ein ärztliches Zeugnis und kann deshalb allenfalls als Notlösung dienen.

Eine Vorsorgevollmacht geht weit über medizinische Fragen hinaus. Sie ist eine Art Generalvollmacht, die beispielsweise auch Vermögensentscheidungen umfasst. Die Vertrauensperson darf dann beispielsweise Überweisungen vom Konto der betreuten Person vornehmen – vorausgesetzt, der Geldtransfer dient erkennbar deren Interessen. Diese Vollmacht kann der Partnerin oder dem Partner erteilt werden, aber auch einem Kind. Schließlich kommt man vielleicht als verwitweter Mensch in eine Situation, in der dann andere für einen handeln müssen.

Die Vorsorgevollmacht sollte in jedem Fall von einem Notar bestätigt werden, das macht sie gegenüber Banken und Behörden verbindlich. Bei der Patientenverfügung reicht es, sie privat niederzuschreiben.

Übrigens empfiehlt es sich festzulegen, wer was erbt. Ehegatten gehen häufig davon aus, dass sie nach dem Tod ihres Partners Alleinerbe werden. Das ist aber nicht so und hat schon zu Frust und zu Entzweiungen in Familien geführt. Denn nach deutschem Recht werden die Kinder automatisch Miterben – und wenn keine Kinder da sind, dann die Eltern oder Geschwister des Verstorbenen. Das heißt: Es können plötzlich andere beim Witwer oder der Witwe auf der Matte stehen und einen Anteil am Erbe verlangen, der ihnen rechtlich zusteht. Das kann dramatische Folgen haben, weil man zum Beispiel sein Haus verkaufen muss, da andere Erben auszubezahlen sind. Noch komplizierter wird es bei Patchworkfamilien. Deshalb regelt man die Dinge besser vorher und lässt sich bei der Errichtung eines Testaments beraten.

Ja, das alles ist heikel und damit hervorragend geeignet, es zu verdrängen. Wir haben größtes Verständnis dafür. Nur nützt es nichts. Hier den erforderlichen Entscheidungen auszuweichen, muss man wohl als gedankenlos oder noch schlimmer als lieblos dem Partner gegenüber bezeichnen. Und das fängt noch weiter vorne an. Wir kennen Fälle, wo die Ehefrau keinen Zugriff auf das Bankkonto des Mannes hatte, der dort das Familiengeld verwaltete. Plötzlich war er nicht mehr handlungsfähig (oder gestorben), und die Frau führte erst mal einen wochen- oder monatelangen Verwaltungskrieg, bis sie endlich die aufgelaufenen Rechnungen bezahlen konnte. Tut euch und eurer Ehe oder Partnerschaft deshalb den Gefallen: Beantwortet die erwartbaren Fragen, die sich in einem unerwarteten Moment stellen. Das Internet klärt auf, noch präziser ein Notar in eurer Nähe.

Wenn im traditionellen Ehegelübde von „in guten wie in bösen Tagen" die Rede ist, dann sind genau solche Situationen mitgemeint. Das machen sich die allerwenigsten klar. Wir freuen uns bei der Hochzeit auf freudvolle Jahre. An die leidvollen mögen wir gar nicht denken. Was sehr tragisch ist: Viele Beziehungen überleben die schwere Krankheit eines Partners nicht. Wie betrüblich: Gerade in dem Lebensabschnitt, in dem man den anderen am allermeisten gebraucht hätte, kann dieser die Last nicht mehr tragen und gibt auf. Wir verurteilen niemanden deshalb, sondern möchten nur darauf hinweisen, dass die so dahinversprochenen „bösen Tage" noch böser sein können, als man sich das in jüngeren Jahren so vorstellt.

Marcus war sehr beeindruckt von der Begegnung mit einem Tübinger Theologieprofessor, der sich bereits im Ruhestand befand. Ein vielgefragter Mann, Buchautor, Vortragsredner. Er hatte Einladungen über Deutschland hinaus – man wollte ihn sprechen hören, ihm begegnen. Doch er strich das alles von seiner Liste. Warum? Seine Frau war pflegebedürftig geworden. Sie brauchte ihn dringender als jede Kirchengemeinde. Sie benötigte seine Unterstützung für die einfachsten Dinge im Leben. Ohne ihn wären ihre letzten Lebensjahre sehr traurig geworden. Nüchtern sagte dieser Professor, das gehöre für ihn eben auch zu dem Versprechen, das er Jahrzehnte zuvor gegeben hatte. Er predigte nicht nur über die „Frohe Botschaft" (griechisch: Evangelium), er lebte diese Botschaft für seine in Not geratene Gattin.

Ein anderes Beispiel ist eine Frau und Mutter in der Schweiz, die in jungen Jahren von Multipler Sklerose heimgesucht worden ist. Mit ihrem Mann hat sie drei Kinder. Tapfer kämpfte sie gegen die zunehmenden Einschränkungen und leistete in ihrer Familie, was sie leisten konnte. Doch bald war das nicht mehr zu schaffen. Ihr Mann ist selbstständig, kommt also auch nicht mit einer 38,5-Stunden-Woche zurecht. Wir bewundern es, wie er am späten Nachmittag nach Hause kommt und sofort Aufgaben im Haushalt übernimmt; wie sehr er darauf achtet, dass es allen gut geht. In den Abendstunden muss er dann oft wieder fürs Geschäft rackern. Sicher hat er sich den Verlauf seines Ehe- und Familienlebens beim Start anders vorgestellt. Aber er hat sein Wort gehalten. Niemand schätzt das mehr als seine kranke Frau.

Kann man sich auf so eine harte Situation vorbereiten? Schwierig. Grundlage ist der eiserne Wille, an der eigenen Zusage festzuhalten. Vermutlich wünschte sich jeder, dass er diesen Zuspruch und diese Unterstützung auch bekommt, wenn er selbst von Krankheit und Pflegebedürftigkeit betroffen ist.

Nach der Goldenen Regel, wie sie von Jesus Christus formuliert wurde, bedeutet das: „Alles nun, was ihr wollt, dass euch die Leute tun sollen, das tut ihr ihnen auch!“[61] Diese Regel meint unseren Umgang mit allen Menschen. Für unseren Partner, unsere Partnerin gilt sie selbstverständlich zuallererst.

So, bevor unsere Leserschaft nun vollends in Schwermut versumpft, blicken wir wieder zuversichtlich nach vorne. Zwar ist der Tod ein Naturgesetz, aber was davorliegt, enthält für die allermeisten doch sehr viele Chancen auf Entfaltung und glückliche Zweisamkeit. Schwere Zeiten gehören mit auf die Rechnung, doch sie füllen Gott sei Dank bei den wenigsten die ganze Rechnung auf. Oder, wie es einmal in einem Cartoon formuliert wurde: Eines Tages werden wir sterben – an allen anderen Tagen nicht. Lasst uns also weiterhin zuversichtlich die Zukunft zimmern.

Den Glauben vertiefen

Älterwerden ist keine Kunst. Man darf nur nicht sterben. Verbunden bleiben, die Seelenverwandtschaft vertiefen, den Glauben teilen – das ist die eigentliche Herausforderung. Damit kommen Paare unterschiedlich gut klar. Der folgende Abschnitt geht davon aus, dass ihr euch als Paar auch nach vielen Ehejahren nicht damit begnügen wollt, nebeneinanderher zu leben. Dass ihr euch danach sehnt, mit dem Menschen an eurer Seite „an einem Strang“ zu ziehen. Dass ihr euch etwas davon versprecht, mehr Einheit im Blick auf eure Zukunft zu spüren.

„Couples who pray together stay together.“

Im Englischen gibt es einen wunderbaren Spruch: „Couples who pray together stay together.“ Paare, die zusammen beten, bleiben auch zusammen. Das ist nicht nur frommes Wunschdenken, sondern durch die Forschung erhärtet. Genau genommen hilft es sogar schon, wenn nur einer von beiden seinen Glauben praktiziert und täglich ein Gebet für den geliebten Menschen an seiner Seite sagt. Der Psychologe Robert Cialdini weist darauf hin, dass ein solches Gebet bei dem, der es spricht, die Gefahr von Untreue und Seitensprüngen deutlich verringert.[62]

In diesem Abschnitt geht es um den gemeinsamen Glauben. Wir wissen, dass nicht alle Paare in religiösen Dingen gemeinsam unterwegs sind. Frauen haben statistisch einen stärkeren Zugang zur geistlichen Welt. In nicht wenigen Ehen besucht sie die Gemeinde, während er in dieser Zeit anderen Freizeitbeschäftigungen frönt. Wir haben auch diesen Paaren etwas zu sagen, wenden uns aber zuerst denen zu, bei denen die Voraussetzung des gemeinsamen Glaubens erfüllt ist.

Wenn Paare den Glauben miteinander ausleben – beispielsweise, indem sie gemeinsam regelmäßig den Gottesdienst besuchen – sind sie in einer geradezu privilegierten Situation. Diese Gruppe wies in einer Untersuchung von 4587 christlichen, jüdischen und muslimischen Ehen das geringste Scheidungsrisiko auf.[63] In dieser Gruppe beschreiben sich 84 Prozent der Männer und 80 Prozent der Frauen als „sehr glücklich" – ein atemberaubender Wert. Gott, so scheinen die Psychologen zu bestätigen, ist der Kitt der Liebe.

Es gibt aber auch „natürliche" Erklärungen für die stärkende Kraft des gemeinsamen Glaubens. Solche Paare unterwerfen sich freiwillig einer Norm, die in der Regel besagt, dass die Ehe unauflöslich ist. Sie deuten zudem auftauchende Probleme nicht nur persönlich, sondern auch geistlich und versuchen, sie in der Kraft ihres Glaubens – unter anderem durch Gebet – zu lösen. Und schließlich sind sie normalerweise in eine religiöse Gemeinschaft eingebunden, die sie ermutigt und in ihrer Verbundenheit stärkt, während dem Rest der Welt das Gelingen ihrer Ehe ziemlich egal ist.

Die Forscher beobachten zum Gebet folgende Wirkungen: Es beschleunigt positive Veränderungen; es macht demütiger und unterstreicht die positiven Seiten der Beziehung; es verbessert die Kommunikation und das gegenseitige Verständnis bei Paaren – und es stärkt das Gefühl der Einheit, was sich bei der Lösung von Konflikten als hilfreich erweist.[64]

Die Folge: Religiöse Paare haben statistisch von allen gesellschaftlichen Gruppen das beste Ehe-Niveau. Sie fühlen sich in ihrer Beziehung sicher und müssen am wenigsten mit einer Trennung rechnen. Sie haben den höchsten Anteil von Menschen, die ihr Leben und ihre Beziehung als „sehr glücklich" beschreiben. Und die allergrößte Überraschung: Sie haben am häufigsten Sex und finden ihn auch am besten. Alle Klischees über verklemmte, lustfeindliche Christen und andere religiöse Gruppen werden von der soziologischen Forschung schlicht hinweggefegt.[65]

Und wieder wehren wir vorauseilend einem Missverständnis, das bei Statistiken häufig auftaucht. Es geht hier um Wahrscheinlichkeiten. Natürlich gibt es die katastrophalen Ehen scheinbarer „Superchristen", in denen beide unglücklich sind und sich am Ende scheiden lassen. Nur ist das in Beziehungen, die ihren Glauben engagiert gemeinsam leben, sehr viel seltener als in allen anderen gesellschaftlichen Gruppen. Den Glauben gemeinsam praktizieren ist nach allem, was wir wissen, die größte Glücksverheißung überhaupt. Deshalb wollen wir hier zeigen, wie sich das praktisch leben und vertiefen lässt.

Wenden wir uns zunächst den Beziehungen zu, in denen beide Partner Christen sind. Beide glauben an den Gott der

Bibel, der Himmel und Erde erschaffen hat, der mit dem Volk Israel Geschichte geschrieben hat, der seinen Sohn Jesus Christus in die Welt sandte – und der ihn am Kreuz sterben ließ, um die Menschen von ihrer Schuld zu befreien. Nach seinem Tod ist Christus auferstanden, er lebt und ruft bis heute Menschen in seine Nachfolge und in die Gemeinschaft mit anderen Christen.

Daraus leiten sich ein paar Grundregeln ab, die die meisten christlichen Paare auch im Alltag umzusetzen versuchen. Sie orientieren sich an den Zehn Geboten und an der Bergpredigt. Sie fühlen sich meistens einer Gemeinde zugehörig und besuchen zumindest am Sonntag den Gottesdienst. Manche engagieren sich auch ehrenamtlich irgendwo in der Gemeinde oder unterstützen auf andere Weise christliche und/oder humanitäre Organisationen.

Das alles hat einen Wert in sich und ist auch für die Paarbeziehung gut, aber die meisten hören hier schon auf. Was der großen Mehrheit nicht gelingt: eine erfüllende Glaubenspraxis im Alltag. Eine Praxis, in der Glaubensthemen besprochen werden und – noch wichtiger – gemeinsam gebetet wird. Hier sind und bleiben wir Kinder unserer Kultur, die Religion zur Privatsache erklärt hat. So privat, dass die Ausübung von Montag bis Samstag auch den Partner nichts angeht.

Okay, in dieser Form ist das für einige Paare überzeichnet. Immerhin ist das Tischgebet in vielen christlichen Familien noch tägliche Übung. Dann ist aber in der Regel auch Schluss. Wir finden das in mehrfacher Hinsicht schade, weil wir damit unter unseren Möglichkeiten bleiben und uns möglicherweise auch einem Segen verschließen, der für uns gedacht ist.

Deshalb ermutigen wir in unseren Vorträgen und Seminaren Paare, weitere kleine Schritte zu gehen. Die Betonung liegt auf „klein“. Warum? Ganz einfach: Wenn die Schritte zu groß sind, steigt auch das Risiko, dass wir das miteinander nicht hinkriegen. Das hat dann zur Konsequenz, dass wir es wieder sein lassen. Und damit sind wir letztlich keinen Millimeter vorangekommen.

Wir wissen, wovon wir reden. Wir hatten am Anfang unserer Ehe große Vorstellungen davon, wie eine christliche Familie den Glauben im Alltag praktizieren sollte – mit täglichen gemeinsamen Andachten, Glaubensliedern, Bibelbetrachtung, Gebet. Das volle Programm. Dann hat uns das Leben mit kleinen Kindern überrollt, wir schafften es nicht, diese besinnlichen Minuten so zu gestalten, dass es für alle interessant war. Und schließlich haben wir es gelassen. Die kleinen Handlungen behielten wir bei – Gebet vor dem Essen, das Segnen der Kinder vor dem Schlafengehen –, aber viel mehr war nicht. Wie es besser geht, haben wir erst entdeckt, als die Kinder größer waren.

Was sind also kleine gemeinsame Schritte? Das Kriterium ist, dass wir als Paar uns darin einig sind, dass wir das gemeinsam durchziehen können. Dazu ein paar Beispiele.

Biblischer Impuls

Da wir glauben, dass die Bibel Gottes Wort ist, lohnt es sich auch, sich jeden Tag damit zu befassen. Eine Minimalübung ist beispielsweise, dass wir die Herrnhuter Tageslosung – je ein Bibelvers aus dem Alten und aus dem Neuen Testament sowie ergänzend ein ganz kurzer Gebetstext – jeden Morgen vor dem Frühstück lesen. Wir hören nur darauf und diskutieren es nicht (manchmal aber doch, wenn sich der isolierte einzelne Vers für uns nicht gleich erschließt). Auf jeden Fall kommt so schon jeden Morgen die göttliche Perspektive in unser Leben.

Gebet

Das Gebet zu Tisch ist eine gute Tradition mit einem tiefen Sinn. Dass wir danken für Essen und Trinken – zumal in einer Welt, wo Hunderte Millionen Menschen nicht genug davon haben –, zeigt Respekt und weitet unseren Blick hin zu dem, von dem alles Gute kommt.

Das lässt sich nun in kleinen Schritten ausweiten. Zum einen können Paare beim Tischgebet auch kurz ihre Situation in den Blick nehmen und beispielsweise für den Tag beten, der vor ihnen liegt. Für die Arbeit, für die Begegnungen, für den Kindergeburtstag, für die pflegebedürftige Mutter. Das muss nicht ausgedehnt sein, sondern kann in Kürze wichtige Dinge benennen, die man vor Gott bringt.

Wem das freie Gebet fremd ist, der greife auf vorformulierte Gebete zurück. Auch ein gemeinsames Vaterunser einmal am Tag wäre ein „kleiner Schritt", auf den sich ein Paar leicht verständigen könnte. Oder einige Verse aus den Psalmen, bei denen man jede Woche wechselt.

Andacht

Wir ermutigen aus eigener Erfahrung sehr, sich mindestens einmal pro Woche etwas mehr Zeit zu nehmen, um gemeinsam einen biblischen Text zu betrachten und auch miteinander zu beten. Das ist allerdings schon für „Fortgeschrittene", die vorhergehende kleine Schritte bereits gegangen sind.

Der Vorteil einer Andacht als Paar: Wir setzen uns gemeinsam dem Wort Gottes aus, das sicher immer wieder einzelne Punkte in unserem Denken, Reden und Handeln infrage stellt. Wir geben Auskunft über unseren Glauben und erfahren, wie unsere Partnerin oder unser Partner glaubt. Auch Zweifel und ungelöste Fragen finden hier einen Raum.

Und schließlich sollte jede Andacht mit einem gemeinsamen Gebet enden – am besten wechseln sich die beiden Partner dabei ab. Hier hat der Dank für die Wohltaten Gottes seinen Platz, aber auch die Klage über schwierige Lebenssituationen. Hier können wir unsere Sorgen bei unserem Schöpfer abgeben, der verspricht, dass er sich darum kümmert (1. Petrus 5,7: „Alle eure Sorge werft auf ihn, denn er sorgt für euch"). Hier können wir für unsere Familie und Freunde beten; für den Nachbarn, mit dem wir Ärger haben; für den Frieden in einer kriegerischen Welt. Durch diese Zeit mit Gott und miteinander erleben wir mehr Tiefe und gehen auch entspannter in die folgenden Tage.

Gemeinsames Engagement

Besonders wirkungsvoll ist der gemeinsame Glaube, wenn er zu einem gemeinsamen Einsatz für andere und für eine bessere Welt führt. Christen glauben, dass sie in dieser Welt eine Berufung haben. Sie sollen „Salz" und „Licht" sein, wie Jesus in der Bergpredigt (Matthäus 5-7) sagt. Sie sollen Nächstenliebe praktizieren und Menschen die christliche Botschaft nahebringen.

Was heißt das für ein christliches Paar? Letztlich bedeutet es, mit seinen Gaben und Begabungen Segen für andere zu schaffen. Da braucht es also zunächst einmal einen Blick nach innen: Was können wir besonders gut – als Einzelne und als Paar? Welche Ressourcen stehen uns zur Verfügung?

Parallel dazu blicken wir nach außen. Nöte gibt es ja genug. Von supergestressten Alleinerziehenden, die sich nach Entlastung sehnen, über die Flüchtlingsfamilie, die am Ort keine Heimat findet, bis zur Umweltinitiative, die den alten Wald am Ortsrand weder für eine Schnellstraße noch für einen riesigen Windpark opfern möchte. Und da sind viele Orientierungslose, die einen Sinn für ihr Leben noch nicht gefunden haben. Wer unterstützt sie alle? Wer packt mit an?

Macht euch allerdings bewusst: Ihr müsst nicht die Welt retten. Ihr könnt sie übrigens auch nicht retten. Euer erstes Engagement sollte buchstäblich dem „Nächsten" gelten – dem Menschen neben euch, dem Nachbarn, dem Familienangehörigen, der Stadt oder dem Dorf, in dem ihr lebt. Es ist manchmal etwas sonderbar zu beobachten, wie einzelne Aktivisten sich um die Weltrettung kümmern, gleichzeitig aber einen erstaunlich lieblosen und verächtlichen Umgang mit ihren Mitmenschen pflegen. Auch bei christlichen Aktivisten haben wir das schon gesehen.

Von dem evangelischen Theologen und NS-Widerstandskämpfer Dietrich Bonhoeffer gibt es den berühmt gewordenen Satz: „Kirche ist nur Kirche, wenn sie für andere da ist." Da die christliche Ehe die kleinste Form von Gemeinde ist, beziehen wir das Wort Bonhoeffers auch auf sie. Eine christliche Ehe hat den Auftrag, für andere da zu sein.

Gemeinsames Engagement kann dabei ein wundersames Mittel werden, die Beziehung zu vertiefen. Wir wirken mit unseren unterschiedlichen Gaben als Partner zusammen, werden zu einem Segen für die Welt und erleben, wie wir zusammen etwas bewirken können.

Der Bedarf an ehrenamtlichem Einsatz wird in den kommenden Jahren in unserer Gesellschaft deutlich zunehmen. Schon heute sind Freiwillige überall händeringend gesucht. Parteien finden kaum mehr Kandidaten für die Kommunalwahlen, Kirchengemeinden haben dasselbe Problem, wenn es um die Besetzung des Kirchenvorstands geht. Vor allem scheuen wir uns heute vor längerfristigen Verpflichtungen. Die Mitarbeit in einem Projekt, das in einem halben Jahr beendet ist, darauf lassen wir uns viel lieber ein als auf das

Mandat in einem Gremium, in das man für vier oder mehr Jahre gewählt wird.

Wir wollen hier niemandem ein schlechtes Gewissen machen. Ressourcen, Kräfte und Begabungen sind unterschiedlich verteilt. Das Engagement muss da hineinpassen.

Vielmehr wollen wir Lust darauf machen, als Paar zu entdecken, wie ein vereinter Einsatz für eine gute Sache das Miteinander stärkt. Es bringt mehr Sinn in die Beziehung. Außerdem – wie bereits mehrfach beschrieben – ist es ein klarer Glücksfaktor zu sehen, wie man auch hier gesetzte Ziele erreicht. Was für ein Gefühl, wenn man nach einem erfolgreichen Vorhaben gemeinsam sagen kann: „Das haben wir beide miteinander hingekriegt."

Wenn euch die Ideen fehlen, was ihr an dieser Stelle tun könnt, dann redet zuerst miteinander über das Thema. Schlägt euer Herz mehr für die Kirchengemeinde, eine humanitäre Organisation, eine Umweltinitiative oder ein Missionswerk? Und wenn ihr zwar erkennt, wofür ihr euch sehr gerne einsetzen möchtet, aber keine Vorstellung habt, wie das praktisch aussehen könnte, dann setzt euch doch mit den entsprechenden Organisationen in Verbindung. Redet mit einer Mitarbeiterin oder einem Mitarbeiter, erklärt eure guten Absichten und fragt, ob sie Interesse an zwei Ehrenamtlichen haben, die gerne etwas von ihrer Zeit und ihrem Geld für diese Sache investieren wollen.

Wenn wir unterschiedlich – oder gar nicht – glauben

Nicht alle Paare teilen den Glauben. In vielen Ehen ist die eine Christ, der andere unreligiös. Eine zunehmende Zahl von Partnerschaften verbindet verschiedene Religionen. Gehört ihr zu diesen Paaren? Wie ist es euch bisher damit ergangen?

Könnt ihr euch darüber austauschen und einander respektieren? Oder habt ihr um diese Themen bisher in der Regel einen Bogen gemacht? Wie kann es in dem Fall gelingen, mehr Tiefe zu gewinnen?

Tatsächlich stehen glaubensverschiedene Ehen und Partnerschaften vor gewaltigen Herausforderungen. Sie sind umso größer, je ernster beide Partner ihren jeweiligen Glauben (oder Unglauben) nehmen. Denn der Glaube durchdringt uns ganz, wirkt in alle Lebensbereiche hinein, prägt unser Denken und unsere Werte. Deshalb ist es auch die Regel, dass wir uns für einen Menschen entscheiden, der unserem eigenen Glauben zumindest nahesteht. Doch die Ausnahmen nehmen zu. Wer macht schon beim Partner einen „Glaubenstest", bevor er sich verliebt?

Reflektiert einmal gemeinsam: Wo haben wir bisher gute Wege gefunden, mit unseren unterschiedlichen Überzeugungen klarzukommen? Wo gibt es noch Schwierigkeiten? Gemeinsam die Spannung der Unterschiede auszuhalten, kann ein starkes Zeichen eurer Liebe sein. Vielleicht findet ihr dennoch Übereinstimmungen in euren Werten.

Eure Toleranz wird in jedem Fall auf den Prüfstand kommen. Ihr müsst möglicherweise Dinge beim Partner stehen lassen, die ihr für euch selbst nicht akzeptieren könnt. Das ist übrigens die eigentliche Bedeutung des Worts Toleranz: Ertragen, Aushalten. Was ich toleriere, muss ich für mich nicht gut finden, aber ich bekämpfe es auch nicht. Ich lasse es stehen.

Fromme Menschen haben häufig das Bedürfnis, ihren Partner zu missionieren. Dagegen ist prinzipiell nichts einzuwenden, wenn man Mission als freundliche Werbung für etwas Gutes – in diesem Fall den eigenen Glauben – versteht. Nur kann es auch schnell nerven. Das wird für die Paarbeziehung zur Last. Und es gibt dem anderen das Gefühl: „Solange ich nicht glaube, wie du es dir für mich wünschst, bin ich dir nicht gut genug." Wer den Partner für den eigenen Glauben gewinnen möchte, wird das in erster Linie durch sein Vorbild, durch das Vorleben schaffen und nicht durch das permanente Drängen, mit in die Kirche oder zur Evangelisationsveranstaltung zu kommen.

Wird bei unterschiedlichen Glaubensvorstellungen Religion in der Paarbeziehung deshalb zum Tabuthema? Hoffentlich nicht. Es muss aber mit Sensibilität angegangen werden. Und vielleicht erörtert man auf dem Weg zu mehr Tiefe nicht sofort die kontroversesten theologischen Themen (War Jesus Christus wirklich Gottes Sohn? Hat Mohammed tatsächlich den Heiligen Krieg befohlen?), sondern nähert sich auf einem weniger spannungsvollen Areal.

Eine gute Idee ist vielleicht, sich als Paar die eigenen Werte bewusst zu machen. Welche Grundwerte haben für euch als Einzelne Priorität – und welche sind die Basis für euer Miteinander? Das ist eine spannende Frage (auch für Paare gleichen Glaubens).

Folgendes Vorgehen schlagen wir fürs Paargespräch vor. Ihr geht die nachfolgende Liste an Werten durch, und jeder sucht davon fünf aus, die er oder sie für die wichtigsten hält. Den Wertekatalog haben wir von der Internetseite www.einguterplan.de[66] übernommen:

Abenteuer * Achtsamkeit * Akzeptanz * Authentizität * Balance * Beharrlichkeit * Beliebtheit * Bescheidenheit * Dankbarkeit * Disziplin * Effizienz * Ehrlichkeit * Liebe * Empathie * Entwicklung * Erfolg * Fantasie * Flexibilität * Freiheit * Friedfertigkeit * Fröhlichkeit * Geduld * Gelassenheit * Gerechtigkeit * Gesundheit * Zugehörigkeit * Großzügigkeit * Glaubwürdigkeit * Harmonie * Herzlichkeit * Hilfsbereitschaft * Humor *

Intuition * Kompromissbereitschaft * Konstruktivität * Kreativität * Mut * Kritikfähigkeit * Leichtigkeit * Leidenschaft * Lernbereitschaft * Loyalität * Tradition * Optimismus * Mitgefühl * Nachhaltigkeit * Nähe * Neugierde * Offenheit * Selbstbestimmung * Spaß * Ordnung * Perfektion * Rationalität * Realismus * Respekt * Sanftmut * Sensibilität * Sicherheit * Solidarität * Spiritualität * Toleranz * Transparenz * Treue * Unabhängigkeit * Verantwortung * Zuverlässigkeit * Vertrauen * Weisheit * Wissen * Wohlstand * Wohlwollen

Tauscht euch anschließend über jeden eurer fünf ausgesuchten Werte aus: Was bedeutet dir dieser Wert? Wo siehst du ihn in unserer Beziehung?

Der große Vorteil dieser Übung: Ihr lernt euch selbst und euren Partner besser kennen. Ihr versteht, wo ihr übereinstimmt und wo ihr voneinander abweicht. Die Werte teilen sich nicht in gute und schlechte Werte, sondern sie sind allesamt gut, und es ist normal, dass ihr unterschiedlich gewichtet. Es würde uns wundern, wenn ihr fünf exakt übereinstimmende Werte ausgewählt hättet.

Das tiefere Verständnis füreinander, das ihr hier gewinnt, kann es euch bis in den Alltag hinein einfacher machen, Konflikte zu vermeiden und Gemeinsamkeit zu stärken.

Wir können im Rahmen dieses Buchs keine Anleitung bieten, wie Paare unterschiedlichen Glaubens das gemeinsame Leben optimal hinkriegen. Uns fehlt dazu auch die persönliche Anschauung. Ohne Zweifel wird es Unstimmigkeiten und vielleicht auch einmal schärfere Konflikte geben, die in der unterschiedlichen Sicht von Gott und der Welt begründet sind. Religiöse Feste, Fastenzeiten, Engagement für die eigene Glaubensgemeinschaft – das kann für die Paarbeziehung ganz schön herausfordernd werden. Noch mehr gilt das für die religiöse Erziehung der Kinder. Das Wichtigste ist, dass ihr eurem Partner zeigt, dass ihr ihn liebt – so wie er ist, auch so, wie er glaubt. Damit verschwinden nicht alle Meinungsverschiedenheiten, aber nur mit Liebe lassen sie sich aushalten.

Optimistisch nach vorne schauen

Der erwartungsvolle und positive Blick in die Zukunft ist ein Liebes-Booster. Wir malen uns ein Bild von dem, wie wir uns die kommenden Jahre und Jahrzehnte vorstellen. Und dann arbeiten wir mit vereinten Kräften daran, dorthin zu gelangen. Wir wissen, worauf wir uns freuen können. Und wir tun unser Mögliches dafür, es zu erreichen. Es wird Störfaktoren geben, aber die müssen schon sehr heftig sein, dass sie uns von unserer Vision abbringen.

Kannst du dir ein Foto von euch als Paar im Alter vorstellen? Sitzt ihr auf einer Veranda und schaut Kindern beim Spielen zu? Seht ihr euch auf einer Autofahrt durch Italien mit Stopps am Meer und in prachtvollen Kirchen? Bastelt ihr zusammen etwas für den Adventsbasar eurer Gemeinde? Sitzt ihr mit einer Tasse Kaffee in eurem Wohnzimmer, erzählt von früher, lacht über die Pannen eures Lebens und plant, wie ihr das kommende Jahr verbringen wollt? Egal, was ihr tut – es wird gemeinsam immer besser sein als allein.

Fürs Gespräch

- Wie blickt ihr beide in die Zukunft? Was erwartet ihr von den kommenden Jahren? Wo wollt ihr euch entwickeln und worin wachsen?
- Wie sieht der ideale Tag für dich in unserer Ehe/Partnerschaft aus?
- Was möchtest du gemeinsam mit mir noch erleben?
- Wo brauchen wir mehr Nähe, wo mehr Distanz?
- Was müssten wir tun, damit wir uns (noch) glücklicher in unserer Zweisamkeit fühlen?
- Habt ihr beide den Überblick über eure Finanzen? Wisst ihr, welche Dokumente ihr wo finden könnt und welche Vorsorge ihr beide getroffen habt für den Fall schwerer Erkrankung oder des Todesfalls von einem von euch?
- Packt die Herausforderung am Schopf und ordnet die Dokumente so, dass euer Partner mühelos alle wichtigen Daten finden kann.

Falls sich herausstellt, dass noch wichtige Vollmachten oder Testamente ausstehen, vereinbart gemeinsam einen Termin beim Notariat oder sucht eine geeignete Beratung auf. Volkshochschulen oder Rentenversicherungsträger bieten bisweilen Kurse zu diesen Themen an. Auch da könntet ihr gemeinsam einen besuchen.

Praktische Übung

Plant einen „Dreamday", an dem ihr über eure Wünsche und Pläne für die Zukunft redet.

Zur Vorbereitung sollte jeder von euch die Fragen zu eurem persönlichen Potenzial und eueren Visionen von Seite 204 beantworten. Nehmt euch auch dafür unbedingt ausreichend Zeit und haltet eure Ergebnisse schriftlich fest.

Diese Aufschriebe sind dann Grundlage für euren gemeinsamen Austausch. Hier nochmal die Fragen, die euch dabei leiten können:

- Was möchten wir gemeinsam unbedingt noch erreichen?
- Was ist ein Traum geblieben, den wir uns in den nächsten Jahren noch erfüllen könnten?
- Wollen wir gemeinsam noch etwas lernen?
- Auf welche materielle Zukunft wollen wir zuarbeiten? Wie soll es uns finanziell in 10 oder 20 Jahren gehen?
- Können wir als Paar Mehrwert für andere schaffen? Wofür würden wir uns gerne gemeinsam engagieren?
- Welchen Stellenwert sollen Familie und soziale Netze in Zukunft bekommen?
- Wenn wir einen gemeinsamen Glauben haben: Wie wollen wir ihn zusammen ausleben und uns gegenseitig darin unterstützen?
- Wie soll das Erbe aussehen, das wir gemeinsam hinterlassen?

Die Ergebnisse eures Austausches solltet ihr ebenfalls notieren und zusammenfassen. Vielleicht wollt ihr das Ergebnis sogar auf einem Visionboard oder einem Plakat visualisieren.

Gelingt es euch für einzelne Ziele schon Termine zu setzen? Zumindest könnt ihr über nächste Schritte reden, die ihr angehen wollt, um eure gemeinsame Vision real werden zu lassen.

Was werdet ihr in der kommenden Woche, im kommenden Monat, im nächsten Jahr und in zehn Jahren umsetzen oder erreicht haben?

Motivation zu mehr Liebe

„Wirf dein Herz über den Zaun, so wird alles Weitere nachfolgen." Das lesen wir in Motivationsbüchern, und es ist ein guter Rat. Für die Ehe müsste er geändert werden: „Wirf dein Herz über den Zaun – alles andere ist schon da." Denn tatsächlich haben die allermeisten von uns eine Entscheidung aus vollem Herzen für ihre Frau oder ihren Mann getroffen, haben sich mit Haut und Haar in die Ehe begeben. Aber irgendwann ist das Herz wieder heimlich über den Zaun geklettert, ist spazieren gegangen, hat sich anderweitig umgesehen und den Garten im eigenen Revier vernachlässigt.

> **„Wirf dein Herz über den Zaun – alles andere ist schon da."**

So vieles ist schon (oder noch) da! Was fehlt, ist dein Herz. Bring es wieder dorthin, wo es hingehört. Setze deine Leidenschaft, deine Lebensenergie, dein Denken, Reden und Handeln für deine Ehe ein, damit der Garten weiterblüht und das Gras grüner wird als irgendwo jenseits des Zaunes. Es wird zu deinem eigenen Nutzen sein.

Während wir am Manuskript für dieses Buch saßen, ist just eine neue Analyse zur Ehe in den USA erschienen. Die Erkenntnisse des Soziologen Brad Wilcox von der Universität von Virginia lassen die Vorteile der lebenslangen Bindung von Mann und Frau noch einmal in einem anderen Glanz leuchten. Seine Datenanalyse aus sieben großen, US-weiten und repräsentativen Umfragen zeigen, welche Faktoren das Glück der Zweisamkeit am effektivsten boostern.

Der unfassbare Ehe-Segen

Wilcox' Zahlen beziehen sich auf die USA. Sie sind sicher nicht in jedem Detail auf das deutschsprachige Europa übertragbar. Andererseits sind wir den US-Amerikanern kulturell vergleichsweise nahe und haben gerade im medialen Bereich große Schnittmengen. Auch haben Wissenschaftler jenseits des Großen Teichs erkennbar ein größeres Interesse an Ehefragen. Die Forschungsarbeiten dazu sind Legion.

In welchen Bereichen bringt die dauerhafte Ehe nun die größten Vorteile? Das beantwortet die Studie im Blick auf 18- bis 55-jährige Frauen und Männer.

- Lebensglück: 75 Prozent der verheirateten Mütter bezeichneten 2022 ihr Leben als vollständig oder überwiegend zufriedenstellend – unter den kinderlosen Single-Frauen waren es nur 54 Prozent. Von einem sinnvollen Leben sprachen 2021 rund 60 Prozent der verheirateten Mütter, von den ehelosen Frauen ohne Kinder sagten das nur 36 Prozent.
- Finanzen: Verheiratete Mütter zwischen 18 und 55 Jahren verfügten 2020 über ein jährliches mittleres Jahreseinkommen von 108 000 US-Dollar, während kinderlose Single-Frauen derselben Altersklasse nur 41 000 Dollar hatten. Noch krasser sieht es bei den Männern aus. Stabil Verheiratete verfügen vor dem Ruhestand über

zehnmal so viel Vermögen wie ihre geschiedenen oder nie verheirateten Altersgenossen.

- Kindswohl: Kinder aus Familien, in denen sich die Eltern trennten, fliegen doppelt so häufig von der Schule, haben eine um 75 Prozent wahrscheinlichere Neigung zum Drogenmissbrauch und nur eine halb so hohe Wahrscheinlichkeit, den Schulabschluss zu schaffen – verglichen mit denen aus intakten Familien. Auch für ihre Karriere ist eine stabile Ehe der Eltern ein wesentlicher Faktor.
- Gemeinwohl: Verheirate üben statistisch häufiger Ehrenämter aus und engagieren sich stärker freiwillig als Singles.
- Alter: Ehepaare haben nicht nur die besten Chancen auf einen gesunden Ruhestand, in dem typische Alterskrankheiten wie Demenz seltener vorkommen. Wenn sie Kinder haben, erleben sie auch hier in der Regel positiv, dass noch jemand da ist, der sich um sie kümmert und sich für ihre Belange einsetzt. Die Freude über Enkel und Urenkel kommen bei vielen noch obendrauf.

In den USA sind derzeit zwei interessante Trends zu beobachten, die wir zumindest in Ansätzen auch auf unserem Kontinent beobachten.

Erstens: Die Zahl der Scheidungen sinkt. Das liegt natürlich einerseits daran, dass weniger geheiratet wird. Doch geht inzwischen auch die Scheidungsrate zurück. Hieß es vor wenigen Jahren noch, in Amerika werde jede zweite Ehe geschieden, so sinkt dieser Wert. Paare scheinen sich wieder stärker auf die Dauerhaftigkeit ihrer Beziehung zu fokussieren.

Zweitens: Mediale Leitbilder und persönliches Leben der Eliten klaffen auseinander. Wilcox empfindet das geradezu als heuchlerisch. Während die Chefs von Zeitungsunternehmen,

Webportalen und Kinoproduktionen in ihren Medien freie Liebe propagieren, den Wert der Ehe herunterspielen und Scheidung als eine allzu normale Lebensoption darstellen, leben sie privat in vergleichsweise soliden Ehen. Fast 90 Prozent der Kinder von gebildeten Amerikanern wachsen in einer intakten Familie auf. Und je reicher auch moderne Liberale sind, desto häufiger leben sie traditionelle Rollenbilder, wonach der Mann fürs finanzielle und die Frau fürs heimische Wohl verantwortlich ist.[67]

Armut belastet die Paarbeziehung

Wir wollen einen Faktor nicht verschweigen, weil ihn auch Wilcox benennt. Während unser Buch fast ausschließlich das Eheglück auf der Ebene unseres persönlichen Verhaltens zu verbessern sucht, gibt es auch externe Faktoren, die die Zweisamkeit extrem belasten können. Dazu gehören vor allem Armut und wirtschaftliche Schwierigkeiten. Ökonomische Spannungen haben oft die Kraft, die Liebe zu zerreißen. Das nehmen wir sehr ernst. Deshalb haben wir an zwei Stellen das Thema Finanzen detaillierter angesprochen. Paare sollten dieses Thema nicht unterschätzen und es nicht leichtfertig zulassen, dass der wirtschaftliche Boden unter ihnen zu wackeln beginnt. Jobverlust oder Konkurs bedeuten selbstverständlich nicht automatisch das Todesurteil für die Paarbeziehung. Aber sie sind ein schwerer Stressfaktor, den viele Ehen nicht überleben.

Generell machen die US-Zahlen aber etwas extrem Wichtiges deutlich: Unsere gesellschaftlichen Leitbilder halten ihr Glücksversprechen nicht. Die meisten jungen US-Amerikaner halten es für viel wichtiger, einen gut bezahlten Job zu bekommen als zu heiraten. Nur jeder dritte US-Bürger zwischen 18 und 40 Jahren glaubt, dass es für ein erfülltes Leben die Ehe braucht – 75 Prozent meinen aber, Wohlstand sei für die persönliche Erfüllung entscheidend. Tatsächlich ist es so: Verheiratete haben eine 2,5-fach höhere Wahrscheinlichkeit, ihr Leben als „sehr glücklich“ zu bezeichnen als Ehelose. Wenn es ums persönliche Glück geht, gibt es keinen wirksameren Faktor.

Wenn es ums persönliche Glück geht, gibt es keinen wirksameren Faktor.

Nun argumentieren manche, hier verwechsle man Ursache und Wirkung. Es sei nicht die Ehe, die Menschen glücklicher macht. Sondern es seien die eher Glücklichen, die sich fürs Heiraten entscheiden. Diese Vermutung konnten die Sozialwissenschaftler im Wesentlichen widerlegen. Die Analyse zeigt, dass der Ehering eine eigene Wirksamkeit in Richtung Lebensglück entfaltet, die es ohne ihn nicht gäbe.

Du suchst Glück? Heirate!

Die moderne Denke, dass man allein genauso gut durchs Leben kommt, mag für einen kleinen Anteil der Menschen stimmen. Für die große Mehrheit ist es eine Mentalität, die ins Unglück führt. Der Zeitgeist nimmt diese Fakten nicht wahr. Frauen sehen in der Ehe ein Karrierehindernis. Männer fürchten die finanziellen Folgen einer Scheidung und befriedigen ihre sexuellen Bedürfnisse in unverbindlichen Beziehungen. Die Zeitungsartikel und Internetporträts über Menschen, die das Heiraten ablehnen oder sogar davor warnen, sind nicht zu zählen. Allein: Die empirische Forschung straft sie Lügen.

Damit wir uns nicht missverstehen: Wir sprechen über Daten, Statistiken, Wahrscheinlichkeiten. Das könnte in diesem Zusammenhang schnell so interpretiert werden, als wollte man andere Lebensformen als die Ehe abwerten. Dem ist nicht so! Manche Ehe ist schlicht eine Katastrophe. Und auch Geschiedene können neues Glück finden, auch Alleinerziehende ein erfülltes und begeisterndes Leben führen. Dasselbe gilt für Singles, die (noch) keinen Partner gefunden haben oder gar keinen suchen. Die Daten sind allerdings eindeutig: Die Unverheirateten haben es auf diesem Weg schwerer als die Verheirateten.

Diese Erkenntnis kann sogar hilfreich sein. Denn unsere modernen Leitbilder tun so, als wäre das Scheitern einer Ehe oder das Singledasein kein besonderes Problem. Wenn Menschen das dann anders erleben, bekommen sie das Gefühl, mit ihnen stimme etwas nicht. Tatsächlich ist es aber ganz normal, dass sie in ihrer Situation besonders herausgefordert sind. Das dürfen sie sich zugestehen, anstatt sich als defizitär zu betrachten, wenn sie unter ihren Lebensumständen leiden.

Trauschein als Booster

Kehren wir zu den Paaren zurück. Den ohne Trauschein Zusammenlebenden ist der Schritt zum Standesamt durch unsere Schilderungen vielleicht attraktiver geworden. Das würden wir durchaus begrüßen. Ein öffentliches Ja zueinander kann selbst nach vielen Jahren Lebensgemeinschaft noch einmal als Booster für die Beziehung wirken.

Doch wollen wir auch nicht alles rosarot malen. Selbst wenn wir die empirischen Daten auf dem Tisch haben, fühlt sich unser (Ehe-)Leben an manchen Tagen trotzdem nicht so behaglich an, wie es nach den Zahlen sein müsste. Es gibt eben auch die Zeiten, wo uns alle tierisch auf die Nerven gehen – unsere Familie, unser Partner, vielleicht sogar wir uns selbst. Zeiten, in denen uns die Nähe unangenehm ist. Zeiten, in denen der Gedanke kein Tabu mehr ist, auszubrechen. Bei genauerem Überlegen wird uns bewusst, dass Letzteres keine Option ist. Aber Vernunft und Gefühle schwingen nun mal nicht immer im selben Takt.

Was hält uns bei der Stange, wenn wir ungehalten oder selbst haltlos sind? Die sieben Booster in diesem Buch und die damit verbundenen praktischen Ratschläge werden dafür sorgen, dass solche Situationen deutlich seltener auftauchen.

Die Ernte beginnt heute

Wenn ihr dieses Buch nicht nur gelesen, sondern damit gearbeitet habt, stehen euch eine Fülle von Hilfsmitteln für eine glückliche Zukunft zur Verfügung. Ihr habt gelernt, wie ihr einander besser lieben könnt. Ihr habt die Basis für mehr Vertrautheit, Verlässlichkeit und Zärtlichkeit gelegt. Ihr habt Liebe gesät – und die Ernte beginnt schon heute. Eure Saat bringt Frucht!

Jedes Paar profitiert von diesen Boostern. Das (fast) immer glückliche wie das krisengeschüttelte. Es wird sich für euch lohnen, dieses Buch nach der Lektüre nicht wegzupacken, sondern immer wieder mal hineinzuschauen. Was heute unwichtig scheint, kann morgen plötzlich zum großen Thema in eurer Beziehung werden. Gut, wenn ihr dann auf die neue Herausforderung eine hilfreiche Antwort findet.

Wir wünschen euch, dass ihr eure Liebe nicht unter euren Möglichkeiten lebt. Dass ihr in der kommenden Zeit zu einem Beziehungsglück gelangt, das ihr heute für unerreichbar haltet. Dass bei euch nochmal richtig was geht.

Verwendete Literatur

Arp, Claudia & David: 10 Great Dates for Empty Nesters. Zondervan 2004.

Bartens, Werner: Lob der langen Liebe. Rowohlt 2020.

Barton, Allen W., Jenkins, August I. C., Gong, Qiujie, Sutton, N. C., & Beach, Steven R.: The protective effects of perceived gratitude and expressed gratitude for relationship quality among African American couples. Journal of Social and Personal Relationships 40 (2023) 5, 1622–1644.

Buth, Ute: Frau sein. Sexualität mit Leib und Seele. Book on Demand 2019.

Cialdini: Robert B., Influence. The Psychology of Persuasion. Harper Business 2021.

Finkel, Eli J.: The All-or-Nothing Mariage. Penguin Random House 2017.

Gottman, John: Die 7 Geheimnisse der glücklichen Ehe. Ullstein 2007.

Jellouschek, Hans: Liebe auf Dauer. Kreuz 2008.

Jellouschek, Hans: Wenn Paare älter werden. Die Liebe neu entdecken. Herder 2011.

John, J.: Marriage Works. The Ultimate Guide to Marriage. Authentic Publishing 2002.

Klein, Thomas & Rupp, Ingmar: Der Einfluss des Auszugs von

Kindern aus dem Elternhaus auf die Beziehungsstabilität der Eltern. Zeitschrift für Soziologie, 39 (2010) 2, S. 140.
Kuntze, Holger: Lieben heißt wollen. Wie Beziehung gelingen kann, wenn wir Freiheit ganz neu denken. Kösel 2018.
Lohaus, Arnold, Vierhaus, Marc & Maass, Asja: Entwicklungspsychologie. Springer-Verlag 2010.
Mockler, Susanne & Marcus: Das EMMA-Prinzip. Sieben Schlüssel zu einer richtig guten Ehe. adeo 2018.
Muise, Amy, Giang, Elaine & Impett, Emily A: Post Sex Affectionate Exchanges Promote Sexual and Relationship Satisfaction. Arch Sex Behav 43 (2014), 1391–1402.
Nagosky, Emily:. Come Together. The Sience (and Art) of Creating Lasting Sexual Connections. Penguin UK 2024.
Palm, Gerda: Jetzt bist du schon gegangen, Kind. Trauerbegleitung und helfende Rituale. Don Bosco Verlag 2001.
Papastefanou, Christiane: Ablösung im Erleben junger Erwachsener aus verschiedenen Familienstrukturen. Zeitschrift für Soziologie der Erziehung und Sozialisation, 26 (2006) 1, S. 23–35.
Parsons, Rob: Loving against the Odds. Hodder & Stoughton 1994.
Perrig-Chiello, Pasqualina: Wenn die Liebe nicht mehr jung ist. Hogrefe 2017.
Peterson, Jordan B.: 12 Rules for Life. Penguin 2019.
Schilling, Birgit: Berufung finden und leben. Edition Aufatmen. SCM Brockhaus 2023.
Simring, Steven & Klavans Simring, Sue: Glücklich verheiratet für Dummies. Wiley-VCH 2023.
Wilcox, Brad: Get Married. Why Americans Must Defy the Elites, Forge Strong Families, and Save Civilization. E-Book, Broadside 2024.
Willi, Jürg: Psychologie der Liebe. Klett-Cotta 2002.

Anmerkungen

1 Zu den Folgen der Trennung vgl. Bartens 2020, S. 102–104.
2 Vgl. Wilcox 2024, Anmerkung 8.
3 Kenneth Blanchard/Spencer Johnson: Der Minuten-Manager. Rowohlt 2002.
4 Vgl. Barton et.al. 2023.
5 Gary Chapman: Die fünf Sprachen der Liebe – Wie Kommunikation in der Partnerschaft gelingt. Francke 2019.
6 https://gospelinlife.com/sermon/cultivating-a-healthy-marriage-part-1-lecture/, zuletzt aufgerufen am 01.05.2024.
7 Vgl. Charles S. Clark, Job Stress. Are Americans working themselves to a frazzle?, CQ Press, 1995.
8 Gottmann 2007, S. 84.
9 Zeitschrift Lydia Nr. 4/2023, S. 56.
10 www.hope-kinderwunschzeit.com, zuletzt aufgerufen am 05.04.2024.
11 https://hannahs-initiative.de/, zuletzt aufgerufen am 05.04.2024.
12 Vgl. Palm 2001.
13 Vgl. Cialdini 2021, S. 333.
14 https://www.brigitte.de/liebe/beziehung/laut-paar therapeut--so-laesst-sich-das-trennungsrisiko-fuer-eine-beziehung-berechnen-10228662.html, zuletzt aufgerufen am 05.04.2024.
15 Vgl. Matthäus 18,22.

16 Epheser 4,26.
17 https://www.elitepartner.de/studien/sexhaeufigkeit-zufriedenheit-2023/, zuletzt aufgerufen am 05.04.2024.
18 Perrig-Chiello 2017, S. 188.
19 Perrig-Chiello 2017, S. 79.
20 Nicholas H. Wolfinger, Does Having Cildren Make People Happier in the Long Run?, unter: https://ifstudies.org/blog/does-having-children-make-people-happier-in-the-long-run, zuletzt aufgerufen am 05.04.2024.
21 Jürg Willi, Psychologie der Liebe, 2002, S. 239.
22 Lohaus et al. 2010, S. 253.
23 https://de.statista.com/statistik/daten/studie/72005/umfrage/entwicklung-der-studienanfaengerquote/, zuletzt aufgerufen am 01.05.2024.
24 Vgl. Papastefanou 2006.
25 https://mumsinbusiness.de/elternkompetenzen-im-arbeitsleben-welche-faehigkeiten-entwickeln-sich-waehrend-der-elternzeit-und-wie-bringst-du-sie-am-besten-an/, zuletzt aufgerufen am 05.04.2024.
26 Vgl. Papastefanou 2006.
27 2. Mose, 20,12.
28 Vgl. Thomas Klein und Ingmar Rupp, 2010.
29 Claudia und David Arp benennen diese Phasen in: 10 Great Dates for Empty Nesters, 2004.
30 Der Begriff geht auf den gleichnamigen Buchtitel der Sexualtherapeutin Dr. Ruth K. Westheimer zurück.
31 Peggy Kleinplatz, Magnificent Sex: Lessons from Extraordinary Lovers, Routledge 2020.
32 Buth 2019, S. 180.
33 https://www.zeit.de/zeit-magazin/leben/2016-01/sex-orgasmus-frau-mann-liebe, zuletzt aufgerufen am 05.04.2024.
34 Muise, Giang & Impett 2014.
35 Buth 2019, S. 187.
36 Sprüche 5,18.19.
37 https://www.lovie.de/loviepedia/sex/, zuletzt aufgerufen am 01.05.2024.
38 Vgl. Kuntze 2018.

39 https://www.sueddeutsche.de/leben/partnerschaft-fremdgehen-paartherapie-kuntze-1.4503743, zuletzt aufgerufen am 05.04.2024.
40 Buth 2019. S. 197.
41 Jellouschek 2011, S. 85.
42 https://www.frau-im-leben.com/fit-und-gesund/wenn-maenner-die-lust-verlieren/, zuletzt aufgerufen am 05.04.2024.
43 https://www.huffpost.com/entry/she-divorced-me-i-left-dishes-by-the-sink_b_9055288, zuletzt aufgerufen am 01.05.2024.
44 https://www.nytimes.com/2020/05/18/parenting/marriage-invisible-labor-coach.html, zuletzt aufgerufen am 05.04.2024.
45 Wilcox 2024, E-Book, Pos. 1940.
46 Vgl. Lukas 12,16–21.
47 Vgl. 1. Petrus 5,7.
48 Maleachi 10,3.
49 „The first duty of love is to listen." https://www.goodreads.com/author/quotes/41343.Paul_Tillich, zuletzt aufgerufen am 01.05.2024.
50 https://www.blinkist.com/magazine/posts/simplify-eli-finkel-interview-transcript, zuletzt aufgerufen am 01.05.2024.
51 Philipper 2,3.
52 Vgl. Peterson 2019, S. 356f.
53 Vgl. Cialdini 2021, S. 414.
54 https://www.sueddeutsche.de/leben/paartherapeut-ueber-die-ewige-liebe-paare-sollten-akzeptieren-was-ihnen-widerfaehrt-1.1275404, zuletzt aufgerufen a- 01.05.2024.
55 https://www.sueddeutsche.de/leben/virtuelle-paartherapie-ein-netz-fuer-die-liebe-1.1986352, zuletzt aufgerufen am 01.05.2024.
56 https://www.youtube.com/watch?v=aXRq2iTYjsw, zuletzt aufgerufen am 01.05.2024.
57 Cialdini 2021, S. 319.
58 Eine geniale Hilfe für den Einstieg ist die Internetseite www.finanztip.de.
59 https://www.nytimes.com/2024/02/14/opinion/marriage-advice-friends.html, zuletzt aufgerufen am 05.04.2024.

60 Psalm 90,12.
61 Matthäus 7,12.
62 Cialdini 2021, S. 306.
63 Vaughn R. A. Call & Tim B. Heaton, Religious Influence on Marital Stability. Journal for the Scientific Study of Religion, 36 (1997) 3, S. 382–392. Zitiert nach Wilcox, E-Book, Pos 3262.
64 T. G. Hatch, L. D. Marks, B. P. Hardy et al., The Power of Prayer in Transforming Individuals and Marital Relationships. A Qualitative Examination of Christian, Jewish, and Muslim Families, Review of Religious Research, 58 (2016) 1, S. 27–46.
65 Wilcox 2024, E-Book, Pos. 3479.
66 https://einguterplan.de/werte/, zuletzt aufgerufen am 01.05.2024.
67 Wilcox 2024, E-Book, Pos. 3168.